가정을 행복으로 이끄는

부부 기도문
365일

가정을 행복으로 이끄는

부부 기도문
365일

용혜원 지음

나무생각

들어가는 말

서로 사랑한다는 것은 영원한 최면 상태에 빠지는 것이다. 이 세상에서 가장 행복한 사람은 바로 사랑하는 이와 결혼하는 사람이다. 성性은 아름답고 위대한 것이다. 또한 성은 하나님의 선물이다. 사람도 성도 색깔이 깨끗해서 순수성을 잃게 되면 쉽게 혼탁해진다. 그리고 치장하려는 노력이 지나치면 원래의 색깔을 잃기 쉽다.

사랑은 곧 표현이다. 사랑하는 사람이 있다면 그 사람에게 사랑의 표현을 잘해야 한다. 메리 케이 애시는 이런 말을 했다. "사람에게는 섹스와 돈보다 더 간절히 바라는 게 두 가지가 있다. 그것은 칭찬과 인정을 받는 것이다." 사랑은 영혼이 깃들어야 한다. 보잘것없는 흙이 뜨거운 불길을 거쳤을 때 아름다운 도자기로 태어나듯 진정한 사랑이 열기를 더하면 행복할 것이다. 마치 영혼이 빠져나간 듯이 로봇처럼 일만 하는 비참한 삶을 살아서는 안 된다. 흔히 사랑에 실패하는 이유를 보면 서로의 사랑을 신뢰하지 않았기 때문이다.

삶을 살아감에 있어서 삶 속으로 왔다가 흔적도 없이 조용히 사라지는 사람이 있는가 하면 잠시 머물렀는데도 강한 여운을 남기는 사람이 있다. 서로를 이해하는 사람들이라면 진정한 사랑의 불꽃을 터뜨리며 살아가야 한다.

외로운 인간 아담을 본 하나님은 "사람이 혼자 사는 것이 좋지 아니하니 내가 그를 위하여 돕는 배필을 지으리라"(창세기 2:18)고 말씀하셨다. 성은 진정으로 거룩한 성이 되어야 한다. 인간은 자기와 다른 한 사람 곧 이성에 대한 갈망이 있다. 그러므로 성경은 "두 사람이 한 사람보다 낫다"(전도서 4:9)고 말하고 있다. 인간은 하나님의 형상대로 창조되었다. 사랑으로 이루어진 성은 아름답지만 욕망으로 이루어진 성은 추함과 타락으로 이어지게 된다. 사랑의 탱크는 자동차 연료 탱크와 같아서 자꾸 채워 넣어야 한다. 작은 관심과 정성, 상대의 눈을 들여다보는 일, 그런 일도 사랑의 연료 중 하나이다. 그러므로 부부 사이가 좋으면 좁은 침대도 넓게 느껴지지만 부부 사이가 나쁘면 아무리 넓은 침대라도 불편한 것이 된다.

결혼생활의 성공 개념은 어떤 완성품을 얻게 되는 순간에 발표하는 성명서와 같은 것이 아니다. 물건을 완성하여 내놓은 상품도 아니며 높은 산을 정복한 기쁨도 아니다. 중요한 것은 과정을 경험하는 것이다. 말하자면 결혼한 그날부터 이 세상을 떠나는 그날까지 부부 사이에서 겪는 갖가지 희로애락을 어떻게 받아들이고 이해하는가이다. 또 어떻게 느끼고 어떻게 대처해 나가느냐에 따라서 결혼생활이 좌우된다. 결혼생활의 성공은 전 일생을 놓고 평가하는 진행형이다. 돈이나 출세, 명예, 권력, 학위, 쾌락 등을 일시적으로 얻었다고 해서 그 사람의 결혼생활이 성공했다고 볼 수는 없다. 그것은 하나의 마약과도 같은 것이다.

성공한 결혼생활은 부부가 서로 단점과 장점을 돕고 나누는 것이다. 자신의 장점만 내세우고 상대의 약점을 들춘다면 행복은 깨지고 만다. 이것은 부부간이나 가족 간이나 직장에서도 마찬가지다. 상대의 좋은 점을 시기와 질투의 눈으로 보지 말고, 자신의 약점을 부끄러운 것으로 여기고 숨기거나 속이지 말아야 한다. 진실되고 사랑하는 마음으로 서로 나누고 아파해야 한다. 이것이 결혼생활을 성공으로 이끄는 길이다.

부부는 평생 함께하는 친구다. 함께 시간을 즐기고 취미를 나누며, 함께 고민하고 기쁨을 나누는 그런 사이다. 눈빛만으로도 서로를 알 수 있는 게 바로 부부다. 또한 항상 새로움을 추구할 줄 알아야 한다. 결혼생활을 하다 보면 날마다 반복되는 똑같은 일과 행동에 지루함과 권태감을 느낄 수 있다. 이런 시기를 잘 극복하지 못하면 서로 어긋날 수도 있다. 그렇기 때문에 서로가 항상 새롭고 신선하게 보이도록 노력해야 한다. 외모나 행동이나 옷차림 등을 통해 새로운 변화를 주는 것도 좋다.

만약 서로 갈등이 생겼다면 그 시간을 새로운 전환의 계기로 삼아야 한다. 갈등이 생겼다고 서로의 관계를 악화시키는 것이 아니라 오히려 서로를 더 깊이 생각하는 시간이 되어야 한다. 서로가 다른 성격과 생활습관을 가지고 만나는 이상 부딪치는 일이 없을 수는 없다. 갈등을 부딪친다고 여기지 말고 서로의 다른 점을 경험하고 있다고 생각하면 문제는 간단하다.

잘못된 성의 개념은 성을 두렵게 하고 죄의식만 불러일으킨다. 그렇다고 성을 무조건 절제하거나 억눌러서도 안 된다. 결혼한 부부의 성생활은 하나님이 인정해 준 것이다. 하지만 성을 마치 만병통치약인 양 생각해서도 안 된다. 성은 하나의 신비다. 이는 결혼을 통한 올바른 체험이 중요하다. 성적인 욕구에 따라 몸을 그대로 맡기면 폭군이 되고 만다. 성범죄를 유발시키는 원인이 바로 여기에 있다. 그러므로 진정한 성생활을 위해 절제하는 아름다움도 필요하다.

여기 이곳에 부부가 기도할 수 있는 기도의 광장을 마련하였다. 부부가 서로를 위하여 기도할 수 있다는 것은 행복한 일이다. 주님의 사랑을 받고 부부가 행복해지고 가정이 행복해지는 길이다. 부부가 손을 잡고 함께 기도를 드리자. 자녀들이 그 모습을 공기처럼 흡수할 것이다. 주님의 은혜와 축복이 그 가정에 찾아올 것이다.

용 혜 원

차례

들어가는 말 4

1월 주 안에서 행복한 부부가 되게 하소서 9

2월 믿음을 반석 위에 세워 가는 부부가 되게 하소서 43

3월 삶을 성공으로 만드는 현명한 부부가 되게 하소서 75

4월 행복한 삶을 만들어 가는 부부가 되게 하소서 109

5월 온 가족이 사랑하며 살게 하소서 141

6월 늘 기도하며 살아가는 부부가 되게 하소서 175

7월 갈등과 분노를 성숙으로 바꾸어 가게 하소서 207

8월 사랑의 대화를 나누는 부부가 되게 하소서 241

9월 봉사와 섬김과 나눔의 삶을 살게 하소서 275

10월 삶 속에 풍성한 열매를 맺게 하소서 307

11월 하나님의 은혜에 감사하는 부부가 되게 하소서 341

12월 하나님께 영광을 돌리는 부부가 되게 하소서 373

1

JANUARY

주 안에서 행복한 부부가 되게 하소서

이 세상에 그대만큼 사랑하고픈 사람 있을까

이 세상에 그대만큼
사랑하고픈 사람 있을까

처음 만났을 때부터
내 마음 송두리째 사로잡아
머무르고 싶어도
머무를 수 없는 삶 속에서
이토록 기뻐할 수 있으니
그대를 사랑함이 좋다

늘 기다려도 지루하지 않은 사람
내 가슴에 안아도 좋고
내 품에 품어도 좋은 사람
단 한 사람일지라도
목숨처럼 사랑하는 사람이 있다는 것은
행복한 일이다

아무리 생각하고 또 생각하고
눈을 감고 생각하고
눈을 뜨고 생각해 보아도
그대를 사랑함이 좋다

이 세상에 그대만큼
사랑하고픈 사람이 있을까

하나님의 은혜로 맺어진 부부가 되게 하소서

이러므로 남자가 부모를 떠나 그의 아내와 합하여
둘이 한 몸을 이룰지로다 창세기 2:24

사랑의 근원이 되시는 하나님!
우리 부부가 하나님의 은혜로 맺어지도록
사랑으로 인도하여 주심을 감사드립니다.
모든 삶을 주님께 맡기며 날마다 기도 속에
성숙된 신앙으로 살아가길 원합니다.
서로 이해하고 감싸 주고 견디며
부부의 사랑을 나누게 하소서.
가정을 축복의 장소로 만들어 가도록
늘 아버지의 충만한 사랑으로 채워 주소서.
기쁠 때나 슬플 때나 즐거울 때나 곤경을 당할 때나
언제든지 기도와 사랑으로
모든 일들을 의뢰하며 나아가길 원합니다.
가정은 행복이 시작되는 곳이니
항상 주님의 평안이 넘치게 하여 주소서.
가정을 통해 꿈과 소망을 함께 이루어 가고
모든 일에 주님께 영광을 돌리게 하소서.
우리 부부에게 넘치는 사랑과 축복을 주시는
우리 주 예수 그리스도 이름으로 기도합니다. 아멘!

사랑은 언제나 오래 참고. 바울

믿음과 사랑 속에 돕는 배필이 되게 하소서

여호와 하나님이 이르시되 사람이 혼자 사는 것이 좋지 아니하니
내가 그를 위하여 돕는 배필을 지으리라 하시니라 창세기 2:18

만복의 근원이 되시는 하나님!
하나님의 사랑과 인도하심 속에 부부가 되었으니
서로에게 맡겨진 사명을 잘 감당하게 하소서.
서로가 기대하며 살게 하시고
돕는 배필로서의 역할을 잘 감당하길 원합니다.
사랑에는 인내하는 마음과 섬기는 마음이 필요하오니
온몸과 온 마음으로 사랑하게 하여 주소서.
서로의 필요를 느끼게 하시고 도움을 청하게 하사
가정을 믿음과 사랑의 공동체로 만들게 하소서.
하나님을 가정의 주인으로 모시며
하나님이 원하시는 성도의 삶을 살아가게 하소서.
세상 욕심과 허영을 따라 움직이는 삶이 아니라
믿음 속에 소망을 갖고 하나님께서 모든 삶에
목자가 되어 주심을 바라보게 하소서.
작은 일이나 큰일이나 마음을 같이하여
해결해 가는 지혜를 주시고
서로가 서로를 아끼며
사랑하며 신뢰하게 하소서.
우리 주 예수 그리스도 이름으로 기도합니다. 아멘!

결혼하기 전에는 눈을 크게 뜨고 결혼한 뒤에는 눈을 감아야 한다.
토마스 프라

주 안에서 즐거운 삶을 살게 하소서

하나님이 해 아래에서 네게 주신 모든 헛된 날에
네가 사랑하는 아내와 함께 즐겁게 살지어다 그것이 네가 평생에
해 아래에서 수고하고 얻은 네 몫이니라 전도서 9:9

우리에게 기쁨을 주시는 하나님!
날마다 소망 속에 살게 하시고
구원받은 기쁨 속에 살아가는
복된 부부가 되게 하소서.
삶에 기쁨이 없으면 아무런 소망이 없으니
주님께서 주신 기쁨을 누리고 나누며 살게 하소서.
은혜와 사랑 속에 살게 하시고
자녀들과 복음의 기쁨을 함께 누리게 하소서.
가정이 늘 기쁨 속에서
기도와 찬양으로 가득하게 하시고
은혜 속에 열매를 맺으며 살게 하소서.
기쁨의 근원이 되시는 하나님!
우리의 이름이 하늘나라에 기록됨을 기뻐하게 하시고
하나님의 손길로 우리를 보살펴 주심과
우리의 삶을 인도하심을 기뻐하게 하소서.
날마다 웃음꽃이 피어나게 하시고
주 안에서 항상 기뻐하는 삶을 살게 하소서.
사랑을 나누는 기쁨, 물질을 나누는 기쁨,
섬김과 돌봄의 기쁨이 넘치게 하소서.
우리 주 예수 그리스도 이름으로 기도합니다. 아멘!

결혼은 완벽함을 요구하지 않는다.
결혼은 죄인 된 우리 인간들을 위한 제도이다. 데이비드 허바드

13 ★

가정을 행복의 울타리로 만들게 하소서

주 예수를 믿으라 그리하면 너와 네 집이 구원을 받으리라
사도행전 16:31

가정을 만드시고 축복해 주시는 하나님!

우리를 믿음의 부부로 만나게 하심을 감사드립니다.

우리의 부족함과 나약함과 연약함을

주님의 도우심으로 채워 가게 하소서.

우리 부부가 주님의 사랑으로 충만하게 하사

가정을 행복의 울타리로 만들게 하소서.

사랑은 부부의 삶의 시작이오니

오직 사랑으로 함께하게 하소서.

부부의 사랑이 호기심이나 동정심이나 이기심으로

이루어지지 않게 하시고

일생토록 변함없는 사랑으로 함께하게 하소서.

상대의 허물을 덮어 주고 감싸 주며

언제나 사랑이 최우선이 되는 삶을 살게 하소서.

서로 이해해 주고 서로의 깊은 관심 속에

사랑의 깊이와 넓이와 높이를 더해 가길 원합니다.

서로 순수하게 사랑함으로써 가정이 늘 행복하고

신뢰함으로써 마음에 평화가 넘치게 하소서.

우리 부부가 서로 책임 있는 사랑으로

분명한 믿음 속에 행복한 가정을 만들어 가게 하소서.

우리 주 예수 그리스도 이름으로 기도합니다. 아멘!

결혼이란 두 개인이 각자의 고유함을 그대로 간직한 채 감정적으로 융화되어
마침내는 둘이서 꼭 한 사람처럼 되는 것을 말한다. 줄리우스 A. 프리츠

1

거짓 없는 진실한 사랑을 나누며 살게 하소서

하나님이 우리를 사랑하시는 사랑을 우리가 알고 믿었노니
하나님은 사랑이시라 사랑 안에 거하는 자는 하나님 안에 거하고
하나님도 그의 안에 거하시느니라 요한1서 4:16

온유하신 하나님!
결혼이 가져다주는 기쁨을 소중하게 여기며
함께 진실한 사랑을 나누며 살게 하소서.
우리가 서로 이기심과 욕망을 버리고
노력함으로써 신뢰 속에 살게 하소서.
진실된 말과 행동으로
삶 속에서 평안함을 누리게 하소서.
거짓 없는 대화 속에 순박한 사랑을 체험하게 하소서.
서로가 사랑으로 연결되어 있음을 알게 하사
생활 속에 힘이 샘솟게 하시고 자신감이 넘치게 하소서.
믿음은 삶의 원동력이 되오니
믿음 속에서 서로를 아끼며 사랑하게 하소서.
서로를 의존하며 힘이 되어 줌으로써
새로운 변화를 이루어 가게 하소서.
결혼을 통하여 나만을 사랑하는 것이 아니라
서로를 이해하며 마음이 하나가 되어
순수하게 사랑하게 하소서.
삶의 상처들을 감싸 주며
서로 베푸는 사랑이 되게 하소서.
우리 주 예수 그리스도 이름으로 기도합니다. 아멘!

결혼이란 조그만 보트를 타고 긴 여행을 가는 것과 같다.
한 사람이 요동하면 다른 이가 가만히 있어야 한다. 시어도어 루빈

열린 대화를 나누게 하소서

지혜로운 자의 마음은 그의 입을 슬기롭게 하고
또 그의 입술에 지식을 더하느니라 잠언 16:23

오직 말씀으로 천지만물을 창조하신 하나님!
우리 부부가 마음을 열어 서로 열린 대화를 하게 하소서.
결혼을 아름답게 이루는 것 중의 하나가 대화이오니
서로의 마음을 온전히 주장하소서.
대화의 문을 활짝 열어 놓고
거친 말이나 비판의 말이 아닌 유용한 대화를 나누게 하소서.
화나거나 슬프게 만드는 생각들을
그대로 쏟아 놓는 부정적인 말보다는
긍정적이고 삶에 도움을 주는
사랑과 기쁨의 언어를 주고받게 하소서.
서로가 주고받는 말이 거짓 없이 떳떳하게 하시고
주님의 은혜로 심령이 새롭게 되어
변화받은 마음으로 진실한 대화를 나누게 하소서.
우리 부부가 대화를 나눔으로써
염려하던 일들과 걱정하던 일들이 쉽게 해결되게 하시고
서로 격려하며 위로받게 하소서.
우리 부부가 상대방의 말에
귀 기울여 줌으로써 마음을 읽어 주게 하소서.
서로를 의지하며 기댈 수 있는 마음을 갖고
서로를 믿으며 살아가게 하소서.
우리 주 예수 그리스도 이름으로 기도합니다. 아멘!

결혼 전에는 눈을 크게 뜨고 결혼한 후에는 반만 뜨라. 프랭클린

기도로 하루를 열게 하소서

1 J anuary 7

이와 같이 성령도 우리의 연약함을 도우시나니
우리는 마땅히 기도할 바를 알지 못하나 오직 성령이 말할 수 없는
탄식으로 우리를 위하여 친히 간구하시느니라 로마서 8:26

우리의 기도에 응답하시는 주님!

기도는 우리의 호흡이며 우리의 숨결이오니

우리 부부가 아침에 눈을 떠 가장 먼저 기도하게 하사

기도로 하루를 열게 하소서.

오늘 해야 할 일을 잘 해낼 수 있는 지혜를 주시고

우리 부부와 가족과 사랑하는 이들에게

건강과 믿음을 주시길 원합니다.

기도는 삶의 모습이오니 늘 주님과 긴밀하게

기도하는 부부가 되게 하소서.

기도를 통하여 모든 것을

주님께 의지하며 살게 하소서.

우리 부부가 늘 기도의 필요성을 깨닫고

서로를 위하여 기도해 주며

떨어져 있을 때나 함께 있을 때나

기도의 시간을 통하여 믿음이 성장하게 하소서.

우리 부부에게 더 많은 기도의 시간이 필요함을

알게 하시고 기도함으로 응답받게 하소서.

늘 정직하게 있는 모습 그대로 기도하게 하시고

주님 보시기에 아름답게 살아가는 부부가 되게 하소서.

우리 주 예수 그리스도 이름으로 기도합니다. 아멘!

사랑은 눈을 멀게 하고 결혼은 눈을 뜨게 한다. 톨스토이

17 ★

18

January

서로 신뢰하며 살게 하소서

너희에게 인내가 필요함은 너희가 하나님의 뜻을 행한 후에
약속하신 것을 받기 위함이라 히브리서 10:36

우리의 친구가 되시는 주님!
우리 부부가 서로 신뢰하며 살게 하소서.
서로의 생각과 느낌을 같이함으로 기뻐하며
일하는 즐거움을 나누게 하소서.
결혼을 통하여 성숙된 삶을 살게 하사
서로를 특별한 사람, 고귀한 사람으로 여기며
사랑을 듬뿍 주고받으며 살게 하소서.
자발적으로 도와주고 챙겨 주며
함부로 대하는 일이 없게 하소서.
우리 부부 안에 신뢰하는 마음이 커 가게 하시고
가족과 이웃을 위하여
믿음과 수고와 헌신의 삶을 살게 하소서.
늘 회복된 믿음으로 어려움이 있을 때마다
서로 도와주며 이겨 내게 하시고
기쁜 일이 있을 때마다 같이 기뻐하게 하소서.
우리 부부가 마음으로 믿음으로 하나 되게 하소서.
우리 주 예수 그리스도 이름으로 기도합니다. 아멘!

결혼생활이란 날마다 개축해야 하는 건물이다. 앙드레 모루아

서로를 잘 이해하고 보살펴 주게 하소서

여호와여 우리가 주께 바라는 대로 주의 인자하심을
우리에게 베푸소서 시편 33:22

우리의 목자가 되시는 하나님!
삶은 동행하는 이가 있어야 하오니
부부로 만난 우리가 서로를 잘 이해하고
서로를 잘 보살펴 주게 하소서.
우리 부부가 서로에게 힘과 용기를 주게 하시고
위치를 점령하거나 무너뜨리기보다는
위치를 잘 지켜 주게 하소서.
우리 부부 사이에 열등감이 없게 하시고
맡은 역할을 잘 조화시켜 가게 하소서.
우리 부부의 존재와 위치가
얼마나 소중한가를 알게 하사 사랑하게 하소서.
존경해 주며 격려해 주어 삶에 의미가 있게 하소서.
가정 안에서 마음 안에서 늘 가까이 있는
서로를 아끼고 이해하며 칭찬해 주며 살게 하소서.
우리의 모든 것 중의 모든 것 되시는
주님께서 항상 인도하시고
주님 안에서 주님만을 의지하며 살게 하소서.
우리 부부를 인도하여 주심을 믿으며
우리 주 예수 그리스도 이름으로 기도합니다. 아멘!

성공적인 결혼생활은 선물로 주어지는 것이 아니라 공동의 성취이다.
앤 랜더스

10 약점과 단점을 보완해 주게 하소서

공의와 정의를 행하는 것은 제사 드리는 것보다
여호와께서 기쁘게 여기시느니라 잠언 21:3

우리의 모든 삶을 인도하시는 주님!
사랑할 때는 모든 것이 아름답게 보이다가
결혼을 하여 부부가 되어 살다 보면
서로의 약점과 단점이 그대로 드러나오니
서로 보완해 주며 살아가게 하소서.
부부의 삶도 약점을 들춰내고 흠집을 내기 시작하면
사랑의 마음도 사라지오니
약점보다는 장점을 바라보며 살게 하소서.
부부가 서로 마음을 같이하여 약점을 격려해 주고
장점은 칭찬함으로써 아름답게 살아가게 하소서.
오직 사랑하는 마음으로 서로를 감싸며
나약한 부분까지 사랑하게 하소서.
완전과 완벽만을 바라며 부족함을 탓하기보다
서로 채워 감으로 함께하는 삶의 아름다움을
생활 속에서 드러내게 하소서.
우리의 부족함을 모두 용서하시고
십자가의 구속의 사랑으로
우리를 사랑하심을 본받게 하소서.
부부의 약점이 도리어 강점이 되는 날을 위하여
노력하며 살게 하소서.
우리 주 예수 그리스도 이름으로 기도합니다. 아멘!

혼인은 하늘에서 짝지어 준 것이지만 관리의 책임은 사람에게 있다. 돕슨

자녀들에게 좋은 부모가 되게 하소서

사람이 그 부모를 떠나서 그 둘이 한 몸이 될지니라
이러한즉 이제 둘이 아니요 한 몸이니 그러므로
하나님이 짝지어 주신 것을 사람이 나누지 못할지니라 마가복음 10:7-9

가족을 축복해 주시는 하나님!
우리가 주님의 사랑을 받는 부부로서
사랑으로 자녀들을 키워 나가길 원합니다.
기도와 믿음으로 양육하고 선도함으로써
가정이 날마다 믿음과 소망과 사랑으로 가득하게 하시고
주 안에서 기쁨이 넘치게 하소서.
가족들이 서로 섬기고 헌신하며
뜨거운 사랑 가운데 감사하며 살게 하소서.
자녀를 우리 부부에게 허락하심은
축복 중의 축복이오니 사랑의 조화를 이루게 하소서.
자녀는 가정의 부속품이 아니라
사랑하는 가족의 한 구성원임을 알게 하사
마음 깊이 사랑하게 하소서.
가족 예배로 더욱 가까워지게 하시고
드려지는 예배를 통하여
주님의 사랑을 온전히 누리게 하소서.
자녀들로 인하여 가정에 하나님의 축복이 있으니
하나님의 뜻 안에서 잘 성장시킬 수 있도록
부부가 한마음으로 기도하게 하소서.
바른 믿음의 생활로 축복 안에 거하게 하소서.
우리 주 예수 그리스도 이름으로 기도합니다. 아멘!

행복한 가정생활을 누리는 것도 상당한 예술의 경지이다. 플렉크

아내를 사랑하게 하소서

남편들아 이와 같이 지식을 따라 너희 아내와 동거하고
그를 더 연약한 그릇이요 또 생명의 은혜를 함께
이어받을 자로 알아 귀히 여기라 베드로전서 3:7

우리를 사랑하시는 주님!

아내를 온전히 사랑하게 하소서.

이기심을 버리고 아낌없이 주며 사랑을 실천하게 하소서.

있는 모습 그대로 사랑함으로써

삶 속에서 사랑의 열매를 맺게 하소서.

아내의 몸과 마음과 지성과 영성과 인성의 모든 것을

잘 유지할 수 있도록 돕고 지켜 주게 하소서.

모든 일을 서로 잘 협력하여 이루어 가게 하소서.

모든 일에 말로만이 아니라

행동으로 모범을 보여 주게 하소서.

아내를 늘 보살피며 관심을 갖게 하시고

아내를 지배하는 것이 아니라

오직 사랑의 마음으로 함께하게 하소서.

남편답게 의젓하고 당당하게 살아가게 하시고

자신감 있게 믿음으로 살아가는 모습을 보여 주게 하소서.

행복한 생활을 위하여 쓸데없는 의타심을 버리게 하시고

건전한 생활과 순탄하고 평안한 삶으로 행복하게 하소서.

서로가 긍휼히 여겨 주게 하시고

부족한 부분들을 채워 가며 사랑하며 살게 하소서.

우리 주 예수 그리스도 이름으로 기도합니다. 아멘!

결혼은 슬픔을 반감하고 기쁨을 배로 해 주며 비용을 껑충 뛰게 한다. 하리스

13 남편을 사랑하게 하소서

아내들아 이와 같이 자기 남편에게 순종하라
베드로전서 3:1

만복의 근원이 되시는 주님!
남편을 존경하며 순복함으로써 사랑이 가득한
행복한 가정을 만들게 하소서.
남편이 아내를 자랑스럽게 여기며 칭찬할 수 있도록
주님의 말씀을 따라 삶에서 열매 맺게 하소서.
좋은 아내가 좋은 남편을 만들게 되오니
모든 일을 지혜롭고 넓은 마음으로 하게 하소서.
매일의 삶 속에서 부드러운 마음과
따뜻한 말로 행동하며 섬길 수 있도록
마음을 지켜 주시길 원합니다.
나 자신의 주장만을 고집스럽게 내세우는
미성숙한 마음을 버리고 맡은 일을 제대로 해내는
성숙한 아내가 되게 하소서.
남편의 사랑을 받으며
온 마음으로 남편을 사랑하게 하소서.
좋은 아내는 남편에게 축복이오니 성실한 모습으로
가정의 행복을 가꾸어 가게 하소서.
부부가 주님의 은혜를 충만히 받게 하시고
실망스러운 부분까지도 사랑함으로써 소망이 넘치게 하소서.
우리 주 예수 그리스도 이름으로 기도합니다. 아멘!

결혼이란 새장과 같다. 밖에 있는 자는 기를 쓰고 안으로 들어오려 하고
안에 있는 자는 기를 쓰고 밖으로 나가려고 한다. 몽테뉴

1 J anuary

14

삶의 문제를 해답으로 바꾸게 하소서

이 율법책을 네 입에서 떠나지 말게 하며 주야로 그것을 묵상하여
그 안에 기록된 대로 다 지켜 행하라 그리하면 네 길이 평탄하게
될 것이며 네가 형통하리라 여호수아 1:8

우리의 삶에 해답이 되시는 주님!
우리 부부가 소망과 꿈을 온전히 갖게 하시고
삶의 문제들을 해답으로 바꾸며 살게 하소서.
어려움과 고통을 믿음으로 잘 극복하게 하시고
불가능을 가능으로 바꿀 수 있는
강하고 담대한 믿음의 능력을 갖게 하소서.
우리의 삶 속에 묻혀져 있거나 감추어져 있는
능력을 잘 계발하길 원합니다.
부부 사이에 일어나는 갖가지 문제들도
실체를 파악하여 바른 인식 속에서 해결하게 하소서.
문제 속에 빠져서 근심만 하는 것이 아니라
꿈을 이루려는 마음을 가짐으로써
현재보다 더 놀라운 일들을 이루어 가게 하소서.
고난 없는 성공은 가치가 없음을 알게 하사
땀 흘림 속에서 성취감과 만족감을 갖게 하시고
거둠의 기쁨으로 온전히 영광을 돌리게 하여 주소서.
우리 문제를 부부 사이에 두지 않고
주님 안에 두게 하사 해답을 알게 하여 주소서.
늘 언제나 믿음으로 기도함으로써 새롭게 변화되게 하소서.
우리 주 예수 그리스도 이름으로 기도합니다. 아멘!

결혼이란 한 자루의 가위와 비슷해서 분리될 수 없도록 결합되어 있으며
또한 그들 사이에 끼어드는 사람을 항상 벌한다. 시드니 스미스

부부와 가족과 일가친척이 하나 되게 하소서

사랑은 오래 참고 사랑은 온유하며 시기하지 아니하며
사랑은 자랑하지 아니하며 교만하지 아니하며 고린도전서 13:4

만복의 근원이 되시는 주님!
우리 부부에게 가족이라는
사랑의 울타리를 만들어 주시고
사랑을 나누며 축복을 누리게 하심을 감사드립니다.
우리 부부와 가족과 일가친척이
사랑으로 하나가 되기를 원합니다.
어려움이 있을 때는 서로 기도함으로써 해결하게 하시고
즐거울 때는 서로 기뻐하기를 원합니다.
갈등을 잘 해결하고
비교나 비판으로 인하여 상처받는 일 없이
서로 따뜻한 사랑의 마음을 나누며
돕고 살게 하소서.
가족과 일가친척 사이에 경계심이나 적개심이 없이
주 안의 믿음으로 사랑의 공동체가 되게 하소서.
반갑게 만나게 하시고
헤어져서는 서로를 위해 기도하게 하여 주소서.
어른들을 진심으로 섬기게 하시고
아랫사람들도 진심으로 보살피게 하옵소서.
사랑의 힘은 위대하오니
모든 일을 사랑으로 이루어 나가게 하소서.
우리 주 예수 그리스도의 이름으로 기도합니다. 아멘!

결혼이란 마라톤 같아서 스타트가 만사가 아니요, 지구력이 있어야 한다.
돕슨

권태기를 슬기롭게 극복하게 하소서

너희가 짐을 서로 지라 그리하여 그리스도의 법을 성취하라
갈라디아서 6:2

선한 목자가 되시는 주님!
우리의 결혼생활이 늘 잔잔하고 평화롭지만은 않으니
지루하고 짜증스러운 권태기가 다가올 때
지혜롭고 슬기롭게 극복하게 하소서.
부부라도 성격 차이가 있고
생활방식도, 습관도 차이가 있으니
서로가 서로를 이해하고 돕게 하소서.
서로의 차이를 장점으로 여기게 하시고
흥미를 가지고 극복하여 나가게 하소서.
어떤 짐이라도 서로 짊어져 줌으로써 잘 이겨 가게 하소서.
헛된 꿈이나 환상 속에 살며 욕심을 부리거나
허영에 빠지지 않고 현실을 바로 보게 하소서.
의견 차이가 있을 때마다 마음을 툭 터놓고
대화를 나누고 기도함으로써 잘 풀어 나가게 하소서.
서로의 문제점을 사랑으로 이겨 내며
삶을 잘 이루어 가기를 원합니다.
부부가 서로 행복과 기쁨을 찾고 만들어 가게 하사
어지럽게 하는 모든 생각과 일 속에서 벗어나게 하소서.
늘 주님께서 허락하신 부부의 축복을 누리게 하소서.
우리 주 예수 그리스도 이름으로 기도합니다. 아멘!

기독교인이라면 이웃을 사랑해야 한다.
아내는 제일 가까운 이웃이므로 제일 큰 사랑을 받아야 한다. 마르틴 루터

이해심이 풍부하여 부족함이 없게 하소서

1 J anuary 17

오직 위로부터 난 지혜는 첫째 성결하고 다음에 화평하고
관용하고 양순하며 긍휼과 선한 열매가 가득하고
편견과 거짓이 없나니 야고보서 3:17

은혜가 풍성하시고 자비로우신 주님!
사랑하는 부부일지라도 사소한 일들로 오해하게 될 때
불화와 다툼으로 마음이 상하게 되오니
이해심이 풍부하고 부족함이 없게 하소서.
주님이 주시는 지혜로 성결하게 하시고
화평을 먼저 생각함으로써 관용과 양순과 긍휼을 통하여
삶 속에서 선한 열매를 가득 맺기를 원합니다.
부부 사이에 편벽과 거짓이 없이 선한 양심으로 살아
늘 평안함 속에 주님의 뜻을 이루어 가게 하소서.
혼자만의 욕심이나 욕망에 매달려
두 사람이 하나가 되어야 할 때 흠집을 내거나
거리가 멀어지게 하는 일이 없게 하소서.
서로의 마음을 잘 보살펴 줌으로써 늘 가까움을 느끼게 하소서.
서로를 이해하고 서로에게 이해받고 싶을 때
서로를 신뢰할 수 있는 믿음을 주소서.
우리 부부가 상대를 신실함으로 대하게 하시고
늘 기도함으로써 주님이 주시는 사랑과 지혜로
부부의 사랑이 더욱더 굳건해지게 하소서.
모든 삶이 주님의 사랑 속에 이루어지게 하소서.
우리 주 예수 그리스도 이름으로 기도합니다. 아멘!

외로움을 피하려고 결혼하는 자는 만족스러운 해결을 갖지 못할 것이다.
굿이어

27 ★

잘못된 것은 용서하고 잊어버리게 하소서

새 계명을 너희에게 주노니 서로 사랑하라
내가 너희를 사랑한 것같이 너희도 서로 사랑하라 요한복음 13:34

우리의 죄악을 용서하시는 주님!

사랑은 용서에서 시작되오니

주님께서 우리의 죄악을 눈과 같이 희게 하시고

동에서 서가 먼 것처럼 우리 죄를 멀리 떠나게 하소서.

주님께서 우리의 죄악을 용서하신 것처럼

우리도 서로의 잘못을 용서하고 잊어버리게 하소서.

지난날의 잘못을 지적하고 들춰내려는 어리석음에 빠지거나

있지도 않은 일을 만들어

쓸데없는 고민에 빠지는 일이 없게 하소서.

과거에 매달리기보다 미래를 소망하며

늘 소망 속에 살아가는 멋진 부부의 삶을 살게 하소서.

우리의 마음이 넓어지게 하시고

잘 포용할 수 있도록 인도하여 주소서.

잘못된 것만을 찾거나 끄집어내지 말게 하시고

사랑은 허다한 허물을 덮어 주는 것임을 기억하게 하사

주님의 사랑을 받았으니 그 사랑을 나누며 살게 하소서.

우리 부부가 서로 용서하고 이해해 줄 때

주님의 은혜에 더욱더 감사하게 하소서.

우리가 서로를 신뢰할 수 있는

늘 성장하는 믿음 속에 살아가는 부부가 되게 하소서.

우리 주 예수 그리스도 이름으로 기도합니다. 아멘!

결혼은 그것이 최대 유혹과 최대 기회의 결합이기 때문에 인기가 있다.
버나드 쇼

서로의 차이점을 잘 조화시켜 나가게 하소서

그러므로 사랑을 받는 자녀같이 너희는 하나님을 본받는 자가 되고
그리스도께서 너희를 사랑하신 것같이 너희도 사랑 가운데서 행하라
에베소서 5:1-2

늘 사랑이 충만하신 주님!

우리 부부의 사랑이 진실한 사랑이 되어

어떤 고난이 찾아와도 흔들리지 않게 하소서.

우리 부부의 사랑이 가장 귀한 재산이 되게 하여 주셔서

늘 순수하고 진실한 사랑을 나누게 하소서.

우리 부부가 서로에게

더 사랑스러운 배필이 되게 하여 주사

부족함과 차이점으로 잘 조화를 이루게 하소서.

우리 부부가 하나 된 사랑으로

죽음이 우리를 갈라놓는 날까지

생명을 다하여 사랑하고 보살피게 하옵소서.

우리의 사랑에는 서로 조건 없이

무조건으로 사랑하게 하시고

서로가 자신의 일에 대해 책임을 지게 하소서.

세월이 흐르고 세상이 변하여도

우리 부부의 사랑만큼은 변하지 않게 하소서.

이기심을 버리게 하시고

서로의 차이점을 극복하여

아름다운 사랑의 열매를 맺어 가게 하소서.

우리 주 예수 그리스도 이름으로 기도합니다. 아멘!

결혼은 세 가지 목적을 가진다. 남자와 여자의 생애를 풍요롭게 하는 것이요,
가족을 형성하게 하는 것이며, 하나님의 왕국을 전진시키는 것이다. 로데

물질을 잘 관리할 수 있는 지혜를 주소서

나를 가난하게도 마옵시고 부하게도 마옵시고
오직 필요한 양식으로 나를 먹이시옵소서 잠언 30:8

천지만물을 인도하시는 주님!
우리가 물질에 사로잡히지 않고
주님이 허락하시고 축복하신 물질들을
잘 관리할 수 있는 지혜를 갖기를 원합니다.
돈과 물질만이 우리 두 사람의
사랑과 행복의 기초가 될 수 없음을 알게 하사
모든 것을 통하여 영광을 돌리게 하소서.
돈으로 행복을 만들려 하지 않고
믿음 안에서 자제력을 갖추어
맡은 일에 최선을 다함으로써
정직과 근면한 삶을 살길 원합니다.
돈과 물질을 잘 관리하는 지혜를 갖게 하사
주님의 사역과 가정을 위하여 잘 쓰게 하소서.
결혼이 돈으로 시작되지 말게 하시고
사랑으로 시작하여 열매를 맺어 가게 하소서.
작은 물질로 결혼생활을 시작하였어도
주님의 축복으로 번성하여 여유로움을 맛보게 하소서.
우리가 부하나 가난하나 언제나
주님의 인도하심을 따라 감사하며 살게 하소서.
우리 주 예수 그리스도 이름으로 기도합니다. 아멘!

생활의 안정도 얻지 못하고 결혼하는 것은 어리석은 것이다. 탈무드

믿음 속에 성장하는 부부가 되게 하소서

옛적에 여호와께서 나에게 나타나사
내가 영원한 사랑으로 너를 사랑하기에
인자함으로 너를 이끌었다 하였노라 예레미야 31:3

살아 있는 것들을 성장시켜 주시는 주님!

결혼생활의 행복도 거저 생기는 것이 아니라

부부의 노력을 통하여 이루어지오니

믿음 속에 날마다 성장해 나가는 부부가 되게 하소서.

가정에 늘 사랑과 행복이 가득함을 체험하며 살게 하소서.

언제나 선한 청지기로서 선한 싸움을 싸우며

믿음 속에 충성된 성도의 삶을 살게 하시고

허망한 것들을 구하려는 모든 탐심을 물리치고

주님의 은혜로 살아가기를 원합니다.

우리 부부가 서로 행복을 위한 희생을 각오하고

서로 봉사하며 섬김으로써

사랑의 부족을 느끼지 않게 하소서.

가정의 모든 축복이

주님의 손길에서 나옴을 믿사오니

주님의 은혜와 사랑을 늘 감사하며 살게 하소서.

우리에게 주신 은혜를 잘 누리게 하시고

시절을 좇아 열매를 맺으며

언제나 하나님의 인도하심을 체험하게 하소서.

반석 위에 세운 믿음 속에 늘 성장하게 하소서.

우리 주 예수 그리스도 이름으로 기도합니다. 아멘!

행복한 결혼은 우연의 산물이 아니다. 계획의 산물이다. 비터 필드

사랑이 늘 풍부하게 하소서

형제들아 나는 아직 내가 잡은 줄로 여기지 아니하고 오직 한 일 즉 뒤에 있는 것은 잊어버리고 앞에 있는 것을 잡으려고 푯대를 향하여 그리스도 예수 안에서 하나님이 위에서 부르신 부름의 상을 위하여 달려가노라 빌립보서 3:13-14

권능으로 함께하시는 하나님!

우리를 인도하시고

항상 은혜를 베풀어 주시니 감사드립니다.

우리 부부 안에 사랑의 영양분을 늘 풍성케 하사

세월이 흘러가도 사랑이 식어지지 않게 하소서.

원만한 사랑을 위해 늘 노력하게 하시고

서로가 항상 사랑받기를 원하고 있음을 알게 하소서.

사랑의 고백을 분명히 하게 하시고

삶 속에서 넉넉한 사랑을 느끼게 하소서.

일상을 웃으며 행복하게 살아갈 수 있는

힘과 용기를 얻게 하여 주소서.

필요할 때만 사랑하는 것이 아니라

항상 사랑하는 마음이 따뜻하게 흐르게 하소서.

마음이 닫히거나 상처를 받지 않게 하시고

늘 열정 속에 칭찬을 아끼지 않으며 살게 하소서.

주위에 다정하고 행복하게 살아가는 부부가 있다면

그들의 사랑을 배우게 하시고 실천하며 살게 하소서.

사랑의 근원이 되시는 주님의 사랑을 배우게 하소서.

우리 부부가 예수 그리스도를 중심으로 뭉쳐 살게 하소서.

우리 주 예수 그리스도 이름으로 기도합니다. 아멘!

남다른 성공적인 결혼생활을 원한다면 올바른 사람을 찾는 것보다
올바른 사람이 되는 것이 중요하다. 에렌드 포스터우드

23 솔직하게 표현하며 살게 하소서

그런즉 자랑할 데가 어디냐 있을 수가 없느니라
무슨 법으로냐 행위로냐 아니라 오직 믿음의 법으로니라 로마서 3:27

가정을 세우시고 지켜 주시는 주님!
한집에 같이 산다고 부부가 되는 것이 아니고
가정이 이루어지는 것은 아니니
우리 부부가 한마음 한 사랑으로 가정을 이루게 하소서.
하나 됨을 통하여 생기 있고
친밀한 관계로 성장하게 하시고
서로가 서로에게 자신을 진실하고 솔직하게
잘 표현하여 아름답게 살게 하소서.
우리가 사랑으로 만나 부부가 되었으니
평생토록 열매를 맺어 가게 하시고
주님의 은혜와 사랑으로 충만케 하소서.
우리 부부의 삶의 모습이 아름다워
하나님의 형상을 삶 속에서 드러내기를 원합니다.
성령의 은혜로 예수님의 인격을
닮아 가는 부부가 되게 하소서.
성령의 열매를 맺어 가게 하소서.
우리 부부의 삶도 주님의 거룩하심을 본받아
절제하는 삶을 살게 하시고
영적인 삶에서 늘 승리하게 하소서.
우리 주 예수 그리스도 이름으로 기도합니다. 아멘!

결혼을 신성하게 할 수 있는 것은 오직 사랑이며
진정한 결혼이란 신성해진 결혼이다. 톨스토이

24 상처받은 마음을 슬기롭게 전달하게 하소서

서로 친절하게 하며 불쌍히 여기며 서로 용서하기를
하나님이 그리스도 안에서 너희를 용서하심과 같이 하라
에베소서 4:32

우리의 목자가 되어 주시는 하나님!
우리 부부의 믿음이 잘 자라나게 하여 주셔서
마음이 상처를 받았을 때도 슬기롭게 전달하게 하소서.
어떤 역경이나 고통이 몰려와도
말씀과 기도로 묵상하며
극복해 나가기를 원합니다.
우리 부부가 서로에게 예의를 지키게 하시고
다른 사람들 앞에서 서로를 흉보거나
헐뜯어 상처 주는 일이 없게 하소서.
다정하고 친밀해 갈수록 예의를 갖추고
겸손하게 말하고 바르게 행동하게 하소서.
부부가 서로에게 경솔하게 행동하면
지나침으로 마음에 상처를 받을 수 있으니
서로 존경하고 칭찬하며 사랑하며 살게 하소서.
불평을 일삼기보다는 마음의 문을 활짝 열고
마음을 잘 읽어 주며 괴로움을 주지 않게 하소서.
주님의 은혜로 늘 행복이 가득하게 하셔서
걱정과 근심에 빠져들기보다는
함께하는 믿음으로 살게 하소서.
서로가 과대평가하거나 과소평가함이 없이 사랑하게 하소서.
우리 주 예수 그리스도 이름으로 기도합니다. 아멘!

결혼생활은 그것이 전쟁이지 장미꽃밭이 아니라는 점에서 인생과 같다.
스티븐슨

평생토록 변함없는 헌신을 하게 하소서

처음과 나중이 되시는 주님!
사랑은 평생토록 익어 가는 과일과 같으니
우리 부부도 평생토록 변함없이 헌신하게 하소서.
이기심과 질투심과 헛된 욕망을 다 버리게 하시고
행복한 가정과 부부가 되기 위하여 기도하며
열심히 노력하기를 원합니다.
우리가 진실함으로 행동이 일치가 되게 하시고
솔직한 대화 속에 늘 순수함을 버리지 않게 하소서.
각자로 존재하는 것이 아니라 함께함으로써
주님이 주시는 은혜를 누리며
축복을 듬뿍 받는 가정이 되게 하소서.
사랑과 믿음이 모든 것을 이루어 내는 원동력이 되오니
늘 사랑이 충만하기를 원합니다.
평생토록 주님이 주인 되시는,
은혜와 평강이 충만한 복된 가정이 되게 하소서.
서로 위로하고 베풀고 나누며 살게 하소서.
서로를 보며 기뻐하고 감사할 수 있고
기대하고, 지지하기를 원합니다.
우리 주 예수 그리스도 이름으로 기도합니다. 아멘!

결혼이란 독립은 동등하고 의존은 상호적이며 의무는 상반되는
남녀 간의 관계이다. L. K. 안스파허

26

부부의 역할을 잘 감당하게 하소서

만일 한 지체가 고통을 받으면 모든 지체가 함께 고통을 받고
한 지체가 영광을 얻으면 모든 지체가 함께 즐거워하느니라
너희는 그리스도의 몸이요 지체의 각 부분이라 고린도전서 12:26-27

모든 일에 합력하여 선을 이루시는 주님!
사람마다 각기 주님께서 주신 달란트가 있으니
부부 역할 분담을 잘하여 좋은 결과를 얻게 하소서.
성공적인 결혼생활을 이루기 위하여
마음이 하나 되고 꿈과 비전이 하나 되게 하시고
부부로서 맡은 일을 잘 감당하게 하소서.
한 사람은 열심히 살아가는데
한 사람이 비협조적이면 아무것도 이룰 수 없으니
서로 잘 협력함으로써 조화된 삶을 살게 하소서.
부부가 잘 단합하여 맡은 역할을 잘 이루어 갈 때
가정도 힘 있고 능력이 있게 되오니 함께하여 주소서.
오직 믿음과 성령의 은혜로 이루어 가게 하시고
함께 기뻐하고 함께 즐거워함으로써
늘 감사 속에 소망이 넘치는 가정이 되게 하소서.
부부가 각기 서로 개인적인 일을 지나치게 추구함으로써
무관심에 빠져들지 말게 하시고 관심 속에 하나가 되게 하소서.
결혼생활도 여행과 같으니 각자 맡은 일을
순조롭게 이루어 감으로써 즐거운 여행이 되게 하소서.
안정된 여행, 낭만과 기쁨이 넘치는 여행이 되게 하소서.
우리 주 예수 그리스도 이름으로 기도합니다. 아멘!

인간 생애에 가장 신성한 학원은 행복한 아내와 성스러운 결혼생활이다.
F. 퀼즈

삶의 목표를 잘 설정하게 하소서

여호와를 의뢰하고 선을 행하라 땅에 머무는 동안
그의 성실을 먹을거리로 삼을지어다 시편 37:3

만복의 근원이 되시는 주님!
우리 부부가 삶의 목표를 잘 설정하게 하소서.
주님께서 기뻐하시는 삶을 살게 하시고
모든 일을 통하여 영광 돌리는 삶을 살게 하소서.
삶의 목표가 세상의 명예와 권세와 물질이 되지 말게 하소서.
일함을 통하여 얻은 소득과 열매를
복음을 전하는 일과 봉사와 섬김과
가정을 위하여 적절히 쓰게 하소서.
언제나 주님께 기도하며
주님이 원하시는 삶을 살게 하시고
주님의 뜻을 이루어 가기를 원합니다.
욕망이나 욕심의 노예가 되지 말게 하시고
물질만 추구하려는 어리석음에 빠지지 않게 하소서.
늘 가까이 주님이 계심을 믿고 무엇을 하든지
주님의 인도하심을 따라 살아가게 하소서.
남을 해하는 일이 없이 도움이 되는 삶을 살게 하시고
언제나 후회 없이 보람과 기쁨 가운데 생활할 수 있게 하소서.
부부의 삶의 목표가
주님의 영광을 나타내는 일이 되게 하사
주님도 기뻐하시고 우리 부부도 기뻐하게 하소서.
우리 주 예수 그리스도 이름으로 기도합니다. 아멘!

결혼은 하늘에서 결합시키고 땅에서 완성된다. 제임스 휘트컴 라일리

고부간의 갈등을 슬기롭게 극복하게 하소서

나를 기가 막힐 웅덩이와 수렁에서 끌어올리시고
내 발을 반석 위에 두사 내 걸음을 견고하게 하셨도다 시편 40:2

십자가의 고난과 사랑으로 우리를 구원하신 주님!
고부간의 갈등을 슬기롭고 지혜롭게 감당하며
오직 사랑과 기도로 극복해 가게 하소서.
인내할 수 있게 하시고 감쌀 수 있는 마음을 주시며
여유로운 마음으로 평안을 찾게 하소서.
갈등 중에 풀어야 할 것과 내버려 두어야 할 것이 있으니
지혜롭게 분별하게 하소서.
희생이 있더라도 즉시 해결해야 할 것은
믿음으로 감당하기를 원합니다.
고부간이 서로의 말에 귀 기울이게 하시고
서로 사랑하게 하사 주 안에서 기쁨을 누리게 하소서.
티격태격 싸우며 살아가는 것이 아니라
서로의 부족함과 나약함을 보완해 주며 살아가게 하소서.
아픔을 감싸 줄 수 있게 하시고
어려움이 있을 때 성급함으로
더 큰 어려움에 빠져들지 말게 하시고
주님의 마음을 본받게 하시기를 원합니다.
어떤 어려움도 사랑으로 해결되지 않을 것이 없으니
늘 사랑으로 고부간의 갈등을 이겨 내게 하소서.
우리 주 예수 그리스도 이름으로 기도합니다. 아멘!

위대한 행동이라는 것은 없다.
위대한 사랑으로 행한 작은 행동들이 있을 뿐이다. 테레사 수녀

성생활을 온전하게 이루어 가게 하소서

1
29

j
anuary

남편은 그 아내에 대한 의무를 다하고 아내도 그 남편에게 그렇게 할지라
아내는 자기 몸을 주장하지 못하고 오직 그 남편이 하며 남편도 그와 같이
자기 몸을 주장하지 못하고 오직 그 아내가 하나니 고린도전서 7:3-4

우리의 몸과 마음을 인도하시는 주님!
부부의 삶이 온전한 성생활을 통하여
가까워지고 친밀함을 이루어 가게 하소서.
잘못된 성생활 때문에 불쾌한 감정이 되거나
불결하게 느끼게 되지 않기를 원합니다.
세속적인 성에 물들어 문란하지 않게 하시고
하나님이 주신 사랑으로
서로의 표현을 순수하고 자연스럽게 하게 하소서.
부부의 성생활은 자녀를 주시는
부부생활의 축복이오니 지나치지 않게 하시고
질서를 잘 지켜 나가기를 원합니다.
부부간의 성생활이 성 하나만을 목적으로
즐기는 것이 되지 말게 하시고
서로의 사랑을 표현하고 확인하는 시간이 되게 하소서.
자연스러운 성생활을 통하여 충만한 기쁨을 누리게 하소서.
성적 결합을 통하여 쾌감과 만족과 자신감을 얻게 하시고
부부의 조화된 모습을 이루게 하시기를 원합니다.
부부가 하나가 되는 신비한 사랑을 체험하게 하소서.
서로의 이기심을 버리고 언제나 밝고 순수하게 하소서.
우리 주 예수 그리스도 이름으로 기도합니다. 아멘!

서둘러 결혼하면 한가할 때 후회한다. 영국 속담

1
30
January

영적으로 날마다 성장하게 하소서

이 복음이 이미 너희에게 이르매 너희가 듣고 참으로
하나님의 은혜를 깨달은 날부터 너희 중에서와 같이
또한 온 천하에서도 열매를 맺어 자라는도다 골로새서 1:6

우리 영혼에 부요함을 주시는 주님!

우리 부부가 믿음 가운데 기도하며 행함으로써

영적으로 날마다 성장하게 하소서.

날마다 일에 쫓기고 생활의 분주함 속에

당황할 때가 많으니 정한 마음을 새롭게 하소서.

우리의 삶에 분명한 소명을 갖게 하시고

생각과 행동 속에 복잡하게 얽힌 것들을

지혜롭게 헤쳐 나가길 원합니다.

정신없이 바쁘게 돌아가는 일상 속에서도

늘 영적으로 성장하고 싶은 갈망이 일어나게 하소서.

주님의 은혜로 채워 주기를 원합니다.

우리의 삶은 언제나 슬픔과 아픔이 교차되오니

성숙한 믿음으로 그때그때마다

평안하고 안정된 마음을 지키며 살게 하소서.

수많은 염려와 불만족으로 우울하지 않게 하시고

오직 복음 안에서 기도함으로써 날마다 성장하게 하소서.

억지로 떠밀려 살아감으로 말미암아

분노가 일어나지 않게 하시고

모든 일들을 순차적으로 이루어 가게 하소서.

영적인 성장으로 믿음이 반석 위에 세워지게 하소서.

우리 주 예수 그리스도 이름으로 기도합니다. 아멘!

인생을 돌아보면 제대로 살았던 순간은 사랑하는 마음으로 살았던 순간뿐이다.
헨리 드러먼드

★ 40

부부가 서로 단합을 잘하며 살아가게 하소서

그러므로 너희가 더욱 힘써 너희 믿음에 덕을, 덕에 지식을,
지식에 절제를, 절제에 인내를, 인내에 경건을,
경건에 형제 우애를, 형제 우애에 사랑을 더하라 베드로후서 1:5-7

삶에 평안과 기쁨을 주시는 주님!

사랑받기 위하여 사랑을 원하는 부부가 되게 하시고

믿음으로 한마음이 되어 단합을 잘 이루어 가게 하소서.

머물러 있는 삶이 아니라 늘 새로움을 추구하며

서로를 이해할 수 있는 마음의 여유를 주소서.

결혼생활의 행복도 저절로 이루어지는 것이 아니니

사랑으로 심고 잘 가꾸어 풍성한 열매를 거두어 가게 하소서.

우리 부부가 진실한 마음으로 하나가 되고

어려움이 있을 때에도

가정의 평온함을 유지하기 원합니다.

부부는 둘이 아니라 하나이오니

비밀과 감춤이 없이 일체가 되게 하소서.

언제나 옳은 길을 택하여 최선을 다하게 하시고

솔직함으로 거리낌 없이 살아가게 하소서.

다정하게 대할 수 있는 넓은 마음을 주시고

상대방의 마음을 주의 깊게 받아들이게 하여 주소서.

이해와 사랑이 늘 충만하게 하여 주시고

모든 어려움을 믿음과 기도로 이겨 내게 하소서.

우리 주 예수 그리스도 이름으로 기도합니다. 아멘!

결혼이란 단순히 만들어 놓은 행복의 요리를 먹는 것이 아니라 이제부터
노력하여 행복의 요리를 둘이서 함께 만들어 먹는 것이어야 한다. 피카이로

2

FEBRUARY

믿음을 반석 위에 세워 가는
부부가 되게 하소서

그대 곁에 있을 수만 있다면

그대를 처음 보았을 때
잠시라도
그대 곁에 있을 수만 있다면
좋을 것 같았습니다

그대를 사랑하기 시작했을 때
일주일에 한 번만이라도
그대 곁에 있을 수만 있다면
기쁠 것 같았습니다

그대와 사랑에 빠지기 시작했을 때
날마다 언제나
그대 곁에 있을 수만 있다면
행복할 것 같았습니다

지금은
지상에서 영원까지
그대 곁에 있을 수만 있다면
나의 사랑보다 더 귀한 것은
이 지상에 없을 것 같습니다

나의 사랑 나의 연인이여
그대 곁에 있을 수만 있다면
나는 행복한 사람입니다

영적인 열정이 가득하게 하소서

끝으로 너희가 주 안에서와 그 힘의 능력으로 강건하여지고
마귀의 간계를 능히 대적하기 위하여 하나님의 전신 갑주를 입으라
에베소서 6:10-11

모든 힘의 원천이신 하나님!
우리 부부에게 영적인 열정을 가득 채워 주소서.
결혼생활은 사랑하는 이와 함께 사는 기쁨도 있지만
수많은 일들을 함께 이루어 가야 하오니
영적인 열정이 우리 부부에게 가득하게 하소서.
무기력한 부분이 있으면 변화되게 하시고
나약한 부분이 있으면 강하게 하소서.
날마다 부지런히 계획하고 일하며
하고픈 것들을 잘 성취해 나가도록
부족한 것들을 채워 주사 믿음으로 극복하게 하소서.
우리 부부가 서로에게 만족하게 하시고
가정을 행복하게 만들며 그 행복을 누리게 하소서.
매일매일 일어나는 일들과 주변에서 다가오는 일들로
부부 사랑이 방해받지 않게 하소서.
우리 부부가 언제나 영육이 튼튼하게 하시고
믿음으로 영성도 충만하게 하여 주사
주님의 일에 열심히 동참하기를 원합니다.
나태해질 때 모든 잘못된 것들이 파고들게 되오니
일도 사랑도 언제나 열정 속에 이루어 가게 하소서.
우리 주 예수 그리스도 이름으로 기도합니다. 아멘!

믿음이란 전망을 밝게 하고 관망을 환하게 하며 소망을 솟아나게 한다.
마르틴 루터

2

믿음 속에 날마다 기뻐하게 하소서

믿음은 바라는 것들의 실상이요 보이지 않는 것들의 증거니
선진들이 이로써 증거를 얻었느니라 히브리서 11:1-2

충만 중의 충만이신 하나님!
우리 부부가 주 안의 소망과 믿음 속에 기뻐하게 하소서.
결혼을 통하여 새롭게 변화되고 준비할 것들이 많으나
항상 주님의 인도하심을 따라 지혜롭게 하소서.
생활 속에서 생각지 않았던 일들이 일어나더라도
부부가 서로를 적대하는 일이 없도록 인도하시고
진실한 사랑으로 만나 사랑 밭을 가꾸어 가고 있는 우리 부부가
모든 것을 믿음으로 이겨 내게 하소서.
결혼은 경험하지 못한 또 하나의 미지의 세계이오니
부부가 한마음으로 모든 것을 극복하게 하소서.
결혼은 친숙하던 부모형제를 떠나
새로운 것들을 만나고 대하는 미숙한 곳에서 시작되오니
모든 것들을 기쁨으로 만나게 하소서.
불확실한 것들을 확실하게 만들어 가게 하시고
새로운 도전 속에 믿음이 성장해 가게 하소서.
믿음으로 잘 적응하여 모든 것을 이겨 내고
날마다 승리하는 멋진 부부가 되게 하소서.
늘 기쁨과 사랑을 충만하게 허락하시는
우리 주 예수 그리스도 이름으로 기도합니다. 아멘!

오, 주님! 제가 구하는 오직 세 가지는 저희로 당신을 환하게 보게 하시며
더 당신을 진하게 사랑하게 하시고 더 당신을 따르게 하소서. 지체스터

믿음의 공동체 안에서 사랑을 나누게 하소서

너희 믿음의 확실함은 불로 연단하여도 없어질 금보다 더 귀하여
예수 그리스도께서 나타나실 때에 칭찬과 영광과
존귀를 얻게 할 것이니라 베드로전서 1:7

우리가 믿음의 열심을 갖기 원하시는 주님!
우리 부부가 결혼을 통하여 두 사람만의 행복과
여가를 즐김으로 신앙생활을 등한시하는 일이 없게 하시고
더욱더 열심을 내어 믿음의 공동체 안에서
주님이 주신 사랑을 온전히 나누어 가게 하소서.
결혼하여 색다르고 멋지게 살아가는 방법이
믿음을 떠난 세속적인 것이 되지 말게 하여 주소서.
주님의 사랑을 통하여 믿음을 회복함으로써
결혼생활이 장갑처럼 익숙하고 포근한 것이 되게 하소서.
부부 사이만 좋으면 주위의 눈총이나
손가락질은 아무 상관이 없다는
어리석고 바보 같은 행동에 빠지지 말게 하여 주소서.
믿음의 공동체 안에서 함께 배우고 봉사하며
함께 섬기는 공동체의 일원이 되게 하여 주소서.
결혼을 통하여 때때로 혼란스럽고 두렵거나
길을 잃는 일이 있을 때 믿음으로 극복하게 하시고
기도를 통하여 갈 길을 온전히 인도받게 하소서.
우리 부부가 매사에 더욱더 용감하게 하시고
씩씩하고 활기가 넘쳐 공동체 안에 힘이 되게 하소서.
우리 주 예수 그리스도 이름으로 기도합니다. 아멘!

청결한 심령을 주어 저희로 주를 보게 하시고 겸손한 마음을 주어
저희로 주를 듣게 하시고 초연한 믿음을 주어 저희로 섬기게 하시며
뜨거운 심장을 주어 저희로 주를 사랑하게 하옵소서. 햄머스 졸드

믿음이 강하고 담대하게 하소서

내가 네게 명령한 것이 아니냐 강하고 담대하라
두려워하지 말며 놀라지 말라 네가 어디로 가든지 네 하나님 여호와가
너와 함께 하느니라 하시니라 여호수아 1:9

푯대를 향하여 나아가게 하시는 주님!
이 세상은 나약함으로 살아갈 수 없으니
우리 부부에게 강하고 담대한 믿음을 주사
과감하게 전진해 가도록 인도해 주소서.
결혼이 우리 부부를 거룩하게 변화시켜 가는
좋은 계기가 되게 하여 주소서.
더 지혜롭게 하시고 더욱 폭넓은 안목을 갖게 하소서.
결혼식은 출발일 뿐이오니 생활을 통하시는
주님의 은혜와 축복을 누리게 하소서.
믿음의 담력을 허락하셔서
험한 세상 속에서도 복된 가정을 이루어 감으로써
주님의 축복이 함께하심을 주변 사람들도 알게 하소서.
믿음 속에 부부가 균형을 잘 잡아가게 하시고
어울림 속에 아름답게 살아가게 하소서.
부족한 부분들을 하나하나 채워 나가는 기쁨을 주시고
주님이 베푸신 은혜를 나누며 살아갈 수 있는
마음의 여유를 주시기를 원합니다.
우리 부부의 믿음 생활 속에 늘 함께하심을 믿으며
우리 주 예수 그리스도 이름으로 기도합니다. 아멘!

믿음이란 우리보다 큰 힘에 의해 점령을 당하는 것을 말한다. 그 위력이
우리를 흔들고 우리를 돌이키게 하고 우리를 개조시키며 우리를 고쳐 준다.
폴 틸리히

2 F 5

february

주님의 사역에 필요한 부부가 되게 하소서

여호와는 나의 사랑이시요 나의 요새이시요 나의 산성이시요
나를 건지시는 이시요 나의 방패이시니 내가 그에게 피하였고
그가 내 백성을 내게 복종하게 하셨나이다 시편 144:2

온 땅 끝까지 복음을 전하라 명하신 주님!
우리 부부가 믿음으로 하나가 되어
주님의 사역에 쓰임받게 하소서.
주님의 사역에 꼭 필요한 부부가 되게 하소서.
할 일 많은 이 땅에서 주님의 도구로 쓰임받게 하사
삶을 헛되이 보내지 않게 하소서.
우리 부부가 서로의 동역자로 서게 하시고
몸과 시간과 물질로 주님 앞에 헌신할 수 있게 하시고
주님께 드림으로써 온전히 쓰임받게 하여 주소서.
우리 부부가 진실한 그리스도인으로서
믿음이 성숙해 가기를 원합니다.
주님 앞에 헌신함을 모든 것의 중심으로 삼게 하소서.
모든 열정을 다 쏟아 최선을 다하게 하시고
그 열정을 날마다 더하셔서 지치지 않고
주님의 일에 동참하길 원합니다.
날마다 주 안의 기쁨으로 충만하고
성령님으로 인하여 우리의 연약함이 변화되게 하시고
주님의 일을 감당할 에너지를 공급받게 하소서.
우리 주 예수 그리스도 이름으로 기도합니다. 아멘!

믿음이란 보지 못하는 것을 보는 것이며 믿을 수 없는 것을 믿는 것이며
불가능한 것을 갖는 것이다. 코리 텐 붐

49

복음 안에서 기쁨을 주는 삶을 살게 하소서

주 안에서 항상 기뻐하라 내가 다시 말하노니 기뻐하라
너희 관용을 모든 사람에게 알게 하라 주께서 가까우시니라 빌립보서 4:4-5

기쁨에 기쁨을 더하시는 주님!
절망의 소식이 가득한 세상에서
오직 복음 안에서 기쁨을 주는 삶을 살게 하소서.
우리 부부가 서로 사랑하며 살아가다가
지치고 피곤하고 때로는 갇혀 있는 듯한 생각이 들고
도망쳐 버리고 싶은 마음이 생길 때
인내하며 잘 견디기를 원합니다.
살아가며 순간만을 생각하면서
성격, 습관, 환경, 생활 패턴 차이로 다투기보다는
잘 극복해 나감으로써
복음 안에서 기쁨을 주는 삶을 살게 하소서.
이 땅에 완전한 행복은 없으니
서로의 차이와 서로의 부족을 채워 나가는
기쁨을 누리며 감격 속에 살게 하소서.
삶의 분주함을 탓하기보다는
우리 부부의 능력과 재능과 비전을 살릴
좋은 기회로 삼아 가게 하소서.
일이 많아질 때 영육의 피로와 좌절과 부족을
서로 의지하고 사랑함으로써 이겨 나가게 하소서.
우리 주 예수 그리스도 이름으로 기도합니다. 아멘!

하나님은 우리에게 오셔서 평화를 주실 뿐만 아니라 때때로 우리를 요동케
하신다. 이때는 믿음의 씨가 자라는 하나님의 교량 역할을 하게 한다. 포월

예배를 온전히 드리게 하소서

내 영혼이 여호와를 즐거워함이여 그의 구원을 기뻐하리로다
시편 35:9

우리의 예배를 기뻐하시는 주님!
우리 부부의 삶이 언제나 예수 그리스도
우리 주님을 중심으로 살게 하소서.
거룩한 주일에는 함께 예배드리는 기쁨이 있는
주님 중심, 믿음 중심으로 살아가게 하소서.
갖가지 핑계로 예배 시간을 소홀히 여기지 않게 하시고
거룩히 지키게 하소서.
십일조 생활을 철저히 하게 하시고
감사를 온전히 드리게 하소서.
주님의 말씀을 마음 판에 새기게 하시고
늘 주님께 영광 돌리는 삶을 살게 하소서.
우리 부부의 믿음 생활이 더 발전하게 하시고
주위 사람들을 주님 앞으로 잘 인도할 수 있는
믿음 주시기를 원합니다.
가정에서 교회에서 일터에서, 언제 어디서나
신실한 성도의 삶을 살아가게 하소서.
주님께 예배 드림으로 늘 성령 충만하게 하사
자발적인 믿음을 갖게 되길 원합니다.
새롭게 변화되게 하소서.
우리를 사랑하시는
예수 그리스도 이름으로 기도합니다. 아멘!

돈을 잃어버린 자는 큰 것을 잃은 자다. 친구를 잃어버린 자는 더 큰 것을
잃은 자다. 그러나 믿음을 버린 자는 모든 것을 잃은 자다. 스페인 격언

믿음 속에 응답받는 삶을 살게 하소서

너희 중에 누구든지 지혜가 부족하거든
모든 사람에게 후히 주시고 꾸짖지 아니하시는
하나님께 구하라 그리하면 주시리라 야고보서 1:5

우리의 기도를 응답하시는 주님!

우리 부부의 기도 생활이

주님을 닮아 습관을 따라 기도하게 하소서.

아침에 일어나서 제일 먼저 감사의 기도를 드리게 하시고

무슨 일을 하든지 시작과 끝을 기도로 이루어 가게 하소서.

우리 부부가 삶의 에너지를 기도로 공급받게 하시고

모든 문제를 기도로 주님께 의탁하게 하소서.

생활의 분주함 때문에 기도 시간을 놓쳐

몸과 마음이 고갈 상태에 빠지는 일이 없게 하시고

늘 성령 충만함으로 만족하며 살게 하소서.

우리 부부가 서로 기도함으로써 힘이 되게 하시고

사랑하는 마음을 듬뿍 쏟아 줌으로써

주님 은혜의 충만함을 맛보게 하소서.

나쁜 상황이 다가오면 빨리 도와주게 하시고

방관하여 불행에 빠져드는 일이 없게 하소서.

우리 부부가 주님을 믿음과 같이

서로를 신뢰하며 믿게 하시고

깊은 이해와 애정으로 서로를 꼭 붙잡아 주게 하소서.

믿음으로 당당하게 사랑하며 살게 하소서.

우리 주 예수 그리스도 이름으로 기도합니다. 아멘!

믿음이란 대담하게 하나님께 자신의 일생을 던지며 그의 약속에 초점을
맞추고 그로부터의 엄청난 기적을 사실처럼 자연스럽게 받아들이는 것이다.
와드

믿음이 날마다 성장하게 하소서

하나님의 사랑하심을 받은 형제들아 너희를 택하심을 아노라
데살로니가전서 1:4

천하 만물을 주관하시는 하나님!
산천초목도 비가 오고 태양이 비치면
쑥쑥 잘 자라고 잘 성장하듯이
우리 부부의 믿음이 날마다 성장하게 하소서.
믿음이 없이는 아무것도 할 수 없으니
먼저 믿어지는 믿음을 주시길 원합니다.
우리 부부가 기쁨 속에 웃음으로
살아가기를 원합니다.
기쁨은 모든 일을 원만하고 즐겁게 할 수 있게 하고
무한한 가능성을 만들어 주고 자신감을 갖게 하오니
믿음 속에 즐거움을 찾아서 함께 나누게 하소서.
주님이 주시는 행복 속에 우리 부부가
더욱더 굳게 결합하게 하시고
모든 역경을 극복해 가게 하옵소서.
생활 속에 유머가 깃들게 하시고
늘 기쁨으로 가정생활과 믿음 생활에 활력이 넘치게 하소서.
웃음은 어려움을 물리치게 되니
웃음으로 부부의 삶을 밝게 만들어 가게 하소서.
우리에게 믿음을 주시고 즐거움을 주시는
우리 주 예수 그리스도의 이름으로 기도합니다. 아멘!

냉소와 두려움은 생애를 얼게 하고 믿음은 이를 녹이며 석방시키고
또 생애를 자유롭게 한다. 휘스틱

말씀에 기초한 믿음을 갖게 하소서

하나님이 우리를 구원하사 거룩하신 소명으로 부르심은
우리의 행위대로 하심이 아니요 오직 자기의 뜻과 영원 전부터
그리스도 예수 안에서 우리에게 주신 은혜대로 하심이라 디모데후서 1:9

양떼들의 목자가 되시는 주님!
우리 부부가 주님의 말씀을 사모하게 하사
성경 읽기를 게을리하지 않기를 원합니다.
예배드릴 때만 성경을 들고 나가는 것이 아니라
늘 곁에 두고 읽으며 말씀을 마음 판에 새기게 하소서.
우리 부부의 믿음의 삶이
주님의 말씀에 기초한 믿음이게 하소서.
주님의 말씀 속에 영성 깊은 성도의 삶을 살게 하사
믿음대로 이루어 가기를 원합니다.
말씀 속에서 삶을 정돈하게 하시고
말씀 속에서 신앙을 새롭게 하시고
말씀 속에서 부부의 교제를 나누며 살게 하소서.
말씀 속에서 예수 그리스도가 우리의 구원의 주님이심을
확실하고 분명하게 고백하게 하소서.
말씀으로 천지를 창조하신 주님께서
우리 부부의 신앙도 새롭게 하시고
언제나 말씀의 인도 따라 믿음의 삶을 살게 하소서.
우리 부부를 늘 말씀으로 인도하시는
우리 주 예수 그리스도 이름으로 기도합니다. 아멘!

단순히 기도하고 울며 투쟁하는 믿음이 능력을 가져오는 것이 아니요,
감정에 관여치 아니하고 과감히 말씀을 믿는 믿음이 위력을 동반한다. 부스

말씀을 묵상하는 삶을 살게 하소서

주께서 택하시고 가까이 오게 하사
주의 뜰에 살게 하신 사람은 복이 있나이다
우리가 주의 집 곧 주의 성전의 아름다움으로 만족하리이다 시편 65:4

말씀으로 우리를 새롭게 하시는 주님!
우리 부부가 서로 손을 맞잡고
주님께 기도를 드릴 수 있는 믿음을
허락하시니 감사드립니다.
우리 부부가 주님의 말씀을 늘 묵상하게 하소서.
물고기가 물을 떠나서는 살 수 없듯이
우리 부부도 주님의 말씀을 떠나서는 살 수 없으니
주님의 말씀을 따름으로써
능력 있고 힘 있고 바르게 살기를 원합니다.
살아가며 모든 일들을 말씀에 근거하여 하게 하사
주님의 뜻을 변별하며 이루기를 원합니다.
우리 부부가 주님의 말씀대로 살아감으로써
진리의 자유함을 마음껏 누리게 하소서.
주님의 말씀으로 분별력을 갖게 하사
주님의 섭리하심과 인도하심을 분명히 깨달아 알게 하소서.
소망 중에 즐거워하게 하시며
기쁨 중에 주님의 일을 온전히 하게 하소서.
우리 부부의 믿음을 반석 위에 세워 주사
주님의 은혜와 축복을 누리게 하소서.
우리 부부가 주야로 주님의 말씀을 묵상하며 살게 하소서.
우리 주 예수 그리스도 이름으로 기도합니다. 아멘!

믿음이란 자신을 약속 위에 던지는 것이다. 스펄전

믿음의 본이 되는 삶을 살게 하소서

날마다 마음을 같이하여 성전에 모이기를 힘쓰고 집에서 떡을 떼며 기쁨과
순전한 마음으로 음식을 먹고 하나님을 찬미하며 또 온 백성에게 칭송을
받으니 주께서 구원받는 사람을 날마다 더하게 하시니라 사도행전 2:46-47

이 땅에 오셔서 믿음의 산증인 되신 주님!
우리 부부가 결혼으로 하나 됨은
하나님의 형상을 드러내는 것이오니
성령의 열매를 맺어 가게 하소서.
우리 부부가 믿음의 본이 되는 삶을 살게 하사
악한 영적 세력을 대적하여 이겨 나가게 하소서.
우리 부부가 믿음으로 한 팀이 되어
영적 전쟁에서 늘 승리하기를 원합니다.
주님이 세우신 축복된 가정 속에서
믿음과 마음으로 하나가 되게 하여 주소서.
믿음 안에 소망을 갖게 하시고
그 소망을 이루어 가는 즐거움을 허락하소서.
부부가 서로 신앙 속에서 만나
믿음 생활을 이루어 가는 데
아무런 부족함이 없게 하옵소서.
주님과 깊은 영적 교제로
우리 부부가 감사 안에 살게 하소서.
우리 주 예수 그리스도 이름으로 기도합니다. 아멘!

진실한 믿음이란 인간의 약함이 하나님의 강함에 기대어 있는 것이다. 무디

부족함만 탓하지 말고 하나가 되게 하소서

예수 그리스도로 말미암아 의의 열매가 가득하여
하나님의 영광과 찬송이 되기를 원하노라 **빌립보서 1:11**

우리를 구원하신 주님!
사람들은 누구나 허점이 있고 약점이 있으니
우리 부부는 서로를 용납해 주며
믿음 안에서 기도함으로써 하나가 되게 하소서.
서로의 부족함을 일일이 지적하고 나열하여
상처를 입히는 일을 하지 않기를 원합니다.
상대방을 평가하려 들지 말게 하시고
이 각박한 세상에서 서로를 격려함으로써
부부 사랑의 기반이 흔들리지 않게 하소서.
완전하지 못함을 슬퍼하기보다는
완성시켜 나가는 즐거움을 맛보게 하사
믿음으로 살아가는 멋지고 근사한 부부가 되게 하소서.
자녀를 믿음으로 키워 가게 하시고
영적인 싸움에서 승리하게 하소서.
아내는 남편을 돕는 배필이 되게 하시고
남편은 맡은 일에 최선을 다하는 열정을 갖게 하소서.
우리 부부의 감성과 영성과 육적인 부분의
부족함을 서로 채워 나가게 하여 주소서.
주님께서 우리를 온전한 길로 인도하시기를 원합니다.
우리 주 예수 그리스도 이름으로 기도합니다. 아멘!

하나님의 거대하심은 우리로 하여금 두려움을 자아내게 하나
그의 선하심은 우리 안의 무서움을 없애 준다. 에이든 토저

2
F
ebruary

14

서로의 부족함을 채워 주게 하소서

너희는 여호와의 선하심을 맛보아 알지어다
그에게 피하는 자는 복이 있도다 너희 성도들아 여호와를 경외하라
그를 경외하는 자에게는 부족함이 없도다 시편 34:8-9

우리를 온전케 하시는 주님!
남자와 여자가 홀로는 부족하기에
결혼으로 사랑을 온전히 누리게 하시니 감사드립니다.
남편을 머리로 만드시고 아내를 돕는 배필로 창조하신
하나님의 섭리에 순종하여 복된 삶을 살아가게 하소서.
우리 부부가 서로 자기의 책임을 다함으로써
연약함을 강하게 하시기를 원합니다.
부부가 하나 되어 주 안에서 헌신하며 살게 하소서.
누가 우월하고 똑똑하고 잘났는가 하며
끊임없이 갈등하고 싸우기보다는
복음의 선한 싸움을 싸우게 하소서.
우리 부부도 서로 절망에 빠뜨리는 일이 없게 하시고
서로의 마음 깊은 곳까지
사랑이 넘치기를 원합니다.
서로의 갈망을 채워 주시고 만족을 주게 하소서.
쓸데없이 자존심을 건드리지 말게 하시고
도리어 자신감을 주어 원하는 것을
성취해 가는 보람을 갖게 하소서.
우리 주 예수 그리스도 이름으로 기도합니다. 아멘!

감각은 창조의 움직임을 보는 것이요,
믿음은 하나님의 움직임을 보는 것이다. 카세이드

★ 58

2 F february

15

남편이 가장의 역할을 잘하게 하소서

아버지가 내게 가르쳐 이르기를 내 말을 네 마음에 두라
내 명령을 지키라 그리하면 살리라 지혜를 얻으며 명철을 얻으라
내 입의 말을 잊지 말며 어기지 말라 잠언 4:4-5

가정을 사랑으로 인도하시는 하나님!
남편이 영적인 면에서 생활적인 면에서
가장의 역할을 잘 감당하기를 원합니다.
부족하거나 연약해질 때 가족들이 기도해 주고
힘이 되어 주게 하소서.
남편이 가족을 위하여 헌신적으로
자신의 열정을 다 쏟아 일하오니 축복하소서.
믿음으로 주님께 순종하는 삶을 살게 하셔서
아내와 가족에게 믿음의 본을 보이길 원합니다.
예수 그리스도께서 제자들을 사랑하신 것처럼
남편이 아내와 자식들을 사랑하게 하소서.
예수 그리스도께서 이해와 칭찬을 아끼지 않으셨듯이
아내와 자녀들에게 이해와 칭찬을 아끼지 않게 하소서.
예수 그리스도의 제자들이 신뢰하며 따른 것처럼
온 가족이 남편과 아버지를 신뢰하며 따르게 하소서.
예수께 의탁하던 사람들을 인도하여 주신 것처럼
남편에게 가족들을 책임져 나갈 수 있는
힘과 마음을 주시기를 원합니다.
온 가족이 하나 되어 서로 사랑하며 살게 하소서.
우리 주 예수 그리스도 이름으로 기도합니다. 아멘!

그리스도를 의지함은 최초의 믿음이며, 그를 영접함은 적절한 믿음이며,
그를 이해함은 지성적인 믿음이며, 그와 동화됨은 생동하는 믿음이다. 올프킨

서로가 돕는 배필의 역할을 잘 감당하게 하소서

두려워하지 말라 내가 너와 함께 함이라 놀라지 말라 나는 네 하나님이
됨이라 내가 너를 굳세게 하리라 참으로 너를 도와 주리라
참으로 나의 의로운 오른손으로 너를 붙들리라 이사야 41:10

가정에 사랑을 쏟아부어 주시는 주님!
아내가 가정에서 돕는 배필의 역할을 잘 감당하게 하소서.
남편과 아내가 서로 높아지려고 다투지 않고
서로의 인격을 완성해 나가기를 원합니다.
아내가 순종함으로써 온전한 마음으로 가족을 보살피며
따뜻한 손길로 가족들을 위로하게 하소서.
돕는 배필의 모범 되신 예수 그리스도를 닮아 가게 하소서.
예수 그리스도께서 하나님 아버지께 순종하신 것처럼
서로서로가 순종하게 하소서.
예수 그리스도께서 하나님께 영광을 돌리신 것처럼
우리 부부도 하나님께 영광을 돌리게 하소서.
예수 그리스도께서 십자가를 지실 때에도
하나님을 신뢰하신 것처럼
가정의 어머니로서 어려움과 고난을 잘 이겨 내게 하소서.
아내가 남편을 사랑하고 가족을 사랑하는 데
창조성을 발휘하게 하소서.
남편과 아내가 온전히 마음을 합하게 하시고
주님의 뜻을 이루며 자기의 역할들을 잘 감당하게 하소서.
우리 부부가 서로에게 감동을 주며 변화시켜 나가게 하소서.
우리 주 예수 그리스도 이름으로 기도합니다. 아멘!

오직 가능한 것만 믿는 것은 믿음이 아니라 철학이다. 브로니

2 F ebruary

17

우리 부부가 믿음으로 기도하게 하소서

여호와여 주와 같은 이 없나이다
주는 크시니 주의 이름이 그 권능으로 말미암아 크시니이다 예레미야 10:6

우리의 기도를 응답하시는 주님!
우리 부부가 영혼을 사랑하는 마음을 갖고
오직 주님의 이름으로 기도하게 하소서.
사랑은 다른 사람의 것을 내 것으로 만드는 것이 아니라
내 것을 희생하며 주는 것이니
진실한 마음, 사랑의 마음으로
우리의 것을 나누며 기도하게 하소서.
사랑으로 기도하게 하시고
믿음으로 인내하며 기다리기를 원합니다.
우리가 가진 것을 자랑만 하거나
쓸데없는 교만과 자만과 오만으로
이웃을 실망시키는 일이 없게 하소서.
우리 부부가 오직 사랑의 확신으로 기도함으로써
영성을 회복받아 영적인 교제로
서로 주 안에서 사랑하기를 원합니다.
우리 부부에게 욕심을 내거나 남의 것을 탐하는
불의한 마음이 없게 하시고
진실 속에서 바라는 것들을 응답받게 하여 주소서.
주님이 주시는 마음으로 이웃을 사랑하게 하소서.
우리 주 예수 그리스도 이름으로 기도합니다. 아멘!

믿음은 하나님이 할 수 있음의 가능성을 믿는 것이 아니라
하실 것임을 믿는 것이다. 에이브러햄 링컨

61 ★

배우자를 서로 축복하게 하소서

너희 성도들아 여호와를 경외하라
그를 경외하는 자에게는 부족함이 없도다 시편 34:9

죄악에 빠진 생명들을 구원의 길로 인도하시는 주님!
이 세상의 수많은 사람들 중에 놀랍고 신비스럽게도
우리 두 사람이 만나 결혼을 했으니
이는 참으로 놀라운 축복이며 은혜임을 고백합니다.
배우자를 서로 축복해 주며 살게 하소서.
우리 부부가 서로를 소중하고 존귀하게 여기고
서로를 보살피고 사랑하며 살게 하소서.
사랑하며 살아도 부족하기만 한 시간들을
미워하거나 싫어하며 살지 않게 하소서.
옳고 좋은 일을 하여도 흘러가고 떠나가는 시간을
헛된 일에 빠져서 고통당하는 일이 없게 하소서.
우리 부부가 언제나 혼자만을 생각하며
욕심 속에서 벽을 쌓고 살아가는 것이 아니라
서로를 생각해 주며 가족을 사랑하며 살게 하소서.
배우자를 축복해 줌으로써 불만족이 사라지게 하시고
부부가 결혼으로 귀한 만남을 이루었으니
축복으로 믿으며 감사하게 하소서.
주님은 축복을 원하는 자들에게 축복을 주시고
기도에 응답하시니 주님의 뜻대로 살게 하소서.
우리 주 예수 그리스도 이름으로 기도합니다. 아멘!

믿음은 곧 하나님께 대한 지성적 의탁인데 이는 하나님의 미쁘심과
그의 철저함의 배려를 근거로 주어지는 것이다. 스토트

2 19

교회 공동체에 꼭 필요한 부부가 되게 하소서

교회가 평안하여 든든히 서 가고 주를 경외함과 성령의 위로로 진행하여
수가 더 많아지니라 사도행전 9:31

교회 공동체를 사랑하시는 주님!

우리 부부가 교회 안에서 사랑을 나눔으로써

공동체 속에 꼭 필요한 부부가 되게 하소서.

우리 삶의 모습에

예수 그리스도의 모습이 보여지게 하시고

우리 부부의 삶이 예수 그리스도의 편지로 읽혀지는

축복을 누리기를 원합니다.

주님의 말씀을 통하여 우리의 삶의 방향이

날마다 새로워지게 하옵소서.

주님의 말씀을 상고함으로 은혜를 받아

바른 믿음의 길을 순종하며 따르게 하소서.

주님의 말씀을 생활 속에서 순종함으로써

교회의 지체들을 사랑하며 봉사하고

그들 속에서 주님의 자녀답게 살게 하소서.

믿음의 삶은 홀로 이루는 것이 아니오니

공동체 속에 주님의 복음이 전하여짐으로써

심령이 변화되고 교회가 부흥하는

놀라운 성령의 인도하심을 체험하게 하소서.

우리 부부가 공동체 안에서 기쁨을 나누며

주님의 은혜와 사랑에 감사하며 살게 하소서.

우리 주 예수 그리스도 이름으로 기도합니다. 아멘!

믿음은 아무것도 혼자서 하지 않는 것이다. 모든 것을 하나님과,
하나님 안에서, 하나님을 통해서 하는 것이다. 홀런드

믿음으로 사업을 이루어 가게 하소서

너희는 먼저 그의 나라와 그의 의를 구하라
그리하면 이 모든 것을 너희에게 더하시리라 마태복음 6:33

우리의 생사화복을 주관하시는 하나님!
우리 부부의 삶이 항상 주님의 뜻을 분별하며
주님의 뜻에 합당하게 이루어 가게 하소서.
언제나 주님의 나라와 그 의를 구함으로써
믿음으로 사업을 이루어 가게 하시기를 원합니다.
하나님이 원하시지 않는 직업이나
불의하게 돈을 버는 일이 없게 하시고
복음에 합당하게 사업을 함으로써
하나님이 허락하시는 축복을 받게 하소서.
욕심으로 하지 말게 하시고
수단과 방법으로만 사업하지 말게 하소서.
주님의 말씀에 따라 주시는 지혜와 은혜로 사업을 함으로써
정직한 소득으로 감사를 드리기를 원합니다.
주님께서 때를 따라 주시는 놀라운 축복을 받아
우리 부부가 살아감에 있어서
물질로도 부족함 없는
나눔의 삶을 살기 원합니다.
물질을 꼭 붙잡고 있는 것이 아니라 나눔으로써
주님의 큰 은혜를 받게 하옵소서.
우리 주 예수 그리스도 이름으로 기도합니다. 아멘!

믿음은 단순히 하나님을 붙잡는 것 그 이상의 것이다.
이는 하나님이 당신을 붙잡고 계신 것이다. 굴스

부부의 믿음이 반석 위에 세워지게 하소서

그러므로 나의 사랑하고 사모하는 형제들, 나의 기쁨이요 면류관인
사랑하는 자들아 이와 같이 주 안에 서라 빌립보서 4:1

믿어 믿음에 이르게 하시는 주님!
우리 부부의 믿음이 반석 위에 튼튼하고
견고하게 세워지게 하옵소서.
결혼생활을 오직 믿음으로 이루어 가게 하시고
끊임없이 서로를 분석하고 따지는
어리석음에 빠져드는 불행한 일들이 없게 하소서.
서로의 약점을 일부러 건드리지 않게 하시고
상대방의 마음을 알아줄 수 있는 마음의 여유를 주소서.
자신들의 한계를 알아 분명한 표현을 하게 하시고
쓸데없는 변명을 늘어놓는 일들이 없게 하소서.
머릿속에 헛된 생각으로 가득하여
이유 없이 분노하여 사이가 벌어지는 일이 없게 하시고
믿음으로 주 안에서 아름다운 성도의 삶을 살게 하소서.
부부 사이에 무관심은 독약과 같으니
깊은 관심 속에 보살피며 사랑하게 하소서.
우리 부부가 믿음으로
부닥치는 모든 문제들을 이겨 낼 수 있으니
믿음으로 승리하는 삶을 살기를 원합니다.
이 시간도 기도하오니 우리 부부에게 믿음을 주소서.
우리 주 예수 그리스도 이름으로 기도합니다. 아멘!

믿음이란 아무것도 감지할 수 없음에도 불구하고
하나님께 맡길 수 있는 수용성이다. 제임스 쿡

사람들에게 믿음의 본이 되게 하소서

다른 이로써는 구원을 받을 수 없나니 천하 사람 중에 구원을 받을 만한
다른 이름을 우리에게 주신 일이 없음이라 하였더라 사도행전 4:12

우리에게 일터를 허락하시는 주님!
우리 부부가 직장이나 일터에서
함께 일하는 사람들에게 믿음의 본이 되게 하소서.
모든 일에 솔선수범하게 하시고
꼭 해야 할 일을 미루거나 다른 사람에게 전가하지 않고
언제나 최선을 다하게 하시기를 원합니다.
자신이 해야 할 일만 할 것이 아니라
다른 이들에게 도움이 되게 하시고
그리스도인으로서 지켜야 할 일들을 지켜 나가게 하소서.
직장에서 모임이 있을 때에도
주님을 믿는 부부로서 사랑하며 살아가는 모습을
거짓 없이 있는 그대로 순수하게 보여 주게 하시고
약속한 것은 꼭 지킴으로써 신뢰를 주고받게 하소서.
직장 신우회에 참여함으로써 신앙 공동체에 동참하게 하사
동료들 간에 사랑과 우정을 나누게 하소서.
모든 일에 적극적이고 긍정적이게 하시고
좋은 일이나 궂은일이나 같이하여 줌으로써
함께 일하는 즐거움과 기쁨을 누리게 하소서.
우리 부부의 기도로 우리의 일터가 변화되게 하소서.
우리 주 예수 그리스도 이름으로 기도합니다. 아멘!

믿음을 갖는 것이란 우리 앞의 임무가 우리 뒤의 미는 힘보다
절대로 크지 않다는 것을 확신하는 것이다. 에드 맨

23

2 F ebruary

믿음의 열매를 풍성히 맺게 하소서

오직 성령의 열매는 사랑과 희락과 화평과 오래 참음과 자비와 양선과
충성과 온유와 절제니 이 같은 것을 금지할 법이 없느니라
갈라디아서 5:22-23

우리가 지속적으로 기도하기를 원하시는 주님!
우리 부부가 기도의 골방, 은밀한 자리에서
늘 기도하며 믿음의 열매를 풍성하게 맺어 가게 하소서.
기도로 주님의 능력을 체험하게 하시고
예수 그리스도를 소망하며 살게 하소서.
주님의 은혜를 내려 주시는 곳에 거하게 하시고
늘 성령의 인도하심을 따라 살게 하소서.
우리 부부의 마음에 주님께서 오시기를 원합니다.
우리 부부의 마음에 주님께서 찾아와 주시기를 원합니다.
주님의 사랑과 은혜로 날마다 열매 맺기를 원합니다.
우리 부부가 온 마음과 성품을 다하여 사랑하게 하시고
주님을 향한 갈망이 마음속에 가득하여
날마다 더 가까이 나아가기를 원합니다.
주님께로 날마다 더 가까이 나아감으로써
주님의 은혜를 감사하며 살게 하소서.
주님과 늘 기도로 교제하기를 원합니다.
날마다 기쁨 속에 열매 맺는 삶을 살게 하시고
늘 주님의 인도하심 속에 모든 것을 맡기며 살게 하소서.
우리 주 예수 그리스도 이름으로 기도합니다. 아멘!

믿음이란 하나님께 "아멘!" 하는 것이다. 로젤

맡은 부서의 일을 믿음으로 이루어 가게 하소서

너희는 말씀을 행하는 자가 되고
듣기만 하여 자신을 속이는 자가 되지 말라 야고보서 1:22

날마다 은혜를 베풀어 주시는 주님!
성령께서 우리 부부를 인도하여 주사
하나님의 자녀로서 맡은 부서의 일을
오직 믿음으로 이루어 가기를 원합니다.
믿음으로 기도를 드림으로써 결실이 있게 하시고
오직 주님의 일에 충성을 다하게 하소서.
믿음의 기도에 응답하시어
주님께서 은총을 베풀어 주시고
우리 부부와 온 가족을 인도하시기를 원합니다.
우리 부부에게 맡겨진 일들에 어려움이 있더라도
쉽게 포기하지 않고 능력 있는 기도로 변화되게 하소서.
주님 안의 지체들을 진실하게 대하게 하시고
공손하게 하시고 지체들과 끈질긴 믿음으로
주님의 뜻을 이루어 가게 하옵소서.
우리 부부의 신앙이 형식적인 신앙이 되지 않게 하시고
영혼을 구원하는 복음 전파 사역에 열심을 다하게 하소서.
마음을 지켜 주님의 뜻을 온전히 이루어 가게 하시고
갖가지 어려움과 장애를 믿음으로 돌파함으로써
열매를 풍성하게 맺길 원하며
우리 주 예수 그리스도 이름으로 기도합니다. 아멘!

진실한 믿음은 언제나 우리를 순종과 연결해 준다. 에이든 토저

늘 깨어 기도하게 하소서

믿음의 기도는 병든 자를 구원하리니 주께서 그를 일으키시리라
혹시 죄를 범하였을지라도 사하심을 받으리라 야고보서 5:15

우리의 기도를 들어 주시는 주님!
우리 부부가 드리는 기도가
하나님께 초점을 맞춘 기도가 되게 하사
늘 깨어 기도하기를 원합니다.
주님께서 긍휼을 베풀어 주사 기도하게 하시고
늘 믿음으로 기도하며 성장하게 하소서.
우리 부부는 늘 부족하고 준비되지 못한 부분이 많사오니
우리들의 마음 깊은 곳에서부터
주님의 은혜를 채워 주옵소서.
주님께서 우리 부부를 아시니 영혼을 새롭게 하사
믿음의 길을 온전히 정진하게 하소서.
주님께 드리는 기도를 통하여
우리의 마음을 있는 그대로 표현하게 하사
주님께 응답받게 하옵소서.
우리 부부에게 믿음과 용기를 주시고
서로를 사랑하게 하옵소서.
기도를 통하여 주님의 자비로우신 사랑을
온전히 깨닫게 하시고
주님께 받은 사랑을 온전히 나누게 하여 주소서.
우리 주 예수 그리스도 이름으로 기도합니다. 아멘!

나는 단순한 믿음을 갖는 것보다 소유하는 믿음을 취하고 싶다. 킹슬레이

믿음의 주님을 바라보며 살게 하소서

나는 이제 너희를 위하여 받는 괴로움을 기뻐하고
그리스도의 남은 고난을 그의 몸 된 교회를 위하여
내 육체에 채우노라 골로새서 1:24

믿음의 주요, 온전하게 하시는 주님!
소망 없는 세상에서 소망 중의 소망 되시는
믿음의 주님을 바라보며 살게 하소서.
우리 부부가 주님의 일을 함으로써 받는
괴로움을 기뻐하게 하시고
헌신하는 삶을 살게 하소서.
어떤 역경과 고난이 우리 부부에게 다가오더라도
오직 믿음으로 주님과 동행하기를 원합니다.
주님의 뜻을 기다리며 인내하게 하시고
주님의 섭리를 이루어 주심을 감사하며
영광과 찬양을 돌리기를 원합니다.
우리 부부에게 슬픔과 곤경이 다가와도
인간적인 만남과 수단과 방법으로 해결하는 것이 아니라
오직 주님을 바라보며
주님의 인도하심을 받게 하옵소서.
부르심에 순종하는 삶을 살게 하시고
하나님의 말씀에 귀를 기울이게 하시고
믿음의 연단과 훈련으로 믿음의 장부가 되게 하소서.
우리 주 예수 그리스도 이름으로 기도합니다. 아멘!

나의 믿음이란 어떤 경우에도 결코 근심하지 않는 것이다. 듀이

믿음으로 복음의 씨를 뿌리게 하소서

사람이 마음으로 믿어 의에 이르고
입으로 시인하여 구원에 이르느니라 로마서 10:10

온 땅에 복음이 충만하기를 원하시는 주님!
우리 부부가 삶 속에서 복음의 씨를
곳곳에 뿌리게 하옵소서.
복음의 씨가 사람들의 마음속에 뿌려져
풍성한 결실을 맺어 주님께 잘했다
칭찬받는 복된 성도가 되게 하소서.
초대 교회 성도들처럼 기도함으로 성령받게 하시고
초대 교회 성도들처럼 기도함으로 능력받게 하소서.
언제 어디서나 복음을 능력 있게 전하는
복음 전도자의 사명을 감당하게 하소서.
우리 부부를 전능하신 주님의 능력으로 붙잡아 주셔서
입술로 주님을 시인하게 하시고
입술로 주님을 고백하게 하시고
입술로 주님을 전하는 삶을 살기를 원합니다.
복음을 전하는 자가 없으면 들을 수 없으니
이 귀한 복음 사역에 동참하게 하시고
먼저 믿음으로 하나가 되게 하시고
먼저 사랑으로 하나가 되게 하시기를 원합니다.
우리 부부의 발길이 복음을 전하는 복된 발길이 되게 하소서.
우리 주 예수 그리스도 이름으로 기도합니다. 아멘!

믿음이 있기에 인생은 참을 만하며 생애의 비극과
모호함과 갑작스러움과 우여곡절 속에 견딜 수 있다. 잉글

믿음의 축복을 받는 부부가 되게 하소서

너희는 더욱 큰 은사를 사모하라
내가 또한 가장 좋은 길을 너희에게 보이리라 고린도전서 12:31

주님과 동행하기를 원하시는 주님!

우리 부부가 믿음의 축복을 받는 부부가 되게 하소서.

믿음이 충만하여 행복한 삶을 살게 하시고

주님의 은혜를 늘 사모하며 늘 좋은 길, 선한 길로

인도하심을 받게 하옵소서.

믿음 생활 속에 주님과 동행함으로써

영적 성장이 날마다 이루어지게 하시고

죽음이 생명으로, 미움과 분노가 사랑과 화평으로 바뀌는

놀라운 은혜를 체험하게 하소서.

고통과 근심이 사라지게 하시고

환희와 기쁨 속에 날마다 천국 소망이 넘치는

축복된 삶을 살기를 원합니다.

기도함으로 응답받게 하시고

갈등이라는 먹구름이 우리 부부 사이에서

안개의 사라짐처럼 사라지게 하소서.

우리 부부가 주님의 은혜로 늘 변함없는 사랑을

서로 주고받게 하시기를 원합니다.

영적인 면에서 더 튼튼해지게 하시고

날마다 믿음 속에 주님의 권능을 체험하며 살게 하소서.

우리 주 예수 그리스도 이름으로 기도합니다. 아멘!

믿음이란 증거 없이 받아들이는 것이 아니라 주저 없이 의탁하는 것이다.
키에르 케고르

저희의 심령을 늘 정결케 하소서

우리 안에 거하시는 성령으로 말미암아
네게 부탁한 아름다운 것을 지키라 디모데후서 1:14

사랑하는 하나님!
저희 가정에 하나님을 깊이 사랑하는 은혜와
하나님 안에서 자족할 수 있는 겸손과
서로를 존귀히 여기고 축복 가운데 세워 가는 섬김을
날마다 더하시니 감사합니다.
고마우신 하나님,
저희 가족 모두가 날마다 살아 계신 하나님과
인격적으로 교제하고 동행하는
예배자, 중보자, 영적 전쟁에 능한 자로
세워져 가도록 기름 부어 주소서.
하나님, 저희의 심령을 늘 정결케 하시고 민감하게 하셔서
하나님의 성령을 온전히 좇게 하시고,
즉시 기쁘게 순종할 수 있는 은혜를 허락하옵소서.
신실하신 주님 안에서
유업을 이을 자들로 저희를 먼저 부르셨으니
우리 가정의 기도 지경이 넓어져서
열방의 가정들과 영혼들과
그 땅의 무너진 곳곳들까지도
주님께 다시금 돌려드리길 소망하며
우리 주 예수 그리스도 이름으로 기도합니다. 아멘!

인생의 핵심 질문은 '내가 얼마나 강한 자인가?' 가 아니라
'하나님이 얼마나 강하신 분인가' 이다. 맥스 루케이도

3

MARCH

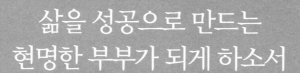

삶을 성공으로 만드는
현명한 부부가 되게 하소서

우리 사랑은 연습이 아닙니다

사랑하는 사람아
우리 사랑은 연습이 아닙니다
우리는 스쳐 지나가는 것이 아닙니다

서로의 가슴에 심어 주는
그대로 피어남을 알아야 합니다

사랑하는 사람아
부부 사랑에도
고통은 고통이며
아픔은 아픔입니다

하나님이
이 땅에서 베풀어 주신 사랑이기에
너무도 소중하고
너무도 순결하고
너무도 고귀해야 할 사랑입니다

당신을 사랑하기에
더욱 따뜻하고
더욱 푸근하고
더욱 상냥하고
더욱 부드러운
마음으로 가까이 다가와 주어야 합니다

부부 사이에 벽을 허물게 하소서

가산이 적어도 여호와를 경외하는 것이
크게 부하고 번뇌하는 것보다 나으니라 잠언 15:16

죄악의 벽을 허물고 구원의 통로가 되시는 주님!
마음의 벽을 높이 쌓으면 쌓을수록 더 고독하고
외롭고 쓸쓸하고 괴롭게 지낼 수밖에 없으니
부부 사이에 벽을 허물게 하소서.
조금만 더 이해하고 조금만 더 참으면 견디게 될 것을
고집과 아집으로 살아가지 말게 하시고
사랑으로 하나가 되게 하소서.
내가 아니면 안 된다는 생각보다는
둘이 아니면 안 된다는 생각으로 바뀌게 하소서.
내가 누군데 하는 어리석음보다
둘이 어떻게 사랑했는데 하는
생각으로 바뀌게 하소서.
벽을 허물면 서로의 마음을
있는 그대로 바라볼 수 있으니
진실하게 마음의 창문을 활짝 열어
서로를 온전히 받아들이게 하소서.
우리 부부가 서로 사랑으로 하나가 되게 하시고
서로의 마음을 이해하고 감싸 줌으로써
마음의 벽을 쌓을 시간이 없게 하시고
오직 사랑의 뜨락에서 기뻐하며 살게 하소서.
우리 주 예수 그리스도 이름으로 기도합니다. 아멘!

사람과 사람 사이에는 사랑 외에 재산이 없다. 아우에르바흐

사업이 실패했을 때 위기를 극복하게 하소서

마른 떡 한 조각만 있고도 화목하는 것이
제육이 집에 가득하고도 다투는 것보다 나으니라 잠언 17:1

만복의 근원이 되시는 주님!

꿈을 이루고 성공하기 위하여 사업을 경영하다가

잘못되어 실패를 하고 말았을 때 다가오는

괴로움과 고통의 위기를 극복하게 하소서.

어려울 때일수록 기도로 이겨 내게 하시고

새로운 도전으로 새롭게 일어서게 하옵소서.

모든 성공은 실패 위에서 이루어짐을 믿게 하사

실패할 때 도리어 부부가 한마음 한뜻이 되어

모든 절망을 슬기롭게 믿음으로 이겨 내게 하소서.

망했다는 말을 입으로 발설하며 원망하기보다는

서로 힘을 북돋아 주며

하나님께서 축복해 주심을 믿고

어려울 때도 화목하게 하시고

힘이 들수록 웃음을 잃지 않게 하시고

서로 손을 마주 잡아 주며 용기에 용기를 더 내게 하옵소서.

언제나 모든 것을 주님께 의탁하게 하시고

놀라운 축복과 은혜를 베풀어 주시는

주님의 섭리를 맛보게 하소서.

모든 삶을 우리의 실패를 이기시고 승리하신

우리 주 예수 그리스도 이름으로 기도합니다. 아멘!

사랑은 행운의 지갑이다. 나누어 주면 줄수록 지갑 속이 불어난다. 조지 뮬러

부부의 갈등에서 벗어나게 하소서

누구든지 자기 친족 특히 자기 가족을 돌보지 아니하면
믿음을 배반한 자요 불신자보다 더 악한 자니라 디모데전서 5:8

우리의 마음에 평안을 주시는 주님!

우리 부부에게 갈등이 찾아왔을 때

얼른 깨닫고 아주 멀리 쫓아내게 하시고

마음의 번민에서 벗어나게 하소서.

부부의 갈등은 마음을 서로 공유하지 못하거나

교만한 마음에서 싹 트거나

멸시하는 마음에서 시작되며

실수나 속임에서 생겨날 수 있으니

모든 허물과 잘못에서 떠나게 하소서.

우리 부부가 주님 앞에 진실하게 하소서.

우리 부부가 주님 앞에 정직하게 하소서.

우리 부부가 주님 앞에 솔직하게 하소서.

주님께서 십자가의 놀라운 구속의 사랑으로

한없이 우리를 사랑하신 것처럼

우리 부부도 이 세상에 허락하신 삶을 사는 날 동안

한없이 사랑함으로써 모든 갈등에서 벗어나게 하소서.

갈등은 괴로움을 만들 뿐이오니

서로 친밀함으로 사랑에 빠져드는 행복을 누리게 하소서.

예수 그리스도 이름으로 기도합니다. 아멘!

남에게 사랑받지 못한 자는 남을 사랑할 수 없다. 바버트

이혼의 위기를 돌파하게 하소서

채소를 먹으며 서로 사랑하는 것이 살진 소를 먹으며
서로 미워하는 것보다 나으니라 잠언 15:17

죄악에서 우리를 구원하시는 주님!
갑자기 우리 부부 사이에 찾아오는 고통의 외침과
절망의 늪인 이혼의 위기를
믿음과 기도를 통하여 다 돌파하여 나가게 하소서.
사탄은 우리 부부 사이를 이간질하여 갈라놓으려 하고
죄악과 유혹에 빠져들게 하여
괴로움을 증폭시켜 마음이 멀어지게 하오니
사탄이 우리 사이에 틈타지 않도록
우리 부부가 사랑으로만 결속되게 하소서.
먹구름처럼 몰려오고
태풍처럼 몰아치는 미움의 바람들이
안개의 사라짐같이 사라지기를 원합니다.
밝고 푸르른 날 햇살이 쏟아져 내리듯이
우리 부부의 마음이 맑고 깨끗하게 하소서.
성격 차이를 극복하게 하시고
개인적 사고에서 벗어나게 하셔서
서로가 서로를 진심으로 배려하게 하소서.
주님께서 십자가의 고통 속에서도
우리를 버리지 않으신 것처럼 위기가 도리어
부부의 사랑을 확인하는 시간이 되게 하소서.
우리 주 예수 그리스도 이름으로 기도합니다. 아멘!

만일 오직 한 사람이 최고의 사랑을 이룩한다면
그것은 수백만의 사람들의 미움을 넉넉히 씻어 준다. 간디

3

M⁵

arch

온갖 유혹에서 벗어나게 하소서

서로 분방하지 말라 다만 기도할 틈을 얻기 위하여 합의상
얼마 동안은 하되 다시 합하라 이는 너희가 절제 못함으로 말미암아
사탄이 너희를 시험하지 못하게 하려 함이라 고린도전서 7:5

우리의 마음이 정결하기를 원하시는 주님!
세상의 문화가 타락으로 치닫고 음란함과 사악함이
온 세상에 가득하오니 우리 부부에게 다가오는
온갖 유혹에서 벗어나게 하소서.
악은 모양이라도 버리게 하시고
아주 작게 보이는 죄일지라도 떠나게 하소서.
순결하고 정결한 마음으로 주님을 섬기며
주 안에서 순수한 사랑을 나누길 원합니다.
대중매체나 비디오나 서적이나 어떤 음란물의
유혹에서도 다 벗어나게 하시고
마약과 도박과 한탕주의 사고에서도
온전히 벗어나게 하소서.
늘 언제나 주님 안에서 주님과 동행하며
주님 보시기에 아름다운 삶을 살게 하소서.
유혹은 언제 어디서나 틈탈 수 있으니
우리 부부가 마음에 사랑을 가득하게 담고 다니게 하사
사랑하고 있음을 확인해 가며 살게 하옵소서.
우리 부부는 언제나 하나님이 허락하신 부부의 사랑이
얼마나 귀한 축복인가를 체험하게 하소서.
우리 주 예수 그리스도 이름으로 기도합니다. 아멘!

사랑을 막는 것은 아무것도 없다. 사랑은 문도 빗장도 모르며
모든 것의 속 안을 뚫고 들어간다. 마이디스 클라디스

부부간의 무관심을 떨쳐 버리게 하소서

무엇보다도 뜨겁게 서로 사랑할지니
사랑은 허다한 죄를 덮느니라 베드로전서 4:8

우리의 삶을 세밀하게 인도하시는 주님!
현대 사회의 가장 무서운 병이 무관심이오니
부부 사이에 무관심이 나타날 때 과감하게 떨쳐 버리게 하소서.
사랑이 식어 갈 때, 기대가 무너질 때,
의욕이 사라질 때 생기는 무관심에서 벗어나
생기 있고 웃음이 넘쳐나는 복된 삶을 살기를 원합니다.
부부 사이에 일어나는 사소한 다툼이나 그냥 스쳐 버리는
무관심이 쌓여 가지 않도록 인도하옵소서.
집 안에 가꾸는 화초들도 무관심하게
그대로 두면 시들어 죽고 말듯이
부부 사이에도 무관심처럼 무서운 고통은 없으니
모든 어려움을 극복하여 첫사랑을 찾게 하소서.
결혼생활이 냉랭하게 되는 이유는 여러 가지가 있으니
서로에게 관심을 갖고 서로가 좋아할 일들을
작은 것에서부터 찾게 하소서.
삶 속에 다가오는 모든 시련의 기간들을
기도와 말씀으로 극복하여 나가게 하시고
서로의 관심 속에 동참하며 멀어지지 않도록
대화와 기도로 극복하게 하시고
우리 부부 사이에 일어나는 모든 일들이 선을 이루게 하소서.
우리 주 예수 그리스도 이름으로 기도합니다. 아멘!

사람들은 사랑으로 살아간다. 그러나 자기에 대한 사랑은 죽음의 시초이며
하나님과 만민에 대한 사랑은 삶의 시초이다. 톨스토이

분노를 다스리게 하소서

사람이 여호와께 서원하였거나 결심하고 서약하였으면
깨뜨리지 말고 그가 입으로 말한 대로 다 이행할 것이니라 민수기 30:2

우리에게 참평안과 기쁨을 주시는 주님!
부부 사이에 행복을 가로막는 치명적인 장애물은
분노와 상처이오니
분노가 일어날 때 잘 다스리게 하소서.
분노는 혈기가 나게 하고
부부 사이에 의사소통을 가로막고
마음에 상처를 남기게 되오니
부드러운 마음, 따뜻한 마음으로 대하게 하소서.
지나간 일, 상처가 될 일들을 다시 곱씹어
화를 유발하지 않게 하시고
모든 일을 검열하듯이 꼬집어 말하지 않게 하소서.
상처가 될 말이 있다면 적절한 시기와 장소와 때를 가려
지혜와 사랑으로 말하게 되기를 원합니다.
사랑이란 상대방의 모습을 있는 그대로 받아들이는 것이니
우리 모습 그대로 주님께서 받아들여 주시는 것처럼
부부 사이도 서로를 있는 그대로 잘 받아들이게 하소서.
언제나 이해와 용서로 사랑을 주고받는 기쁨이 있게 하시고
부부 사이에 어려움이 있을 때 사람을 의지하기보다
먼저 주님의 인도하심을 받게 하소서.
주님께서 우리 부부의 삶을 인도하시고 축복하소서.
우리 주 예수 그리스도 이름으로 기도합니다. 아멘!

사랑만이 우리들의 정신에 순수한 기쁨을 가져온다. 스피노자

대화의 문이 활짝 열리게 하소서

그리스도의 평강이 너희 마음을 주장하게 하라
너희는 평강을 위하여 한 몸으로 부르심을 받았나니
너희는 또한 감사하는 자가 되라 골로새서 3:15

우리에게 언어의 능력을 주시는 하나님!
우리가 나누는 언어가 행복과 불행을 만들고
성공과 실패를 만들어 내오니
우리 부부 사이에 대화의 문이 활짝 열리게 하소서.
우리 부부의 대화가 입술만의 대화가 아니라
마음속에서 우러나오는 마음의 대화가 되게 하소서.
우리 부부의 대화가 행복을 만들어 가게 하사
언제나 부정적인 대화가 아니라 긍정적인 대화로
날마다 행복하게 소망하는 것들을 기쁨으로 이루게 하소서.
우리 부부의 대화가 비판적이거나
상대방을 격동하게 하는 어리석은 대화가 되지 않게 하소서.
우리 부부의 대화가 인정과 격려와 칭찬과 감사와
진실 속에 이루어지게 하사 늘 평안이 가득하게 하소서.
언제나 대화가 주님의 말씀 안에 거하게 하시고
주님의 은혜로 행복을 만들어 가게 하소서.
우리 부부가 산책을 할 때나 한 잔의 커피를 나눌 때나
누군가를 방문하거나 누군가가 방문하였을 때나
심방을 할 때나 언제 어디서나
바른 대화를 통하여 주님의 사랑을 체험하게 하소서.
우리 주 예수 그리스도 이름으로 기도합니다. 아멘!

재물은 날개가 있고 꿈은 사라지며 희망은 시들지만
사랑은 늘 우리와 함께 있다. 루웰웨스

결혼생활이 날마다 성숙되어 가게 하소서

너희도 성령 안에서 하나님이 거하실 처소가 되기 위하여
그리스도 예수 안에서 함께 지어져 가느니라 에베소서 2:22

행복한 가정을 원하시는 주님!
우리 부부의 결혼생활이 날마다 성숙하게 하소서.
사람들은 누구나 결혼을 통하여 행복한 가정을 이루고
자녀들을 낳고 가족과 함께 안정된 삶을 살기를 원하오니
하나가 되어 목표를 이루게 하소서.
한지붕 아래서 한솥밥을 먹으며
사랑의 마음으로 하나가 되어
기도하며 꿈을 가꿔 가게 하소서.
우리 부부가 원하던 행복한 가정이 이루어질 줄 믿사오니
소망 중에 즐거워하며 가정을 이루어 가게 하소서.
우리 부부가 깊은 결속으로 하나가 되고
오직 사랑으로 하나 된 가정을 이루게 하소서.
사랑 없는 결혼은 가능하나
사랑 없는 결혼생활은 불행하오니
우리 부부의 마음에 뜨거운 사랑이 일어나게 하소서.
마음속에서 우러나오는 진실한 사랑으로
서로에게 베풀기를 원합니다.
일도 중요하지만 사랑이 없으면 아무것도 소용없으니
서로 도와주며 날로 성장해 가게 하소서.
결혼생활에 사랑이 가득하게 하소서.
우리 주 예수 그리스도 이름으로 기도합니다. 아멘!

영혼 없는 육체가 사람이 아니듯이 사랑이 없는 가정은 가정이 아니다.
에이브리

부부 사이에 사랑과 이해가 충만하게 하소서

이와 같이 남편들도 자기 아내 사랑하기를 자기 자신과 같이 할지니
자기 아내를 사랑하는 자는 자기를 사랑하는 것이라 에베소서 5:28

우리를 사랑하시는 주님!
행복한 결혼생활을 잘 가꾸는 법은 사랑뿐이오니
우리 부부 사이에 사랑과 이해가 충만하게 하소서.
남편은 영웅이 아니며 아내는 여왕이 아님을 알게 하시고
서로를 소중하게 여기며
본래의 모습대로 순수하게 살게 하소서.
남편과 아내의 일을 소중히 생각하게 하시고
서로 협력하고 뜻을 맞추어 가정을 사랑의 뜨락으로,
행복의 보금자리로 만들어 가게 하소서.
가정에 사랑과 은혜와 기쁨이 늘 충만하게 하여 주소서.
서로에게 지나치게 의지하지 말게 하시고
부담스러운 삶이 되지 않게 하옵소서.
모든 일을 친구처럼 동지처럼 함께 이루어 가게 하소서.
상대방의 부족함을 공격하기보다는 사랑으로 덮어 주고
칭찬해 주며 힘과 용기를 북돋아 주게 하소서.
때때로 박수를 쳐 주며 기뻐해 줄 수 있는 마음을 주시고
서로가 서로에게 소홀함이 없기를 원합니다.
작은 선물일지라도 사랑을 표현하며
기쁨을 만들어 가게 하소서.
우리 부부에게 사랑을 듬뿍 주시는
우리 주 예수 그리스도 이름으로 기도합니다. 아멘!

우리가 하나님의 사랑을 알기만 하면
우리 자신을 뜯어고치는 혁명이 일어날 것이다. 호이징가

3
M
arch
11

서로 잘 이해하게 하소서

하나님이여 주의 인자하심이 어찌 그리 보배로우신지요
사람들이 주의 날개 그늘 아래에 피하나이다 시편 36:7

평안을 주시는 주님!
결혼생활 속에서 종종 부부싸움이 일어날 때가 있으니
부부가 서로를 잘 이해하며 살게 하소서.
남편과 아내가 싸워서 가정에 좋은 일이 없으니
사랑으로 곧 화합하고 화해하게 하소서.
부부가 서로 어느 쪽이 옳다 그르다 하며
판단부터 하지 말고 의견 차이가 있을 때
차분한 대화 속에 잘 해결하게 하소서.
부부싸움이 불씨가 되어 이기심을 만들고
서로의 맨 가슴을 갈기갈기 찢어 놓고 상처를 만들며
혈압이 높이 오르게 하고 때로는 아파 몸져눕게 하오니
이런 어리석음에 빠져들지 않게 하소서.
육체적으로 피곤하거나 지쳐 있을 때
상대방의 비위를 건들거나 심사를 흔들지 않게 하소서.
모든 싸움이 눈과 입으로 시작되오니
우리 부부의 입술에 파수꾼을 세워 주시길 원합니다.
이미 쏟아 놓은 말들은 결코 주워 담을 수 없으니
말을 함부로 쏟아 내지 않게 하옵소서.
작은 싸움이 있더라도 곧 서로 사과하게 하시고
자존심만을 내세우기보다는 사랑으로 하나가 되게 하소서.
우리 주 예수 그리스도 이름으로 기도합니다. 아멘!

사랑이 없는 곳에 있는 모든 아름다운 덕은 한갓 사치이며 빈소리이고
지푸라기 가치보다 크지 못하고 오히려 거침돌이요 가면일 뿐이다. 존 칼빈

서로 도와주며 살게 하소서

성소에서 너를 도와주시고 시온에서 너를 붙드시며
시편 20:2

전능하시고 자비로우신 하나님!

행복한 삶은 서로 도우며 협조하는 마음에서 시작되오니

우리 부부가 서로 도와주고 함께 사랑을 나누게 하소서.

전 세계에서 살고 있는 수많은 남녀 중에 만나

두 사람이 하나가 되어 부부로 살고 있음은

참으로 놀랍고 신비스러운 일이오니 기쁨 속에 살게 하소서.

모든 것은 한순간에 완성되지 않으니

서로가 부드러운 협조 속에서 노력함으로써 완성되게 하소서.

부부는 이 세상에서 그 누구보다도 소중하며

가장 가까운 사이이니 서로 배려하며 의지하게 하소서.

각자가 그대로 놓여 있는 것이 아니라

서로를 잘 풀어 섞어서 하나가 되기를 원합니다.

우리 부부가 서로 사랑으로 밀착되게 하소서.

부부 사이는 서로가 서로를 신뢰하고 믿을 때

행복할 수 있으니

서로를 완전히 신뢰하게 하시고

세월이 흘러갈수록 사랑이 깊어 가게 하소서.

서로 따지지 않고 조화를 잘 이루어

도와주며 함께 이루어 가는 행복에 빠지게 하소서.

우리 주 예수 그리스도 이름으로 기도합니다. 아멘!

인생은 하나의 어려운 수수께끼다. 사람만이 그 수수께끼를 푼다. 콧트 샬

3
March

서로 순종하며 살게 하소서

모든 것을 참으며 모든 것을 믿으며
모든 것을 바라며 모든 것을 견디느니라 고린도전서 13:7

언제나 우리 가운데 계시는 주님!
결혼은 꼭 자기 마음에 들거나 만족한 사람과
하는 것은 아니오니 서로 순종하며 살게 하소서.
때로는 마음에 쏙 들지 않더라도 양보하게 하소서.
자기 습관대로 멋대로만 살아가려는
못된 버릇을 완전히 분리수거하여
쓰레기통에 다 던져 버리게 하소서.
결혼을 하여 서로가 기대대로 이루어지지 않는다고
원망만 하거나 실망만 할 것이 아니라
잘 맞추어 갈 수 있는 넉넉한 마음을 갖게 하소서.
사랑은 부부가 누려야 할 최고의 기쁨이니
서로 순종하는 마음으로 사랑하게 하소서.
하찮은 동정을 하거나 선점하려 하거나
힘들다고 뿌리치거나 지나치려 하거나
벗어나려는 어리석음에 빠지지 않게 하소서.
사랑하는 것보다 상대방을 잘 알 수 있는 길은 없으니
사랑으로 서로에게 순종하게 하소서.
사랑으로 기쁨과 슬픔을 모두 다 받아들이게 하시고
성공과 실패를 모두 다 잘 받아들이게 하소서.
우리 주 예수 그리스도 이름으로 기도합니다. 아멘!

사랑은 무한하기 때문에 사랑을 많이 하면 할수록
남도 그만큼 더욱더 사랑하게 되고 더욱 쉽게 사랑하게 된다. 톨스토이

서로에게 헌신하며 살게 하소서

푯대를 향하여 그리스도 예수 안에서 하나님이 위에서
부르신 부름의 상을 위하여 달려가노라 빌립보서 3:14

우리의 삶을 의미 있고 바르게 인도하시는 주님!
우리 부부가 성령 충만한 믿음 생활을 함으로써
주님의 일에, 서로에게 헌신하며 살게 하소서.
주님께서 우리를 통해서 일하시어
열매들을 올려 드리게 하소서.
우리 부부가 성령 충만하지 못할 때
아무것도 할 수 없으며
신앙생활에도 만족함이 없고
가정생활에도 기쁨이 없고
직장 생활에도 즐거움이 없으니
주님을 의지하고 기도함으로써 성령 충만하게 하소서.
우리 부부에게 생명의 복음을 온전히 이해할 수 있는
영적인 능력을 허락하시어
주님의 인도하심을 받게 하소서.
우리 부부가 성령 충만할 때 주님께 찬양하며
감사하며 헌신할 수 있으니 은혜를 허락하여 주소서.
우리 부부도 성령 충만함으로 주님을 증거하게 하시고
가족을 보살피며 맡은 바 일에 열정을 다 쏟게 하옵소서.
우리 부부에게 항상 성령 충만함을 주시기 원합니다.
우리 주 예수 그리스도 이름으로 기도합니다. 아멘!

사랑은 인생에 있어서 온갖 고통을 고쳐 주는 틀림없는 명약이다. 웨슬리

상한 마음을 잘 전달하게 하소서

무릇 하나님께로부터 난 자마다 세상을 이기느니라
세상을 이기는 승리는 이것이니 우리의 믿음이니라 요한1서 5:4

우리 삶의 생사화복을 주장하시는 주님!
마음이 상했을 때 잘 전달하게 하소서.
말로 받은 상처의 고통은 어떤 상처보다
그 고통이 너무나 크오니 서로가 말로써
상처를 주거나 받지 않도록 노력하게 하소서.
절망의 언어나 고통의 언어로 화살을 쏘듯이
가슴에 쏟아버리지 않기를 원합니다.
사람을 괴롭히는 언어는 날 선 비수와 같아서
고통과 좌절과 실망만 가져오게 되오니
힘들고 어려울 때일수록 마음을 가라앉히게 하소서.
기다림 속에 부드러운 말로 다가가게 하옵소서.
사람들의 병도 마음에서 시작하는데
이 병도 말로 받은 상처 때문에 시작되오니
가까운 부부라 하여도 마음이 상했을 때
주의 깊게 보살필 수 있는 마음의 여유를 주소서.
우리가 상처를 받았을 때 먼저 기도함으로써
사랑의 마음을 갖게 하시고
주님의 생명의 언어로 상대방도 살아나고
자신도 생명력 있게 살아나게 되기를 원합니다.
우리 주 예수 그리스도 이름으로 기도합니다. 아멘!

사랑은 이 땅을 한 덩어리로 묶는 끈이다. 페스탈로치

삶의 목표를 바르게 설정하게 하소서

여호와를 의지하는 자는
시온 산이 흔들리지 아니하고 영원히 있음 같도다 시편 125:1

생명의 말씀을 우리에게 주신 하나님!
목표가 없는 삶은 정하여진 항구가 없이
망망한 바다 위를 떠다니는 배와 같으니
우리 부부가 삶의 목표를 바르게 설정하게 하소서.
남이 하는 일을 무조건 따르거나
헛된 망상을 갖지 않기를 원합니다.
확실하고 분명한 목표를 정하여
한 걸음씩 한 걸음씩 다가가게 하옵소서.
사업을 이루는 것이나 주택을 구입하는 것이나
자녀를 교육하는 것이나 모든 문제를
순간적 판단으로 즉흥적으로 이루는 것이 아니라
말씀 속에서 기도함으로써 가장 선한 방법으로
주님을 따르게 하시기를 원합니다.
삶의 목표를 남과 비교해 과장하는 일이 없게 하시고
사치나 허영에 물들지 않고 순수하게 이루어 가게 하소서.
우리 부부가 언제나 주님을 의지하며
흔들리거나 요동하지 않는 믿음 속에
모든 일을 순차적으로 이루어 가게 하옵소서.
삶의 첫걸음과 모든 걸음이 항상 바르게 하소서.
우리 주 예수 그리스도 이름으로 기도합니다. 아멘!

근면하고 시간을 낭비하지 말라. 항상 유익한 일을 하고
모든 무익한 일을 하지 말라. 프랭클린

부부의 물질관이 바르게 하소서

많은 재물보다 명예를 택할 것이요
은이나 금보다 은총을 더욱 택할 것이니라 **잠언 22:1**

우리를 축복하시고 지키시는 주님!
우리 부부의 물질관을 바르게 하사
돈을 사랑하지 말고 허락하신 물질에 감사하게 하소서.
재물에 온 마음을 사로잡혀서 물질을 소유하는 데
제한받기보다는 사랑과 인격이 성숙해 나가게 하소서.
돈에 대한 만족은 끝이 없으니 믿음으로 자족할 수 있는
복된 그리스도인의 삶을 살게 되기를 원합니다.
돈을 쓰는 데 현명하고 지혜롭게 하시고
물질만을 좇아 정신없이 사는 것이 아니라
가족과 함께 즐겁고 행복하게 살아가게 하소서.
우리의 삶이 불만족스럽고 갈증이 나는 것은
잘못된 곳에서 만족을 찾으려는 어리석음 때문이니
시대의 흐름과 광고에 현혹되지 않게 하소서.
우리 부부와 가족이 삶의 의미를 소비와 소유에서만
찾을 것이 아니라 진실한 사랑에서 찾게 하소서.
물질이 주는 가장 큰 기쁨은 주님의 일과
선한 일에 쓰일 때와 나눔 속에 이루어지오니
벌고 모으기에만 혈안이 되지 않게 하시고
나눔을 통하여 사랑의 기쁨을 소유하게 하소서.
우리 주 예수 그리스도 이름으로 기도합니다. 아멘!

당신이 주님을 사랑하지 않는 것은
당신이 아직도 주님을 모른다는 유력한 증거이다. 레너터

신앙이 날마다 성장하게 하소서

주의 구원의 즐거움을 내게 회복시켜 주시고
자원하는 심령을 주사 나를 붙드소서 시편 51:12

우리의 아버지가 되시는 하나님!
하나님께서 우리를 구원하여 주심을 확실히 믿사오니
우리 부부의 신앙이 날마다 성장하게 하소서.
주님께서 우리 부부의 마음의 문을 활짝 열어 주사
찾아와 주시고 늘 함께하심으로
우리 부부의 마음을 주장하시기를 원합니다.
우리가 기도할 때 하나님께서 응답하여 주심을 믿사오니
의심하지 말고 온전히 신뢰함으로써
우리가 구한 것을 응답받게 하시고
모든 것을 감사하며 살게 하소서.
하나님께서는 우리 부부에게 모든 것을 허락하셨으니
항상 오직 믿음으로 구하고
응답받음으로써 신앙이 날로 새롭게 하소서.
하나님께서 우리 부부의 마음과 생활 속에
무한한 은사를 부어 주시니 언제나 믿고 구하게 하소서.
우리 부부에게 주님을 향한 갈망이 있게 하시고
주님을 향한 소원이 깊어지기를 원합니다.
신앙이 성장하여 믿음이 반석 위에 세워지게 하소서.
우리 주 예수 그리스도 이름으로 기도합니다. 아멘!

남자의 사랑은 생활의 일부이나 여자의 사랑은 그의 전부이다. 바이런

자신을 진실하게 표현하게 하소서

평안을 너희에게 끼치노니
곧 나의 평안을 너희에게 주노라 요한복음 14:27

우리의 유일한 구세주이신 주님!
결혼은 희망과 기쁨으로 설레기도 하지만
절망과 낙심으로 좌절하기도 하오니
우리 부부가 서로에게 자신을 진실하게 표현하게 하소서.
어떤 때는 현명한 생각에 자신감이 넘치다가
어느 때는 자신이 바보처럼 느껴질 때도 있으니
아주 작은 어려움 속에서도 잘 견디게 하소서.
온몸이 무너져 내릴 것 같은 충격을 받았을 때도
믿음으로 견디고 이겨 내게 하소서.
부부가 서로 자신의 모든 것이 알려지는 것을 싫어하고
무언가를 자꾸만 감추려 한다면
신뢰감을 잃게 되고 사랑은 표류하게 되오니
부족하더라도 진실함으로 극복하게 하소서.
우리는 진흙과 같으니 토기장이이신 주님께서
우리 부부의 삶을 새롭게 만들어 주시기를 원합니다.
진실하지 않은 것은 하나님을 무시하고
서로를 무시하는 행동이니 더욱 진실하게 하소서.
우리의 몸과 영혼과 재능과 능력과 습관과 취향과
욕구를 모두 다 주님께 고하고
서로가 서로를 잘 받아들임으로써 하나가 되게 하소서.
우리 주 예수 그리스도 이름으로 기도합니다. 아멘!

사랑은 가슴속에 숨겨 둘 수 없는 불덩이로서 모든 것이 나타나고 만다.
그래서 이 불덩이가 완전히 타오르지 않는다면 불평이 강력하게 일어난다.
라신

3
M²⁰
March

맡은 일의 역할 분담을 잘하게 하소서

내게 능력 주시는 자 안에서
내가 모든 것을 할 수 있느니라 빌립보서 4:13

우리의 삶을 빛 가운데로 인도하시는 주님!

사람마다 재능이 다 다르고 맡은 달란트가 다르고

독특한 개성과 장점이 많이 있으니

우리 부부가 결혼생활을 통하여

자신들이 각자 맡은 일의 역할 분담을 잘하게 하소서.

우리 부부가 서로 자신의 일을 부담스러워하거나

귀찮아하거나 회피하는 일이 없이

즐겁고 기쁘게 함으로써 효과적으로 능률을 높여 나가게 하소서.

삶이 즐거울 때 모든 일이 잘 풀리고

컨디션도 좋아지고 대인관계도 잘 이루어지오니

항상 소망 속에서 웃으며 감사하게 하소서.

서로가 서로에게 필요를 느끼게 하시고

사랑하는 사람과 함께할 수 있다는 기쁨 속에

자신의 일을 잘 감당하게 하옵소서.

주님께서 우리에게 능력을 주심을 믿고

할 수 있다는 자신감으로 모든 것을 잘 이루어 가게 하소서.

우리 부부가 함께 있을 때나 떨어져 있을 때나

마음이 하나가 되어 최선을 다하여 최대의 효과를 나타내며

보람과 축복으로 기쁨 속에 살아가기를 원합니다.

우리 주 예수 그리스도 이름으로 기도합니다. 아멘!

이 땅에서 나는 아무것도 원치 않고
내 가슴속에 당신의 순수한 사랑만을 원합니다. 찰스 웨슬리

음란한 죄에서 벗어나게 하소서

그러므로 누구든지 이런 것에서 자기를 깨끗하게 하면
귀히 쓰는 그릇이 되어 거룩하고 주인의 쓰심에 합당하며
모든 선한 일에 준비함이 되리라 디모데후서 2:21

우리에게 순결한 성을 허락하신 하나님!
우리 부부를 성욕으로 인하여 범죄를 저지르게 하려는
사탄의 올무에서 벗어나게 하옵소서.
부부의 사랑을 갈라놓고 무너뜨리려는
온갖 음란한 죄악에서 벗어나게 하소서.
죄악의 장소와 음란물을 멀리하게 하시고
악은 모양이라도 버리기를 원합니다.
음란은 불과 같으니 떠나고 버리게 하사
같이 타오르는 죄를 범하지 않게 하소서.
하나님께서 우리 부부를 사랑하사
비참한 결과를 가져올 음란한 죄에서 피하라 하시니
그 명령에 온전히 순종하여 정결한 삶을 살게 하소서.
감각적 사랑이라는 미명과 올무에서 벗어나
보혈로 구속함을 받은 성도답게 살게 하소서.
감미로운 말로 속이는 언어의 유희에 빠지지 않게 하시고
더 가까이 사랑함으로써 모든 유혹을 물리치게 하소서.
결혼생활 속에서 성생활을 잘 유지해 가게 하시고
큰 상처를 받아 서로 멀어지지 않도록
서로의 관계를 잘 유지하여 나가게 하소서.
우리 주 예수 그리스도 이름으로 기도합니다. 아멘!

우리가 사랑할 것이 네 가지 있다. 우리들의 위에 있는 것,
우리들 자신, 우리들 옆에 있는 것, 우리들 아래 있는 것이다. 어거스틴

세속적인 문화에서 벗어나게 하소서

여호와께로 돌아오라 그리하면 그가 긍휼히 여기시리라
우리 하나님께로 돌아오라 그가 너그럽게 용서하시리라 이사야 55:7

우리를 긍휼히 여기시는 주님!
날로 변화되는 문화 속에서 타락과 범죄로 치닫는
세속적인 문화에서 벗어나게 하소서.
한탕주의와 방관주의 그리고 순간주의와
호기심을 자극하는 문화에서도 벗어나게 하여 주소서.
복음적인 문화가 이 나라에 새롭게 형성되게 하시고
말초신경만 자극하며 육체적 쾌락만 요구하는
세속적인 문화에서 떠나 복음 안에 살아가게 하소서.
도박과 마약이 가정까지 깊숙이 침투하려는 이때
깨어 있는 신앙으로 갖가지 유혹에서 벗어나게 하소서.
주 안에서 섬김과 봉사의 삶을 살게 하여 주소서.
영화와 비디오 그리고 음악과 만화에 이르기까지
변태적이고 세속적이고 음란한 것들이 늘어 가고 있으니
성령의 인도하심 따라 정결한 삶을 살아가게 하소서.
죄악의 길에서 온전히 떠나고
불의한 생각을 버리길 원합니다.
이 나라에 건전한 문화가 생겨나게 하사
건전한 문화생활을 즐기며 살아갈 수 있도록 인도하여 주소서.
우리 주 예수 그리스도 이름으로 기도합니다. 아멘!

자기 자신만을 사랑한다는 것은 다른 사람을 미워하는 것이다. 라무네에

헛된 물질을 좇는 죄악에서 벗어나게 하소서

돈을 사랑함이 일만 악의 뿌리가 되나니 이것을 탐내는 자들은
미혹을 받아 믿음에서 떠나 많은 근심으로써 자기를 찔렀도다
디모데전서 6:10

모든 만물을 사랑하시는 하나님!

우리 부부가 지상의 달콤한 행복만을 좇으며

헛된 물질을 찾아다니는 죄악에서 벗어나게 하소서.

투기를 일삼고 남의 아픔을 나 몰라라 하며

부와 물질만을 따르려는 죄악된 마음을 품지 않게 하소서.

돈과 재물을 쌓아 놓는 것도 중요하지만

잘 관리를 하여야 바른 성도의 삶을 살 수 있으며

행복한 가정을 이룰 수 있으니

우리 부부에게 바른 물질관을 갖게 하여 주사

주님의 뜻 안에서 사용하게 하옵소서.

지혜롭게 하셔서 돈을 잘 벌고

돈을 잘 모아 잘 사용하길 원합니다.

우리에게 허락된 재물이 적든지 많든지

주어진 은혜와 축복에 감사하며

허락하신 축복을 잘 관리하게 하소서.

물질을 나눔과 사랑에 사용하게 하시고

주님의 선한 사업에 쓰임받게 하옵소서.

우리 부부의 삶이 물질에 따라 행복한 것이 아니라

주님의 은혜로 행복하게 살아가기를 원하며

우리 주 예수 그리스도 이름으로 기도합니다. 아멘!

어디서든지 하나님을 본 사람이 없다. 그러나 우리들이 서로 사랑한다면
하나님은 우리 가슴에 머문다. 톨스토이

원망과 미움을 이겨 내게 하소서

우리의 마음을 인도하시는 주님!
복잡하고 분주한 일상에서 이기심으로 인하여
일어나는 원망과 미움을 이겨 내게 하소서.
서로의 약점을 드러내고 마음이 부딪치고 간격을 느낄 때
은근히 화가 치밀어 오를 때
감정에만 사로잡히지 않기를 원합니다.
같이 살고 싶지 않다는 생각이 꼬리에 꼬리를 물고
늘어지지 않게 하옵소서.
눈앞이 깜깜해지고 벼랑에서 떨어진 듯
아득한 절망의 순간에도 성급해진 마음을
차분히 가라앉히고 기도함으로써
잘못된 결단을 함부로 내리지 않게 하소서.
부부 사이에 잘못된 일이 벌어질 때
상대방만 욕하고 비방할 것이 아니라
자신의 모습을 바라보며 서로의 잘못을 용서하게 하시고
다시는 재발하지 않도록 노력하며 살게 하소서.
차분하고 겸손하게 주님의 도우심을 받게 하시고
우리 부부가 참기쁨의 빛 안에서 살게 하소서.
오직 믿음 안에서 주님을 좇아
우리 부부가 주님만을 닮아 가게 하소서.
우리 주 예수 그리스도 이름으로 기도합니다. 아멘!

세계를 움직일 수 있는 힘은 사랑뿐이다. 마틴 루터 킹

남의 가정을 비난하지 않게 하소서

어리석은 자는 온갖 말을 믿으나
슬기로운 자는 자기의 행동을 삼가느니라 잠언 14:15

우리에게 소망을 주시는 주님!
우리 부부의 믿음이 날마다 익어 가게 하소서.
세상의 흐름에 따라 탐심의 노예가 되어
자신들만 생각하는 어리석음에 빠져
진리를 보는 눈이 어두워지지 않게 하소서.
남의 가정을 함부로 비난하지 않게 하시고
우리 부부의 가슴속에 영원을 향한
주님의 사랑과 열정이 활활 타오르게 하소서.
비난은 마음에서 시작되고 비교에서 시작되오니
선한 마음으로 이웃을 사랑하게 하소서.
하나님이 주시는 지혜로 삶을 질서 있게 만들며
가정을 행복의 보금자리로 만들게 하소서.
우리 부부의 영혼을 맑게 하여 주사
서로 아껴 주고 사랑하며 살게 하소서.
우리 부부가 주님의 삶을 닮아 갈 수 있도록
항상 주님의 능력과 사랑을 덧입혀 주시기를 원합니다.
우리 부부가 사랑으로 남의 허물을 덮어 주게 하시고
믿음의 담금질을 날마다 더하길 원합니다.
우리 주 예수 그리스도 이름으로 기도합니다. 아멘!

사랑은 인내와 친절로, 시기나 질투를 모른다. 사랑은 격에 맞지 않는 행동을
하지 않고 격동하는 분노에 불타는 일이 없다. 마우드

부부 사이에 구타나 욕설이 없게 하소서

무릇 더러운 말은 너희 입 밖에도 내지 말고 오직 덕을 세우는 데 소용되는
대로 선한 말을 하여 듣는 자들에게 은혜를 끼치게 하라 에베소서 4:29

우리가 장성한 믿음을 갖길 원하시는 주님!
구타를 하거나 욕설을 일삼는
잘못된 행동이 일어나지 않게 하옵소서.
사랑하는 사람에게 손찌검을 해서는 안 되니
새로운 믿음 속에 오직 사랑하며 살아가게 하소서.
부부 사이의 폭력은 어리석고 가장 비열한 행동이오니
절망에서 벗어나게 하소서.
부부 사이에 서로를 탓하고 외면하는 잘못을 용서하고
자신감의 결여에서 벗어나기를 원합니다.
부부 사이가 불안한 염려에서 떠나 서로 사랑을 나누며
모든 것을 감사할 수 있는 마음이 샘솟게 하여 주소서.
우리 부부가 참으로 행복하고 다정하게 살아가는 모습을
보여 줄 수 있게 하시고 진실한 사랑을 실천하게 하소서.
서로의 이익을 챙기려 했던 마음이 사라지게 하시고
주님을 닮아 가며 사랑하게 하소서.
쓸데없는 고민으로 어리석은 행동을 하지 말게 하시고
우리 부부의 삶을 사랑으로 인도하셔서
우리가 서로 사랑함으로써 모든 것을
극복할 수 있는 힘과 용기를 주시기를 원합니다.
우리 주 예수 그리스도 이름으로 기도합니다. 아멘!

많은 사랑은 혀끝에 있고 참사랑은 손끝에 있다. 무디

자녀 교육에 바른 가치관을 갖게 하소서

네가 네 아들 네 독자까지도 내게 아끼지 아니하였으니
내가 이제야 네가 하나님을 경외하는 줄을 아노라 창세기 22:12

우리 가정을 사랑하시는 주님!

우리 부부에게 자녀를 허락하여 주시니 감사드립니다.

자녀 교육에 바른 가치관을 갖게 하옵소서.

기도와 말씀과 사랑으로 성장시켜 가게 하시고

예수 그리스도를 중심 삼아 살아가도록

믿음 안에서 자라나게 하시기를 원합니다.

우리 자녀들도 하나님을 예배하는 기쁨으로

주님을 신뢰하는 가운데 살아가며

장성한 믿음을 소유하게 하소서.

사랑의 주님께서 우리 부부에게 맡겨 주신 자녀들을

올바르게 양육하기를 원하오니 지혜와 사랑을 주사

주님의 뜻 안에서 가르치게 하시옵소서.

온 가족이 참된 성도의 삶을 살게 하사

어느 곳에서든지 주님의 자녀로서

빛과 소금의 직분을 감당하게 하소서.

우리 부부가 사람들을 바라보며 교육을 하지 않게 하시고

주님을 소망하며 바른 믿음을 키워 나가게 하여 주소서.

자녀들을 억압하거나 강요함이 없이 친절과 배려와

지혜와 기도로 성장시키게 하시기를 원합니다.

우리 주 예수 그리스도 이름으로 기도합니다. 아멘!

누군가를 사랑하고 있을 때 시인이 된다. 플라톤

가정이 어려울 때 하나 되어 이겨 내게 하소서

주께서 택하시고 가까이 오게 하사
주의 뜰에 살게 하신 사람은 복이 있나이다
우리가 주의 집 곧 주의 성전의 아름다움으로 만족하리이다 시편 65:4

우리가 믿음 안에서 깨어 있기를 원하시는 주님!
우리 부부가 삶이 어렵고 가정이 어려울 때에도
주님을 바라보며 소망 가운데 살게 하여 주소서.
힘들고 어려울 때 하나 되게 하시고
오직 믿음으로 이겨 내기를 원합니다.
가족의 가치를 소중히 여기게 하시고
죄악이 가득한 세상을 살아가면서도
바른 믿음으로만 살게 하옵소서.
가정이 어려울 때 자신의 유익만을 챙기려는
이기심에서 벗어나 가족을 사랑으로 돌아보고
희생할 줄 아는 마음을 갖게 하소서.
우리 부부와 가족이 어떤 상황에서도 흔들리지 않고
도리어 평안 속에 순차적으로
어떤 어려움도 이겨 나가게 하여 주소서.
우리를 인도하시는 분은 오직 주님이심을 믿고
믿음으로 고백하며 기도하기를 원합니다.
우리 부부와 가족이 주님 안에서 하나가 되어
서로 이해하고 관용하며 사랑의 띠로 묶여지게 하소서.
우리 주 예수 그리스도 이름으로 기도합니다. 아멘!

사랑과 신뢰는 만인의 마음속에 있는 유일한 모유이다. 러스킨

부부 사이에 헛된 속임이 없게 하소서

만일 우리가 우리 죄를 자백하면 그는 미쁘시고 의로우사
우리 죄를 사하시며 우리를 모든 불의에서 깨끗하게 하실 것이요
요한1서 1:9

우리에게 진리 안에 자유를 허락하신 주님!
우리 부부가 주님의 십자가와 부활의 사랑을 깨닫게 하사
주님 안에서 진정으로 거듭난 삶을 살기를 원합니다.
부부 사이에 헛된 속임이 없게 하시고
알량한 거짓말로 속이고도
그냥 넘어가고 감추려는 어리석은 마음이 있다면
회개하고 돌아서게 하소서.
우리 부부가 주님을 사랑하며
주님이 기뻐하시는 일을 하게 하소서.
선한 목자 되신 주님을 온전히 따르며
우리 부부가 주님의 은혜 안에서 기뻐하게 하시고
죄악을 떠나고 미워하게 하옵소서.
진실한 믿음은 죄의 유혹을 물리치오니
항상 진실하신 주님께 나아가게 하소서.
죄악 가운데 살아가면 힘들고 초라해질 뿐이니
주님의 평안 안에 거하게 하옵소서.
우리 부부가 진실하게 믿음 안에 살게 하소서.
시련의 먹구름이 다가올 때마다
주님의 인도를 따르게 하소서.
우리 주 예수 그리스도 이름으로 기도합니다. 아멘!

사랑의 품에 안겨 본 사람은 절대로 비참해지지 않는다. 스트롱

30

서로 축복해 주는 삶을 살게 하소서

주께서 너희 마음을 인도하여 하나님의 사랑과
그리스도의 인내에 들어가게 하시기를 원하노라 데살로니가후서 3:5

우리가 축복하는 자에게 축복을 주시는 주님!
우리 부부가 사랑을 받았으니
주님이 기뻐하시는 일에 동참하기를 원합니다.
행한 대로 갚고 심은 대로 거두게 하시는 주님 안에서
우리 부부가 서로 축복하게 하소서.
주님께서는 어제나 오늘이나 내일이나 늘 신실하시오니
우리 부부가 언제나 서로를 신실하게 생각하게 하소서.
우리에게 맡겨 주신 달란트를 잘 활용하여
남김이 있는 삶을 살기를 원합니다.
우리에게 참된 믿음과 사랑과 긍휼을 주소서.
우리 부부가 욕심을 부림으로 말미암아
양심을 팔지 않게 하시고
어리석은 죄에 빠지지 않게 하소서.
믿음으로 날마다 새롭게 되어 감을 기뻐하게 하소서.
무엇이든지 빨리 하고자 하는 성급함보다
시절을 따라 열매를 맺게 하시는
주님의 크나큰 은혜 안에 살기를 원합니다.
나무가 자라듯이 우리 부부의 신앙도 자라게 하소서.
우리 주 예수 그리스도 이름으로 기도합니다. 아멘!

누군가를 사랑하게 되면 가야 할 곳, 해야 할 일 등 모든 것이 분명해진다.
막심 고리키

31

복된 날들을 축복해 주게 하소서

우리가 무슨 일이든지 우리에게서 난 것같이 스스로 만족할 것이 아니니
우리의 만족은 오직 하나님으로부터 나느니라 고린도후서 3:5

우리의 중보가 되시는 주님!
우리 부부가 서로 축하해 주어야 할 축복된 날을
기억하며 축복하기를 원합니다.
생일을 축하해 주고 결혼기념일과 자녀들의 생일을
진실과 기쁨으로 축복하게 하옵소서.
모두 다 주님의 사랑과 부부와 자녀들의 수고로 이루어진
행복이오니 늘 감사하며 살아가게 하소서.
사랑하는 마음이 있어야 축복할 수 있으니
사랑하는 마음으로 마음껏 축복해 주며
주님께 진정한 감사의 기도를 드리게 하소서.
우리 부부와 가족이 기쁠 때나 슬플 때나
외로울 때나 기뻐할 때나 언제나 함께하시는
주님께 항상 감사하며 살기를 원합니다.
우리 부부와 가족이 더욱 주 안에서 사랑하며 살게 하사
날마다 기쁨이 충만하게 되기를 원합니다.
축복받는 복된 가정이 되게 하시고
주님의 사랑이 강같이 흘러넘치는
가정이 되게 하시기를 원하며
우리 주 예수 그리스도 이름으로 기도합니다. 아멘!

사소한 일이라도 사랑하는 사람과 함께하면 즐겁다. 괴테

4

APRIL

행복한 삶을 만들어 가는
부부가 되게 하소서

함께 있으면 좋은 사람

그대를 만나던 날
느낌이 참 좋았습니다

착한 눈빛, 해맑은 웃음
한 마디 한 마디의 말에도
따뜻한 배려가 있어
잠시 동안 함께 있었는데
오래 사귄 친구처럼
마음이 편안했습니다

내가 하는 말들을
웃는 얼굴로 잘 들어 주고
어떤 격식이나 체면 차림 없이
있는 그대로 보여 주는
솔직하고 담백함이
참으로 좋았습니다

그대가 내 마음을 읽어 주는 것만 같아
둥지를 잃은 새가
새 둥지를 찾은 것만 같았습니다
짧은 만남이지만
기쁘고 즐거웠습니다
오랜만에 마음을 함께
맞추고 싶은 사람을 만났습니다

마치 사랑하는 사람에게
장미꽃 한 다발을 받은 것보다
더 행복했습니다

그대는 함께 있으면 있을수록
더 좋은 사람입니다

모든 염려를 다 맡기게 하소서

1

모든 것이 하나님께로서 났으며
그가 그리스도로 말미암아 우리를 자기와 화목하게 하시고
또 우리에게 화목하게 하는 직분을 주셨으니 고린도후서 5:18

우리의 마음에 참평안을 주시는 하나님!
우리의 삶을 흔드는 염려와 근심은
서로를 신뢰하지 못할 때나
낙심하여 쓰러질 때 찾아오니
우리 부부가 언제나 주님을 의지하게 하소서.
모든 염려를 내려놓고 주님께 갈 길을 인도받게 하사
주님 안에서 말씀과 기도로 무장하게 하소서.
가족에게나 일가친척에게나 직장에서나
언제 어디서든 일어나는 일들 속에서
걱정이 되거나 불안한 일들이 발생할 때마다
우리 부부가 충분한 대화로 잘 풀어 가게 하소서.
힘써 기도함으로써 모든 일이
순조롭게 제자리를 찾아가기를 원합니다.
우리 부부가 염려스러운 일을 당할 때마다
감정에 치우쳐 일시적인 모면을 택하지 않고
더 성실하게 대처함으로써 잘 해결하게 하소서.
문제가 있을 때 부부 사이가 더 가까워지게 하시고
사랑의 기쁨을 누리게 하소서.
염려와 근심만으로는 어떤 문제도 해결할 수 없으니
주님께서 주시는 은혜로 잘 감당하게 하소서.
우리 주 예수 그리스도 이름으로 기도합니다. 아멘!

여성을 소중히 지킬 수 없는 남자는 여성의 사랑을 받을 자격이 없다. 괴테

42

April

행복을 계획하고 연구하게 하소서

너희가 자기를 위하여 공의를 심고 인애를 거두라
너희 묵은 땅을 기경하라 지금이 곧 여호와를 찾을 때니
마침내 여호와께서 오사 공의를 비처럼 너희에게 내리시리라 호세아 10:12

씨를 뿌리게 하시고 거두게 하시는 하나님!
결혼생활은 부부가 사랑 밭을 가꾸는 농부가 되는 것이니
사랑의 농부가 되어 잘 가꾸게 하소서.
우리 부부에게 허락하신 축복과 지혜를
다 쏟아서 행복을 계획하고 연구함으로써
풍성한 열매를 맺고 나누게 하소서.
주님의 뜻을 이루기 위하여 의로 심고 긍휼로 거두게 하사
때를 따라 축복하시는 주님의 은혜를
풍성하게 누리길 원합니다.
모든 것이 주님의 사랑이요 축복이오니
우리 부부가 사랑 밭을 잘 가꾸지 않아
잡초만 무성하게 자라는 일이 없게 하시고
언제나 선한 청지기가 되어
맡은 바에 최선을 다하게 하소서.
피와 땀과 눈물을 뿌려 거두게 하시고
거둔 은혜로 하나님께 영광을 돌리며
사랑하는 이들과 나눔의 기쁨을 누리게 하소서.
주님의 은혜에 따라 시절을 좇아 열매를 맺게 하시고
주님을 사모하며 늘 주 안에서
행복한 성도의 삶을 살기를 원하며
우리 주 예수 그리스도 이름으로 기도합니다. 아멘!

참다운 행복을 만드는 것은 다수의 친구가 아니라 선택된 훌륭한 친구들이다.
벤 존슨

날마다 행복하게 살게 하소서

만군의 여호와께서 맹세하여 이르시되
내가 생각한 것이 반드시 되며
내가 경영한 것을 반드시 이루리라 이사야 14:24

모든 일들을 계획대로 이루시는 주님!

우리 부부가

주 안에서 행복하게 살게 하소서.

우리 부부가 날마다

주 안에서 기뻐하며 살게 하소서.

우리 부부가 날마다

주 안에서 열심히 일하며 살게 하소서.

우리 부부가 날마다

주님을 온전히 섬기며 살게 하소서.

우리 부부가 날마다

주 안의 지체들을 섬기며 살게 하소서.

우리 부부가 날마다

주 안에서 봉사하며 살게 하소서.

우리 부부가 날마다

주 안에서 헌신하며 살게 하소서.

우리 부부가 날마다 주 안에서 사랑하며 살게 하소서.

우리 부부가 날마다 주 안에서 노력하며 살게 하소서.

우리 부부가 날마다 주 안에서 감격 속에 살게 하소서.

우리 부부가 날마다 주 안에서 지혜롭게 살게 하소서.

우리 주 예수 그리스도 이름으로 기도합니다. 아멘!

사랑은 무엇보다도 사람을 현명하게 만든다. 카를 힐티

4

April 4

가정의 위기를 잘 극복하게 하소서

예수께서 그들을 보시며 이르시되 사람으로는 할 수 없으나
하나님으로서는 다 하실 수 있느니라 마태복음 19:26

소망 중의 소망 되시는 주님!
현대 사회는 가정의 위기 시대라고 하오니
우리 부부가 믿음 안에서 하나가 되어
시시때때로 가까이 찾아오는
가정의 위기를 잘 극복하게 하소서.
부정적인 사고가 판치는 세상에서 긍정적이게 하시고
고난과 역경을 견디지 못하는 세상에서
어떠한 어려움도 다 이겨 낼 수 있는
강하고 담대한 믿음과 함께
부부 사랑을 충만히 주시기를 원합니다.
부부 사이에 문제를 일으킬 요소를 만들지 말게 하시고
꼭 지켜야 할 약속을 지켜 가게 하옵소서.
금전 문제나 이성 문제나 가정의 문제를 언제나
각각 자신들의 생각이나 행동으로 처리할 것이 아니라
서로 마음을 같이하여 슬기롭게 대처하고
원만하게 해결해 가게 하소서.
사람이 살면서 문제를 만나지 않을 수 없으나
문제를 문제 삼아 위기를 만들어 낼 것이 아니라
위기를 도리어 축복으로 만들 수 있는 믿음의 담력을 주소서.
우리 주 예수 그리스도 이름으로 기도합니다. 아멘!

우리가 사랑하지 않는 까닭은 우리가 이해하지 않기 때문이다.
아니 오히려 우리가 이해하지 않는 것은 사랑하지 않기 때문이다. 타고르

우리 부부에게 자녀를 허락하여 주소서

이 아이를 위하여 내가 기도하였더니
내가 구하여 기도한 바를 여호와께서 내게 허락하신지라 사무엘상 1:27

생명을 허락하시는 주님!
우리 부부에게 자녀를 허락하시기를 원합니다.
자녀는 주님의 축복이요 기쁨이오니
우리 부부에게 자녀를 주셔서 기쁨을 얻게 하소서.
가정은 부부와 자녀들이 사랑으로 함께할 때
기쁨과 활력이 넘치게 되오니
우리 부부가 자녀들과 함께 행복하게 살게 하여 주소서.
주님께서 주시는 은혜를 누리며 다복하고 다정하게
이 땅에서 축복을 누리길 원합니다.
번성하고 다스리는 것이 주님의 명령이오니
우리 부부와 자녀들이 주님의 축복 속에 살게 하소서.
항상 하나님께 영광과 찬양을 드림으로 말미암아
이 땅에서 주님의 사랑을 받는 복된 가정이 되기를 원합니다.
주님이 허락하지 않으시면
아무것도 가질 수 없고 아무것도 이룰 수 없으니
생명을 허락하사 이 땅에서 살아가면서
자녀를 갖는 기쁨과 자녀를 낳는 은혜와
자녀를 성장시키는 축복을 누리게 하소서.
주님께서 귀하고 복된 자녀를 허락하여 주소서.
우리 주 예수 그리스도 이름으로 기도합니다. 아멘!

가장이 확실하게 지배하는 가정에는 다른 데서 찾아볼 수 없는 평화가 깃든다.
괴테

자녀를 바르게 키우게 하소서

아버지나 어머니를 나보다 더 사랑하는 자는 내게 합당하지 아니하고
아들이나 딸을 나보다 더 사랑하는 자도 내게 합당하지 아니하며
마태복음 10:37

우리의 구세주이신 주님!
우리에게 자녀를 주심을 감사드립니다.
자녀들의 키가 자라 감에 따라
지혜와 건강을 더하시는 주님을 사랑합니다.
자녀를 주님 안에서 바르게 성장시키게 하여 주소서.
자녀를 잘 이해하는 넓은 마음을 갖게 하시고
아이들이 자신감을 갖고 자기에게 주어진 일들을
열정적으로 이루어 가기를 원합니다.
꿈과 비전이 확실할 때 자신감이 있으니
공부할 때도 지혜를 주시고
무슨 일을 하든지 잘 이루어 가게 하옵소서.
대인관계도 잘 가꾸어 가게 하시고
건강함으로 끝까지 견딜 수 있게 하여 주소서.
우리 부부가 부모로서 믿음의 본을 보이는 삶을 살게 하사
지혜와 믿음으로 살아갈 수 있도록 인도하여 주소서.
자녀들이 주님의 자랑이 되게 하시고
삶 속에서 주님의 사랑을 체험하게 하소서.
우리 부부와 자녀들이 주님께 순종함으로써
삶의 기쁨과 감격을 맛보길 원합니다.
우리 주 예수 그리스도 이름으로 기도합니다. 아멘!

훌륭한 친구를 가진 사람은 반드시 훌륭한 아내를 얻을 것이다.
훌륭한 결혼이라는 것은 우리의 재능에 달린 것이기 때문이다. 니체

4

7

April

교회와 목회자를 위하여 기도하게 하소서

그리스도를 위하여 너희에게 은혜를 주신 것은 다만
그를 믿을 뿐 아니라 또한 그를 위하여 고난도 받게 하심이라
빌립보서 1:29

우리의 기도를 들으시며 응답해 주시는 주님!

우리 부부가 늘 깨어 있는 믿음으로

기도를 생활화하게 하소서.

우리 부부가 그리스도인으로서, 성도로서

섬기는 교회와 목회자를 위하여 기도하게 하소서.

온 성도들을 위하여 늘 기도하며 말씀을 준비하시는

목사님들에게 영육 간에 건강을 주시고

주님의 말씀을 증거할 수 있도록

강하고 담대한 믿음을 주시기를 원합니다.

목회자들의 가정이 화목하고

물질에도 부족함이 없도록 인도하시기를 원합니다.

담임 목회자와 동역하는 부교역자들에게도

동일한 은혜와 축복을 허락하소서.

우리 부부의 믿음을 늘 일깨워 주시고 새롭게 하셔서

교회와 목회자를 사랑하게 하소서.

우리 부부가 깨어 기도하게 하시고

주님께 받은 은혜를 다 갚을 길이 없으니

교회를 사랑하며 목회자를 위하여 기도하고 헌신하게 하소서.

우리 주 예수 그리스도 이름으로 기도합니다. 아멘!

가정의 마음은 조국이다. 시대와 함께 그 기풍이나 이상은 진보하겠지만
누구도 이것을 말살할 수는 없다. 가정과 조국은 동일한 선의 양끝이다.
마치니

117 ★

조화를 잘 이루어 가게 하소서

내가 이미 얻었다 함도 아니요 온전히 이루었다 함도 아니라
오직 내가 그리스도 예수께 잡힌 바 된 그것을 잡으려고 달려가노라
빌립보서 3:12

어두운 세상을 밝히시는 빛 되시는 주님!
우리 부부가 생활 속에서 하나님의 자녀답게
믿음을 잘 조화시키기를 원합니다.
우리 부부가 주님의 빛의 자녀임을 믿고
주님이 원하시는 삶을 살아가게 하소서.
우리의 죄악을 용서하시고
사랑으로 구원하심으로써
믿음의 모범을 보여주셨으니
우리 부부도 사랑으로
삶이 조화를 이루게 하소서.
날마다 말씀을 묵상하며 경건을 연습하게 하시고
기도와 말씀으로 언제나 영적인 무장을 하게 하소서.
우리 부부가 영육 간에 깨어서 믿음 안에서 살기를 원합니다.
영혼을 사랑하는 마음으로 나라와 민족과
교회와 성도들과 가족과 이웃을 위하여 기도함으로써
믿음이 날마다 새로워지게 하옵소서.
우리 부부가 편협된 가치관을 따라
부조화된 삶을 살지 않게 하시고
믿음의 바른 가치관을 가지고
삶의 조화를 이루게 하소서.
우리 주 예수 그리스도 이름으로 기도합니다. 아멘!

진실한 사랑을 누리고 있는 사람보다 더 훌륭한 사람도 없다. 그라시안

믿음으로 하나님께 영광을 돌리게 하소서

마음의 경영은 사람에게 있어도
말의 응답은 여호와께로부터 나오느니라 잠언 16:1

우리의 중심이 되시는 주님!
우리 부부가 믿음으로 하나님께 영광을 돌리며
늘 감사하는 삶을 살게 하소서.
하나님의 은혜 속에 물질에 대하여도
인색하거나 옹졸하지 않게 하시고 베풀게 하소서.
세상의 죄악과 구별된 성결한 삶을 살게 하시고
부부가 사랑의 대화 속에 존경하게 하소서.
우리 가정이 하나님의 인정을 받는
복된 믿음의 가정이 되게 하시고
언제나 믿음으로 모든 일을 이루어 가는
믿음 제일주의로 살아가게 하소서.
예배를 통하여, 삶을 통하여
하나님 중심의 삶을 살기를 원합니다.
우리 부부의 삶이 인간적인 조건으로
만족하려 하지 않게 하시고
하나님이 아름답게 보실 수 있는
믿음 속에서 복된 가정이 되기를
우리 주 예수 그리스도 이름으로 기도합니다. 아멘!

믿음이 고갈된 사람만큼 비참한 인생은 없다. 존스

병이 찾아왔을 때 이겨 내게 하소서

그러므로 너희 죄를 서로 고백하며 병이 낫기를 위하여 서로 기도하라
의인의 간구는 역사하는 힘이 큼이니라 야고보서 5:16

우리의 병을 치유하시는 주님!

우리 부부의 신앙이 항상 성령의 인도하심을 받아

주님께로 나아가게 하옵소서.

삶을 살아가며 영혼의 병과 육신의 병이 찾아왔을 때

나약해짐이 없이 주님께 온전히 의탁하며

치유하심을 받아 강건해지기를 원합니다.

우리에게 다가오는 모든 아픔과 고통을 통하여

주님이 우리를 연단하시고 훈련하심을 믿사오니

강하고 담대한 믿음으로 오직 주님만을 바라보게 하소서.

주님의 인도하심으로 치유받아 구원의 복음을

다른 사람들에게 전함으로써 소망을 심게 하소서.

우리 부부에게 아픔이 찾아왔을 때

원망하거나 불편함을 주지 않고

따뜻하게 감싸 주고 잘 보살피며 간호하게 하시고

주님의 도우심을 받기 위하여 간구하게 하소서.

어려울 때일수록 웃음으로 대하게 하시고

성령의 도우심을 받기를 원합니다.

누구나 어려울 때 진정한 사랑의 모습이 나타나오니

오직 사랑의 힘으로 병이 회복되게 하소서.

모든 고통을 사랑으로 이겨 내신 주님을 믿으며

우리 주 예수 그리스도 이름으로 기도합니다. 아멘!

'예의가 사람을 만든다' '마음이 사람을 만든다' 이런 두 가지
격언보다도 더 진실한 것은 '가정이 사람을 만든다'는 격언이다. 스마일스

남처럼 느껴질 때 회복되게 하소서

각 남자의 머리는 그리스도요 여자의 머리는 남자요
그리스도의 머리는 하나님이시라 고린도전서 11:3

말씀으로 우리의 영혼을 새롭게 하시는 주님!
부부 사이를 사랑이 점령해야 할 텐데
죄가 틈타고 들어와 남처럼 느껴질 때
방관하지 않게 하시고
사랑이 회복되어 부부 사랑이 얼마나 귀한지
다시 한 번 깨닫게 하소서.
우리가 아직 죄인 되었을 때
그 추악한 모든 죄를 다 용서하시고 도말하신
십자가의 사랑을 온전히 받아들이게 하소서.
우리 부부도 주님의 그 사랑을 본받아
서로에게 실망이 찾아올 때
오직 사랑으로만 감당하기를 원합니다.
주님께서 우리를 한결같이 사랑하신 것처럼
우리 부부도 한결같이 주님을 사랑하게 하소서.
부부 사이가 서로 가까워지고
서로의 사랑을 온 삶에서 느끼기를 원합니다.
부부 사이에 죄를 짓지 말게 하시고
친밀함 속에 생명이 다하도록 사랑하며 살아가게 하시기를
우리 주 예수 그리스도 이름으로 기도합니다. 아멘!

아내는 남편의 인형이 아니다. 헨리크 입센

일이 하기 싫어질 때 포기하지 않게 하소서

평강의 주께서 친히 때마다 일마다 너희에게 평강을 주시고
주께서 너희 모든 사람과 함께하시기를 원하노라 데살로니가후서 3:16

하늘에 계시는 전능하신 하나님 아버지!
우리가 살아가며 나태해지거나 피곤해질 때
모든 것을 피하고 싶어지고 떠나고 싶어질 때
우리에게 맡겨진 일이 싫어질 때 포기하지 않게 하소서.
맡은 자의 구할 것은 충성이라고 하셨으니
최선을 다하게 하시고 열심을 다하여 이루어 가는
기쁨을 맛보게 하여 주소서.
우리 부부에게 힘과 용기를 주시고
일한 만큼의 보람과 소득의 기쁨이 얼마나 소중한 것인가를
삶 속에서 온전히 체험하게 하소서.
우리 부부가 온 마음을 다하여
하나님 아버지의 이름을 송축하게 하시고
맡겨진 일에 온 힘을 다 쏟게 되기를 원합니다.
우리에게 사명을 주신 은혜를 감사하고
일을 피하여 멀리 달아나지 말게 하소서.
하나님의 뜻 안에서 살게 하시고
불꽃같은 눈으로 우리 부부를 보호하시기를 원합니다.
능력을 주시는 하나님을 온전히 믿고 신뢰함으로써
주님의 영광을 드러내게 되기를 원합니다.
우리 주 예수 그리스도 이름으로 기도합니다. 아멘!

아내인 동시에 친구일 수도 있는 여자가 참된 아내이다.
친구가 될 수 없는 여자는 아내로도 마땅하지 않다. 윌리엄 펜

가정에 대한 자신감을 갖게 하소서

네 집 안방에 있는 네 아내는 결실한 포도나무 같으며
네 식탁에 둘러앉은 자식들은 어린 감람나무 같으리로다 시편 128:3

우리를 보호하시고 인도하시는 주님!
우리 부부에게 사랑의 마음을 쏟아부으시고
강건한 믿음을 주셔서
가정에 대한 자신감을 갖게 하여 주시옵소서.
경제 문제와 자녀 문제와 고부간의 문제와
직장 문제와 갖가지 일로 어려울 때
믿음의 담력을 주사 승리케 하소서.
세속적인 물결 속에 가정을 지켜야 할 때
괴로워하고만 있기보다는 온전히 하나님께 의탁하며
자신감을 갖고 분명하게 변화시켜 나가게 하소서.
때로는 잔인하고 무서운 이 세상에서
각박하고 싸늘한 세상에서 가족이 하나가 되게 하소서.
부부가 서로 일방적으로 책임을 전가하기보다는
서로 협력하는 협조자가 되기를 원합니다.
우리 가족이 언제나 주님의 품 안에
주님의 손안에 있음을 기억하게 하시고
주님과 동행함으로써 모든 어려움을 이겨 내게 하소서.
부부가 자신감이 있을 때 가정이 화목하고 능력이 있게 되오니
믿음 안에서 강한 자신감을 갖게 하소서.
우리 주 예수 그리스도 이름으로 기도합니다. 아멘!

가정 상태를 좋게 하지 못하는 여자는 집에서 행복하지 못하다. 그리고
집에서 행복하지 못한 여자는 어디에 가거나 행복할 수 없다. 톨스토이

4
A
pril

14 | 시간을 잘 관리하게 하소서

모든 것을 품위 있게 하고 질서 있게 하라
고린도전서 14:40

모든 이들에게 경배를 받으시기에 합당하신 주님!
우리 부부에게 허락된 삶의 시간이 있음을 아오니
모든 것을 적당하게 하고 질서대로 하여
시간을 잘 관리하기를 원합니다.
쓸데없는 곳에 시간을 허비하여
열정을 낭비하는 일이 없게 하시고
나태하고 불성실하여 좋지 못한 결과를 낳지 않게 하소서.
우리 부부가 맡은 일에 최선을 다하게 하셔서
일을 소홀히 하여 손해를 보거나 실패하지 않게 하소서.
약속은 철저하게 지키게 하시고
자신도 엄격하게 통제하기를 원합니다.
맡겨진 일에 충성을 다하고
아무리 바쁜 날들이 계속되더라도
대충 넘어가는 일이 없게 하시고
서로에게 무관심하여 섭섭해지는 일이 없게 하소서.
일에 너무 심취하여 주님의 말씀을 듣지 못하는
어리석음에 빠지지 않게 하시고
우리 부부가 가정을 책임지게 하시고
모든 일에 최선을 다하여 살아가기를 원합니다.
우리 주 예수 그리스도 이름으로 기도합니다. 아멘!

사랑하는 부부가 그들의 목적을 서로의 완성에 두고 그것을 위해
성심껏 돕는다면 참으로 위대한 행복을 얻을 수 있을 것이다. 샤르도네

자신의 행동에 책임을 지게 하소서

그럴 수 없느니라 사람은 다 거짓되되
오직 하나님은 참되시다 할지어다 로마서 3:4

우리의 삶에 의미를 주시는 주님!
우리 부부의 삶이 날마다 믿음 안에 있게 하시어
자신의 행동에 책임을 지게 하소서.
우리 부부가 살아가며 소중한 것들을 분별하게 하시고
사소한 일들에 짜증을 내거나 원망하지 않게 하소서.
우리의 마음에서 미워하는 마음이 사라지게 하시고
눈에 보이는 것만으로 판단하여 업신여기지 않게 하소서.
우리에게 다가오는 모든 것들에 감사하게 하소서.
소망과 절망 그리고 기쁨과 슬픔까지도 감사하며
모든 일을 주님께 인도함 받기를 원합니다.
우리 부부에게 소중한 것들이 무엇인가를 가르쳐 주시고
우리의 마음을 주님께 맡기고 주님 안에서 변화되어
주님께 구원받음을 감사하게 하소서.
우리보다 우리를 더 잘 아시는 주님께서 인도하사
주님을 의지함으로써 날마다 성숙하게 하소서.
우리 부부가 편견 없이
아낌없이 주님의 사랑을 실천하게 도와주시고
우리 부부에게 활짝 열린 마음을 주시길 원합니다.
우리 부부의 삶이 보람된 은혜의 삶이 되게 하여 주소서.
우리 주 예수 그리스도 이름으로 기도합니다. 아멘!

싸움터에 나갈 때는 한 번 기도하라. 바다에 나갈 때는 두 번 기도하라.
그리고 결혼할 때는 세 번 기도하라. 러시아 속담

갑자기 다가오는 시련을 이겨 내게 하소서

지금까지는 너희가 내 이름으로 아무것도 구하지 아니하였으나
구하라 그리하면 받으리니 너희 기쁨이 충만하리라 요한복음 16:24

시련의 폭풍 속에서도 건지시는 주님!
살아가며 당하는 슬픔과 고통으로
갑자기 다가오는 시련에서 이겨 내게 하소서.
절벽에 서 있는 듯 암초에 부딪친 듯
앞과 뒤를 분간할 수 없고 한 치 앞도 보이지 않는
안갯속과 같은 절망의 그물에서 벗어나게 하소서.
모든 시련을 극복함으로써
주님이 주시는 평안을 체험하게 하소서.
우리 부부를 빙 둘러싸려는 아픔들을 모두 다
주님 앞에 내려놓기를 원합니다.
주님의 말씀을 듣고 행하는 부부가 되게 하시고
시련을 극복하고 이겨 내는 믿음을 갖게 하소서.
우리 부부가 겸손히 주님의 인도하심을 구하게 하시고
낮아진 마음으로 주님의 뜻을 이루게 하여 주소서.
모든 시련을 이겨 내어 감사하며 살게 하소서.
곤경을 당할 때일수록 우리의 마음을 두드리시는
주님의 음성을 듣게 하시고
시련이 닥치기 전에 주님을 의지하게 하소서.
주님의 인도하심을 따라 살기를 원하며
우리 주 예수 그리스도 이름으로 기도합니다. 아멘!

결혼은 사랑의 결실이어야 한다. 엘렌 케이

긍정적인 사고방식을 갖게 하소서

주께서 생명의 길을 내게 보이시리니 주의 앞에는 충만한 기쁨이 있고
주의 오른쪽에는 영원한 즐거움이 있나이다 시편 16:11

우리의 마음을 인도해 주시는 주님!

우리의 갈한 마음에 은혜의 단비를 내려 주셔서

주님의 자녀로 힘 있고 강하게 살아가게 하소서.

우리 부부가 주님을 바라보는 믿음 안에서

긍정적인 사고방식을 갖기를 원합니다.

이 세상은 끝없이 절망하게 하고 쓰러뜨리려 하지만

우리는 언제나 소망이 되시는 주님을 바라보며

날마다 승리하는 믿음의 자녀가 되게 하소서.

생각이 행동을 만들게 되오니 언제나

긍정적이고 적극적인 사고방식으로 살게 하사

능력 있게 모든 일을 추진하게 하소서.

순탄할 때도 함께하시는 주님께서

역경 속에서도 함께하시기를 원합니다.

우리 부부가 말씀으로 영적인 무장을 하여

주님의 날까지 힘써 싸워 나가며

예수 그리스도의 이름으로 승리하게 하소서.

항상 긍정적이고 성실함으로써 주님께서

우리 부부에게 맡기신 일들을 잘 감당하게 하여 주소서.

우리 주 예수 그리스도 이름으로 기도합니다. 아멘!

결혼은 자기와 동등한 사람과 해야 한다. 자기보다 뛰어난 상대는
반려자가 아니라 주인이 되기 때문이다. 클레오브레스

주님께 맡기는 신앙생활을 하게 하소서

오직 주 예수 그리스도로 옷 입고
정욕을 위하여 육신의 일을 도모하지 말라 로마서 13:14

우리의 목자가 되시는 주님!
소망 속에 살게 하소서.
언제나 모든 것을 주님께 맡기는 온전한 믿음으로
바른 신앙생활을 하게 하소서.
주님께 신령과 진정으로 온전한 예배를 드리게 하시고
늘 말씀을 묵상하며 주님의 뜻을 이루기 원합니다.
우리 부부로 하여금 세상의 빛과 소금의 직분을
잘 감당하게 하여 주소서.
우리 부부의 마음을 주님께서 받아 주시고
목자 되신 주님 앞에 살아감으로써
언제 어디서나 어느 때나 인도하심을 받게 하소서.
주님과 동행하는 삶이 최고의 기쁨이 되게 하시고
모든 영광과 찬양을 주님께 돌리게 하옵소서.
믿음과 소망과 사랑을 체험하며 살게 하시고
주님 보시기에 아름다운 성도의 삶을 살게 하소서.
주님께 모든 것을 맡기는 불타는 소원을 주시고
소원을 응답받으며 살기를 원합니다.
우리 주 예수 그리스도 이름으로 기도합니다. 아멘!

사랑은 생명의 꽃이다. 보텐 슈테트

쓸데없는 스트레스에서 벗어나게 하소서

마음이 온유하고 겸손하신 주님!
일상의 삶에서 피곤과 짜증으로 말미암아
피곤이 마구 몰려와 온몸을 덮을 때
힘들고 연약하여지나 마음을 건강하게 하여
쓸데없는 스트레스에서 벗어나게 하소서.
산책할 수 있는 마음의 여유를 주시고
한 잔의 커피와 휴식을 즐길 수 있게 하시고
부부 사이에 따뜻하고 화목한 대화를 나누게 하소서.
일을 너무나 많이 만들어 내어 힘들고 지쳐
스스로 올무에 빠지지 말게 하시고
힘이 들 때일수록 미소 지을 수 있는 여유와
유머감각을 가짐으로써 기쁨으로 살아가게 하시고
일의 노예가 되는 것이 아니라
일을 성취해 나가는 기쁨 속에
감동과 감격이 일어나기를 원합니다.
리듬감을 잘 타게 하시고
삶에 즐거움이 넘치게 하시기를 원합니다.
우리 부부가 주님의 인도하심을 받으며 살게 하사
모든 일을 조화롭게 이루어 가게 하소서.
우리 주 예수 그리스도 이름으로 기도합니다. 아멘!

사랑을 방해하는 것은 아무것도 없다. 영원히 날개를 파닥거린다.
마티아스 클라우디우스

직장과 가정과 교회를 잘 조화시키게 하소서

네가 네 손이 수고한 대로 먹을 것이라
네가 복되고 형통하리로다 시편 128:2

범사에 감사하라 하신 주님!
우리 부부가 직장과 가정과 교회 생활을
균형 있게 잘 조화를 이루게 하소서.
모든 일을 그리스도인답게 올바르게 하게 하시고
약속을 잘 지키고 맡겨진 일에 책임을 다하게 하소서.
주님의 은혜 속에 어디서나 애정과 진심으로
사람들을 만나고 교제하고 친절 속에 섬기고 봉사하며
주님의 사랑을 나누기를 원합니다.
가르치거나 배울 때에 겸손하게 하시고
드러나기보다는 숨은 봉사자로서
주님의 뜻을 이루어 가게 하소서.
주님의 자녀답게 살아가게 하시고 폭넓은 마음으로
허물을 포용할 수 있는 아량을 주시고
언제나 어디서나 주님이 원하시는 삶을 살게 하소서.
주님의 영광을 드러내게 하시고
주변 사람들을 존중하고 사랑으로 대함으로써
주님의 자녀답게 살게 하소서.
직장 일에 지나쳐 가정생활을 등한시하거나
신앙생활이 지나쳐 가정생활을 등한시함이 없이
모든 일이 주님의 은혜로 잘 조화를 이루게 하소서.
우리 주 예수 그리스도 이름으로 기도합니다. 아멘!

사람은 사랑을 하는 한 용서한다. 라 로슈푸코

21 | 하나님의 은혜로 행복하게 하소서

할렐루야, 여호와를 경외하며 그의 계명을 크게 즐거워하는 자는
복이 있도다 그의 후손이 땅에서 강성함이여 정직한 자들의 후손에게
복이 있으리로다 시편 112:1-2

우리를 축복하시고 인도하시는 주님!
우리 부부의 행복은 주님의 사랑과 은혜로 이루어지오니
언제나 하나님의 은혜로 행복하게 하소서.
말씀에 순복함으로 마음에 평안을 얻게 하시고
맡겨진 일에 최선을 다하게 하셔서
주어진 달란트에 남김이 있게 하소서.
우리의 모든 상처를 어루만져 주시고
죄악에서 우리를 구원하여 주심을 믿사오니
우리 부부가 온전히 주님을 신뢰하게 하소서.
주님께서 때를 따라 허락하시는
은혜와 은총을 받기를 원합니다.
우리가 필요한 곳에 있게 하시고
믿음의 선한 싸움에 승리하게 하소서.
주님께서 날마다 허락하시는 마음의 평안과
진리의 자유로움을 누리며 살기를 원합니다.
주님을 경외하며 말씀을 기쁨으로 받게 하시고
항상 즐거워하는 삶을 살게 하소서.
주님 안에서 정직하고 진실함으로써 복된 삶을 살게 하소서.
언제나 모든 사랑으로 함께하시는
우리 주 예수 그리스도 이름으로 기도합니다. 아멘!

금전이나 쾌락 또는 명예를 사랑하는 자는 사람을 사랑할 수 없다. 에픽테토스

가정에 필요한 것들을 채워 나가게 하소서

우리가 알거니와 하나님을 사랑하는 자 곧 그의 뜻대로 부르심을 입은
자들에게는 모든 것이 합력하여 선을 이루느니라 로마서 8:28

우리 가정을 사랑하시는 주님!
우리 부부가 주님의 인도하심을 따라
가정에 필요한 것들을 채워 나가게 하소서.
우리 가정이 주님의 인도하심을 받게 하시고
믿음의 통로가 되어 주님의 뜻을 이루어 가게 하소서.
우리 부부가 주님의 뜻 안에서
사랑으로 하나가 되기를 원합니다.
우리 가정이 주님의 사랑과
축복을 받는 가정이 되게 하시고
믿음과 소망과 사랑이 가득하게 되기를 원합니다.
우리 부부와 가족의 마음을
풍성한 믿음으로 채워 주시고
주님의 도구로 온전하게
쓰임받게 하시기를 원합니다.
기도가 부족하오니 기도 시간을 채워 가게 하시고
온 가족이 주님의 마음을 닮아 가며
주님의 보좌를 향하여 믿음으로 나아가게 하소서.
온 가족이 믿음으로 주님과 동행하기를 원합니다.
주님이 주시는 행복과 사랑으로 가득하게 하시고
필요한 것들을 채워 가게 하소서.
우리 주 예수 그리스도 이름으로 기도합니다. 아멘!

남자는 자기가 여자의 첫사랑이기를 바라고
여자는 자기가 남자의 마지막 사랑이기를 바란다. 오스카 와일드

좋은 터전을 마련하게 하소서

예수께서 우리를 위하여 죽으사 우리로 하여금 깨어 있든지 자든지
자기와 함께 살게 하려 하셨느니라 데살로니가전서 5:10

우리의 장막 중에 함께하시는 주님!
우리 부부가 열심히 땀 흘려 일한 소득으로
가족들이 즐겁고 행복하게 살아갈 수 있고
주님께 가족이 예배드릴 수 있는 집을 주시길 원합니다.
우리 부부의 마음이 항상 주님께 열려 있게 하시고
우리 가족의 마음이 항상 주님을 향하게 하소서.
온 가족이 평안 속에 사랑을 나누며
기쁨으로 살아갈 수 있는
행복의 보금자리를 마련하게 하소서.
모든 것을 주님께 기도 드림으로써 응답받을 수 있으니
우리가 기도로 주님께 응답받기를 원합니다.
주님이 언제나 함께하시고
주님께서 우리 가정에 손님이 아니라
언제나 인도하시고 지켜 주시는 주인이 되어 주소서.
우리가 애쓰고 노력한 결과로 집을 장만했을 때
제일 먼저 주님께 감사의 예배를 드리길 원합니다.
우리 부부와 온 가족이 언제나 주님을 바라보며
주님을 소망하며 살기를 원합니다.
주님의 놀라우신 구원의 사랑을 전하게 하소서.
우리 주 예수 그리스도 이름으로 기도합니다. 아멘!

신혼여행은 일주일이면 끝난다. 그러나 일생은 일주일에 끝나지 않는다.
탈무드

4
April

24

남편이 출타 중일 때 기도하게 하소서

여호와여 주의 도를 내게 보이시고
주의 길을 내게 가르치소서 시편 25:4

우리의 길이 되시는 주님!
출타 중인 남편을 인도하소서.
오고 가는 길을 지켜 주시고
건강한 몸으로 하고자 하는 일
맡은 일을 잘 이루어 가게 하소서.
남편이 출타 중일 때도 주님을 바라보며
가족을 사랑하는 마음으로 기도하기를 원합니다.
물질의 유혹이나 이성의 유혹이나
모든 유혹에서 멀리 떠나게 하시고
그 자리에 있거나 죄악에 물들지 않도록
성령으로 인도하시기를 원합니다.
남편이 가는 곳마다 발걸음을 인도하시고
주님께서 지켜 주시고 보호하시기를 원합니다.
주님께서 언제나 남편의 피난처가 되어 주시고
믿고 의지할 반석이 되어 주소서.
어떤 곳에서 어떤 상황을 만나더라도
주님의 보호하심 속에 있음을 기억하게 하소서.
가족이 남편을 위하여 기도하고 있으며
사랑하는 마음으로 기다리고 있음을 알게 하여 주소서.
주님께서 남편을 언제나 선한 도구로 사용하여 주소서.
우리 주 예수 그리스도 이름으로 기도합니다. 아멘!

진실한 사랑의 실체는 믿음이다. 그라시안

25 아내가 출타 중일 때 기도하게 하소서

나의 걸음이 주의 길을 굳게 지키고
실족하지 아니하였나이다 시편 17:5

우리의 갈 길을 보살펴 주시는 주님!

아내가 지금 출타 중이오니 건강하게 하시고

오고 가는 길을 인도하시기를 원합니다.

하고자 하는 일을 하는 데 아무런 어려움이 없게 하시고

할 일을 잘 이루고 돌아올 수 있도록

주님께서 지켜 주시고 인도하시기를 원합니다.

아내가 주님 안에서 믿음으로 기도하며

맡겨진 일을 수월하게 이루게 하시고

영육이 피곤하지 않도록 지켜 주소서.

가족들이 아내를 위하여 기도하고 있음을 알게 하시고

아내가 만나는 사람들과 함께하시며

교통수단과 잠자리를 인도하시기를 원합니다.

우리 부부가 가정의 축복과 은혜를 늘 감사드리며

주님과 동행하는 삶을 살기를 원합니다.

우리의 삶은 한순간도 주님의 보호하심과

인도하심이 없으면 아무것도 이룰 수 없으니

주님의 뜻 안에서 살게 하소서.

아내의 마음에 평안으로 함께하시고

언제 어디서나 주님의 사랑하심과

인도하심을 체험하게 하옵소서.

우리 주 예수 그리스도 이름으로 기도합니다. 아멘!

어느 남자든 분에 넘치는 결혼은 자신의 자유를 파는 것에 지나지 않는다.
필립 메신저

4

April

26

군에 입대하여 있을 때 기도하게 하소서

내가 너희에게 분부한 모든 것을 가르쳐 지키게 하라
볼지어다 내가 세상 끝날까지 너희와 항상 함께 있으리라 마태복음 28:20

이 나라를 지키시고 보호하시는 주님!
군대에 입대한 아들을 지켜 주시고
날마다 보호하시기를 원합니다.
동료들과의 관계가 원만하게 하시고
강건하여 어떤 훈련이나 교육도 잘 받고 잘 견디게 하소서.
군 복무 기간 중에 규율을 잘 지키게 하시고
나라와 민족을 사랑하며
가족의 소중함을 알게 하소서.
군 복무를 끝내고 집으로 돌아오는 날까지
모든 면에서 성숙되기를 원합니다.
군 생활 속에서도 믿음이 나태해지지 않고
도리어 주님을 가까이하고 만날 수 있는
좋은 계기가 되게 하옵소서.
주님의 말씀을 항상 마음에 두고 상고하게 하시고
믿음이 반석 위에 세워지게 하소서.
모든 일을 성실하게 해 나가게 하시고
솔선수범하게 하시고 씩씩하고 열심히 살게 하셔서
예수 그리스도를 믿는 젊은이답게 하소서.
주님께서 날마다 때마다 순간마다
불꽃같은 눈으로 보호하시기를 원합니다.
우리 주 예수 그리스도 이름으로 기도합니다. 아멘!

누구든지 가장 안전한 피난처는 자기 가정이다. 코스

자녀들이 외국에 있을 때 기도하게 하소서

여호와께서 너를 지켜 모든 환난을 면하게 하시며
또 네 영혼을 지키시리로다 여호와께서 너의 출입을
지금부터 영원까지 지키시리로다 시편 121:7-8

모든 나라를 사랑하시고 인도하시는 주님!

외국에 출타 중인 자녀가 있으니

주님께서 보호하시고 인도하시기를 원합니다.

낯선 땅에서 낯선 사람들을 만나며 생활해야 하오니

강하고 담대한 믿음을 주시고

주님께서 은혜와 사랑 가운데 인도하시기를 원합니다.

우리 부부가 자녀들을 위하여 항상 기도하게 하시고

자녀들은 부모가 기도하여 주심을 믿고

마음을 든든하게 갖고 살아가기를 원합니다.

오직 예수 안에서 성령의 인도하심을 따라 살게 하소서.

귀한 시간과 물질을 들여 외국에 나가 있으니

허송세월만 하거나 미혹과 유혹에 빠지는 일이 없이

꿈과 비전을 이루기 위하여 최선을 다함으로써

좋은 결과를 얻어 하나님께 영광 돌리게 하소서.

온 가족이 기뻐할 일들이 있기를 원합니다.

오랫동안 떨어져 있으면 그리움이

몰려올 때가 있으니 잘 견디게 하옵소서.

그곳의 믿음의 사람들과 교제를 나누게 하시고

삶 속에서 언제나 주님과 동행하게 하소서.

우리 주 예수 그리스도 이름으로 기도합니다. 아멘!

가정이란 어떠한 형태의 것이든지 인생의 가장 큰 소망이다. 홀런드

28 내일의 삶을 위하여 기도하게 하소서

그들이 평온함으로 말미암아 기뻐하는 중에
여호와께서 그들이 바라는 항구로 인도하시는도다 시편 107:30

우리의 소망과 기쁨이 되시는 주님!
우리 부부의 삶을 날마다 말씀과 사랑 가운데로
주님께서 인도하시기를 원합니다.
우리가 내일의 삶에 일어날 일들을 기대하며 살게 하시고
주님께서 능력을 베풀어 주심을 믿고 바라보게 하소서.
날마다 복음을 실천하는 삶을 살아가며
편견 없이 아낌없이
주님의 사랑과 구원의 복음을 전하게 하소서.
우리의 마음이 열린 마음이 되게 하시고
믿음 속에서 사람들을 만나고 사랑하게 하소서.
우리 부부가 물질과 명예와 권세만을 얻으려 하기보다는
만나는 사람들을 귀히 여기게 하소서.
오늘의 삶이 내일을 만들어 내오니
하루하루를 근면하고 성실하게
맡은 일에 최선을 다하여서
내일의 삶에 풍성한 열매를 주렁주렁 맺게 하소서.
우리 부부가 나이가 들어 가며 더 보람되고
더 의미 있는 삶을 살게 되길 원합니다.
주님이 이루실 일들을 기대하며
우리 주 예수 그리스도 이름으로 기도합니다. 아멘!

사랑과 자유 이 두 가지는 인간의 기본 욕구이다.
이것의 실천은 가정에서부터 해야 한다. 코난트

소망이 이루어지기를 기도하게 하소서

내가 가는 길을 그가 아시나니
그가 나를 단련하신 후에는 내가 순금같이 되어 나오리라 욥기 23:10

우리의 소망이 되시는 주님!
우리 부부에게 하늘 소망을 주시고
그 소망들을 이루어 주시는 주님께 감사드립니다.
우리 부부가 세상의 관습에 물들지 않게 하시고
분명한 가치관을 갖고 바르게 살기를 원합니다.
게으름과 나태함이 있다면 다 버리게 하시고
이기심과 부도덕한 욕망이 있다면 다 버리게 하시며
분명하고 확실한 목적이 있는 삶을 살게 하소서.
주님의 일에 열심을 내게 하시고 일터와 가정에서
사랑과 정성으로 일하는 보람 속에 살게 하여 주소서.
우리 부부에게 간절한 소망을 주시고
온전히 주님을 경외하는 마음을 주시기를 원합니다.
어려운 일들이 닥칠 때에도
모든 것들을 다 받아들일 수 있는 용기를 주시고
모든 문제들을 해답으로 바꾸어 놓을 수 있는 지혜를 주소서.
우리 부부가 언제나 소망 속에 살아감으로써
하나님의 인도하심을 기뻐하고
주님께서 허락하신 부부의 사랑을 소중하게 여기며
서로 기도하게 하시고 사랑으로 섬기며 기대하게 하소서.
우리 주 예수 그리스도 이름으로 기도합니다. 아멘!

저녁 무렵이 되면 사람마다 가정을 생각한다. 그런 사람은
이미 가정의 행복을 맛본 자이며 인생의 태양을 쬔 사람이다. 베히슈타인

4
April

깨어 있게 하소서

여호와를 의뢰하고 선을 행하라 땅에 머무는 동안
그의 성실을 먹을거리로 삼을지어다 시편 37:3

우리 영혼이 깨어 있기를 원하시는 주님!
우리들의 삶은 만남과 헤어짐 속에 이루어지오니
우리 부부가 인간관계를 잘하기를 원합니다.
지혜와 슬기와 사랑으로
사람들을 만나게 하시고
주님께서 사람들 속으로 인도하셔서
좋은 사람들을 만나게 하소서.
사람들을 만나며 욕심을 버리고 사랑하게 하시고
늘 성실함으로 주님께서 맡기신 몫을
잘 감당하기를 원합니다.
사람들 속에서 친밀함을 갖게 하시고
어렵고 고통스러운 일들이 있더라도
그 시간을 통하여 성숙하게 하시고
주님을 신뢰하며 주님 안에서 살게 하소서.
모든 일들을 내 생각대로만 하지 않게 하시고
다른 사람의 입장에서 생각할 수 있게 하소서.
서로가 서로를 신뢰하며 살아가게 하시고
함께함으로 주님의 뜻을 성취하게 하소서.
우리 주 예수 그리스도 이름으로 기도합니다. 아멘!

만일 그대가 훌륭한 아내를 얻으면 그대는 행복해질 것이다.
만일 나쁜 아내를 얻으면 그대는 철학자가 될 것이다. 소크라테스

5

MAY

온 가족이 사랑하며 살게 하소서

가족

하늘 아래
행복한 곳은
나의 사랑 나의 아이들이 있는 곳입니다

한가슴에 안고
온 천지를 돌며 춤추어도 좋을
나의 아이들

이토록 살아 보아도
살기 어려운 세상을
평생을 이루어야 할 꿈이라도 깨어
사랑을 주겠습니다

어설픈 애비의 모습이 싫어
커다란 목소리로 말하지만
애정의 목소리를 더 잘 듣는 것을

가족을 위하여
목숨을 뿌리더라도
고통을 웃음으로 답하며
꿋꿋이 서 있는 아버지의
건강한 모습을 보이겠습니다

말씀 안에 사는 가정이 되게 하소서

네가 보거니와 믿음이 그의 행함과 함께 일하고
행함으로 믿음이 온전하게 되었느니라 야고보서 2:22

우리를 구원하시는 주님!

우리를 죄악에서 구원하시고 영생을 허락하신

주님의 사랑에 무한한 감사를 드립니다.

우리 부부와 온 가정이 말씀 안에 살아가는

믿음의 가정이 되기를 원합니다.

주님의 십자가를 생각할 때마다

얼마나 크신 사랑을

우리에게 베푸셨는가를 알게 하시고

항상 주님을 향한 그리움이 있게 하소서.

우리는 길 잃은 어린 양처럼 제 길로 갈 때가 많으니

주님께서 우리 부부를 항상 인도하여 주셔서

생명의 말씀으로 영적인 무장을 하여

주님의 길로 따르기에 부족함이 없게 하소서.

우리의 마음은 죄악에 이끌려 어둠 속에 거하고 싶어 하는

어리석고 추한 습성이 있으나

빛 되신 주님께서 우리를 인도하시기를 원합니다.

죄악으로 뜯어진 모든 것을 구원으로 꿰매어 주시고

주님의 사랑으로 화목하게 하소서.

주님의 생명 말씀, 진리 안에 살게 하소서.

우리 주 예수 그리스도 이름으로 기도합니다. 아멘!

신앙의 보답은 우리가 믿는 것을 보게 되는 것이다. 어거스틴

5
May
M²

한마음과 한사랑으로 살아가게 하소서

주여 이제 내가 무엇을 바라리요 나의 소망은 주께 있나이다
시편 39:7

십자가의 보혈로 우리를 구속하신 주님!
우리의 눈길이 주님의 십자가로 향하게 하셔서
한결같은 사랑으로 우리를 살펴 주시는
주님의 마음을 본받게 하소서.
십자가는 주님을 만나는 곳이니
우리의 소망이 항상 주님께 있게 하시고
주님께 받은 은혜와 축복을 나누며 살게 하소서.
우리 부부의 삶도 주님의 인도하심 속에
한마음 한사랑으로 살아가게 하소서.
주님의 사랑이 얼마나 넓으면
죄악 속에 있는 우리를 구원하셨는가를 깨달아
그 놀라운 은혜 안에서 살기를 원합니다.
우리 부부가 살아가야 할 삶의 길을
우리가 원하는 대로가 아니라
주님이 원하시고 뜻하신 대로 살아가게 하셔서
주님의 은혜 안에 만족하게 하소서.
주님께서 우리 부부를 사랑하심이
우리 부부가 서로 사랑함보다 크고 놀라운 축복이오니
언제나 하나 된 사랑으로 주님 안에서
주님의 축복을 누리기를 원합니다.
우리 주 예수 그리스도 이름으로 기도합니다. 아멘!

신앙이란 소망하는 것의 바탕이 보이지 않는 것의 증거이며
그리하여 그것이 본질이 된다. 단테

★ 144

5
M
a y
3

기쁨이 넘치는 가정이 되게 하소서

나를 넓은 곳으로 인도하시고
나를 기뻐하시므로 나를 구원하셨도다 시편 18:19

우리에게 구원의 기쁨을 주시는 주님!

우리 부부는 서로가 연약하고 부족함을 알아

서로가 감싸 주고 채워 줌으로써

주 안에서 기쁨이 넘치는 가정이 되게 하소서.

완벽과 완전만을 바랄 수 없는 것이

우리들의 삶이오니 욕구불만에서 떠나

자족할 수 있는 믿음을 주시길 원합니다.

우리의 잘못된 욕구불만이 자꾸만 커지기보다는

작은 사랑일지라도 자꾸만 키워 가게 하소서.

현재 우리 부부가 누리는 축복이 얼마나 귀한 것인가를

깨닫게 하사 주님의 은혜 안에 살게 하시고

서로에게 감사하며 사랑의 마음을 아끼지 않게 하소서.

우리에게는 죄악과 허물이 많으니

회개할 수 있는 믿음을 주셔서

어둠 속에 머물지 않게 하시고

주님의 빛 가운데 명령한 삶을 살게 하소서.

주님이 주시는 기쁨을 늘 체험하게 하시고

용서를 받았으니 용서가 주는 기쁨을 알고

용서하며 살게 되기를 원합니다.

우리 주 예수 그리스도 이름으로 기도합니다. 아멘!

예수를 믿으면 이 세상에서나 저세상에서나 후회함이 없을 것이다. 무디

145 ★

5
M⁴ay

주님의 명령을 지키는 삶을 살게 하소서

내게 능력 주시는 자 안에서
내가 모든 것을 할 수 있느니라 **빌립보서 4:13**

우리에게 기쁨과 자유를 주시는 주님!
우리 부부가 주님 앞에 마음 문을 활짝 열고
말씀과 은혜를 충만히 받아들이게 하셔서
주님의 명령을 지키며 살게 하소서.
우리 부부에게 날마다 소망을 주시고 기쁨을 주시는
주님이시니 주님의 그 크신 사랑을 받아
주님의 뜻을 이 땅과 우리의 삶에 이루게 하소서.
이 땅에서는 주님을 그 누구에게도 비할 수 없으니
우리를 구원하신 주님을 찬양합니다.
우리 부부가 주님께서 원하시는 삶을 살아갈수록
믿음을 주시고 능력을 주시고 사랑을 주시길 원합니다.
우리 부부를 한결같은 사랑으로 인도하시는
주님의 말씀에 순종하여 살아감으로써 우리의 삶에
열매를 풍성하게 맺게 하옵소서.
주님께서 함께하지 않으시면 우리는 아무것도 할 수 없고
아무런 능력이 없으니 주님과 동행하게 하소서.
모든 일을 주님을 믿는 믿음으로 해결하게 하시고
모든 영광과 찬양을 온전히 돌리게 하소서.
우리 부부가 날마다 주 안에서 사는 기쁨을 누리게 하소서.
우리 주 예수 그리스도 이름으로 기도합니다. 아멘!

이 세상에서 일어난 위대한 일은 모두 신앙에서 온 것이다. 톨스토이

5 M a y 5

좋은 친구들을 만나게 하소서

너희 중에 지혜와 총명이 있는 자가 누구냐
그는 선행으로 말미암아 지혜의 온유함으로 그 행함을 보일지니라
야고보서 3:13

우리의 친구가 되시는 주님!
우리 부부가 친구처럼 다정다감하게 살아가게 하시고
어려울 때나 편안할 때나
기쁠 때나 슬플 때나 언제나 동행하게 하여 주소서.
우리 부부에게 좋은 친구를 허락해 주소서.
우리 부부도 다른 이들에게 좋은 친구가 되게 하사
어려운 일에 처했을 때에, 곤경에 빠졌을 때에
그들을 찾아가 위로하고 격려하며 돕게 하소서.
주님께서 우리가 죄악의 구렁텅이에 빠져서
도저히 빠져나올 수 없는 절망의 상황에서
우리를 구원하여 주셨으니 그 사랑과 그 은혜를
친구들에게 나누어 그들이 소망을 갖게 하소서.
친구들과 함께 기도하게 하시고
믿음 가운데 삶으로써 소망이 넘치게 하소서.
살아가면서 좋은 친구를 만나는 것은
참으로 놀라운 은혜이오니
주님이 만나게 해 준 친구들과
우정과 사랑을 나누게 하사 영적 동지가 되게 하소서.
우리 주 예수 그리스도 이름으로 기도합니다. 아멘!

모든 것을 하나님께 맡긴 자로서 즐거운 얼굴을 못 가진 자는 없을 것이다.
성 프란치스코

자녀를 위하여 기도하게 하여 주소서

여호와께서는 자기에게 간구하는 모든 자 곧
진실하게 간구하는 모든 자에게 가까이 하시는도다 시편 145:18

우리를 위하여 기도하시는 주님!

우리 부부에게 자녀를 허락하심을 감사드립니다.

우리 부부가 자녀들을 위하여 기도하게 하소서.

이 세상은 영적인 싸움터이오니

모든 싸움에서 이길 수 있는

능력을 가질 수 있도록 기도하기를 원합니다.

주님께서 기도하는 자의 기도를 들어 주시니

우리 부부가 모든 것을 믿고 주님을 신뢰하며

주님을 의지하기를 원합니다.

우리 자녀들에게 믿음을 주시고

주님을 중심으로 한 삶을 살게 하소서.

주님의 섭리를 이루는 이 시대의 통로가 되는

그리스도인이 되기를 원합니다.

우리 자녀들에게 꿈과 비전을 주시고

지혜와 지식과 능력과 권세를 주시기를 원합니다.

우리 자녀들의 갈 길을 인도하시고

지도하여 주셔서 바른 길을 가게 하소서.

주님의 관심을 받는 자녀가 되게 하시고

무엇을 하든지 주님이 원하시는 삶을 살게 되기를

우리 주 예수 그리스도 이름으로 기도합니다. 아멘!

예수의 교훈을 언제나 명심할 때 그대의 영혼은 평안할 것이요,
그대는 참된 기쁨 속에 들어갈 수 있을 것이다. 존 러스킨

자녀들이 올바르게 성장하게 하소서

오직 너희 하나님 여호와만을 경외하라
그가 너희를 모든 원수의 손에서 건져 내리라 하셨으나 열왕기하 17:39

영적인 싸움터에서 승리하게 하시는 주님!
우리 부부가 주님 보시기에 아름다운 삶을 살게 하시고
주님을 본받는 바른 믿음 가운데
자녀들이 올바르게 성장하기를 원합니다.
인정과 사랑이 많은 주님께서
우리 자녀의 마음을 온유하고 겸손하게 하여 주소서.
악에 물들거나 죄악에 빠지지 않게 하시고
세속에 물들지 않게 하옵소서.
우리 자녀들의 삶에 예수 그리스도가 중심이 되게 하시고
주님께로 나아가는 것이
모든 목적 중의 목적이 되게 하시기를 원합니다.
우리 자녀들이 물질이나 지식이나 모든 것을
사람들에게 의존하는 것이 아니라
언제 어디서나 모든 것을 주님께 의존하게 하소서.
주님의 말씀 속에서 감화 감동하게 하시고
일깨워 주셔서 올바르게 성장하고
바른 믿음으로 성숙하여 나가기를
우리 주 예수 그리스도 이름으로 기도합니다. 아멘!

신앙에는 여러 가지가 있지만 참된 신앙은 하나밖에 없다. 임마누엘 칸트

주님의 사랑이 가득한 가정이 되게 하소서

내가 나의 법을 그들의 속에 두며
그들의 마음에 기록하여 나는 그들의 하나님이 되고
그들은 내 백성이 될 것이라 예레미야 31:33

우리에게 사랑을 주시는 주님!
주님께서 우리 부부를 사랑하셔서
사랑으로 하나가 되게 하심을 감사드립니다.
우리 부부와 가정이 주님의 사랑 안에서 사랑함으로써
온 가정에 주님의 사랑이 충만하게 하시고
주님의 사랑이 가득 넘치기를 원합니다.
온 가족이 서로를 보살피며
서로 열심히 사랑하기를 원합니다.
온 가족이 서로를 사랑함으로써
하나님의 자녀임을 체험하게 하소서.
사랑은 허다한 허물을 덮는다고 하셨으니
서로의 허물을 덮어 주고 위로해 주게 하소서.
사랑의 힘은 참으로 놀라워 열정과 능력을 나타내오니
사랑으로 하나가 되는 가정이 되게 하소서.
온 가족이 주님의 십자가 사랑을 체험하게 하소서.
우리 부부와 자녀들이 적극적이며 긍정적으로 살 수 있는
사랑의 마음을 주시길 원합니다.
온 가족이 주님의 사랑을 받았으니
주님의 사랑을 증거하는 성도의 삶을 살게 하소서.
우리 주 예수 그리스도 이름으로 기도합니다. 아멘!

진실한 믿음과 열성스러운 마음은 능히 하나님을 움직이게 만든다. 마틴 루터

5
M 9
a y

여가선용을 잘하게 하소서

여호와의 증거들을 지키고
전심으로 여호와를 구하는 자는 복이 있도다 시편 119:2

우리를 생명의 문으로 인도하시는 주님!
우리 부부가 여가선용을 잘할 수 있도록
주님께서 항상 인도하시기를 원합니다.
시간이 여유 있을 때 잠만 자거나 텔레비전에 빠져 있거나
컴퓨터 오락이나 채팅과 도박에 빠지는 일이 없게 하소서.
모든 시간이 주님께서 우리에게 허락하신
소중하고 귀한 생명의 시간이오니
귀한 시간들을 의미 있고 보람 있게 보내게 하시고
일한 뒤 남는 여가 시간들도
잘 활용하는 믿음과 지혜를 주시기를 원합니다.
우리 부부가 주님의 부르심을 받는 주님의 자녀로서
주님의 부르심에 합당하게 살게 하소서.
우리 부부가 오직 하나님을 경외하며
모든 일들을 바르게 이루어 가게 하셔서
주님이 보시기에 합당한 삶을 살게 하소서.
육체의 욕심을 이루는 일보다
영적인 삶에 도움이 되는 일을 하게 하소서.
모든 시간을 주신 주님께 감사하며 잘 활용하게 하소서.
우리 주 예수 그리스도 이름으로 기도합니다. 아멘!

작은 믿음은 영혼을 하늘로 가져가고 큰 믿음은 하늘을 영혼에게 가져온다.
스펄전

151 ★

5
May

10

선교사들을 위하여 기도하게 하소서

마음을 살피시는 이가 성령의 생각을 아시나니
이는 성령이 하나님의 뜻대로 성도를 위하여 간구하심이니라 **로마서 8:27**

온 땅에 복음이 가득하기를 원하시는 주님!
우리 부부가 선교에 대한 소망을 갖게 하시고
선교에 동참하는 삶을 살게 하셔서
항상 선교사들을 위하여 기도하기를 원합니다.
선교 지역과 그 나라와 민족과 선교사들에게
주님의 은혜로 함께하시기를 원합니다.
선교사님들의 가족들을 사랑하시고
그들이 영육 간에 강건하도록 함께하여 주소서.
현지인과 현지인 목회자들을 보살펴 주시고
복음의 권세와 능력을 더하시기를 원합니다.
선교 지역에 예수 그리스도의 피 묻은 복음의
놀라운 역사가 일어나게 하시고
성령 충만, 능력 충만으로 생명력 있는
주님의 복음이 온 땅에 가득하기를 원합니다.
주님께서 함께하심으로
아직도 주님을 알지 못하고 영접하지 못한 이들이
주님을 믿고 세례받게 하소서.
우리 주 예수 그리스도 이름으로 기도합니다. 아멘!

올바른 믿음이 올바른 공동체와 연합된다. 프랜시스 쉐퍼

나라와 민족을 위하여 기도하게 하소서

그러므로 자기를 힘입어 하나님께 나아가는 자들을 온전히 구원하실 수
있으니 이는 그가 항상 살아 계셔서 그들을 위하여 간구하심이라
히브리서 7:25

모든 나라를 세우시고 인도하시는 주님!
우리 부부가 나라와 민족을 위하여
날마다 마음을 쏟아 믿음으로 기도하게 하소서.
이 땅 사람들이 열심히 땀 흘려 일하면서
보람과 소망 속에 살게 되기를 원합니다.
우리의 죄악과 탐욕을 모두 다 회개하고
위정자들과 국민들 모두 다 하나님 앞에서
바르고 정직하게 살게 하소서.
이 나라에 부정과 부패가 사라지게 하시고
근면하고 진실한 사람들이 잘사는 나라가 되게 하소서.
정치인들이 사리사욕 없이 정치를 하게 하시고
기업인들이 종사자들과 잘 조화를 이루게 하소서.
교육이 바르게 되게 하시고 치안이 잘 지켜지게 하시고
이 나라 이 민족이 어떤 일이나 어떤 상황에서도
무질서와 폭력이 난무하지 않게 하시며
바른 믿음과 복음의 사명도 감당하게 하소서.
모든 일에 원망과 시비가 없게 하시고
이 나라가 복음 안에서 성령의 열매들을 맺어 가게 하소서.
국민 모두 다 성실하고 근면하게 하시고
서로를 사랑하며 살아가게 하소서.
우리 주 예수 그리스도 이름으로 기도합니다. 아멘!

믿음이란 아직 어두운 새벽임에도 빛을 느끼는 것이다. 타고르

불우한 사람들을 위하여 기도하게 하소서

그리스도를 위하여 너희에게 은혜를 주신 것은 다만
그를 믿을 뿐 아니라 또한 그를 위하여 고난도 받게 하려 하심이라
빌립보서 1:29

고통 중에 있는 자들을 구원하시는 주님!
우리 부부가 주님을 믿을 뿐만 아니라
주님을 위하여 고난도 받게 하소서.
이 땅에는 정신적, 영적, 육체적, 물질적으로
불우한 사람들이 많사오니 그들을 위하여 기도하게 하소서.
절망은 다시 절망을 만들고, 소망은 소망을 만들어 내니
장애자들의 마음속에 구원의 소망과 내일의 소망과
주님을 향한 천국의 소망을 주시기를 원합니다.
절망하는 이들에게 모든 어려움을 잘 견디게 하시고
주님 안에서 기쁨과 소망을 갖게 하소서.
하나님께서 우리를 사랑하셔서
주님을 이 땅에 보내 주시고
우리를 구원하신 것처럼 우리 부부도
불우한 이웃들을 돕고 섬기며
주님의 사랑을 나누기를 원합니다.
우리가 함께함으로 힘과 용기를 얻을 수 있고
우리가 함께함으로 주님의 사랑을 나타낼 수 있으니
주님 안에서, 오직 주님 안에서 사랑하게 하소서.
주님께서 우리를 사랑하신 것처럼 사랑하게 하소서.
우리 주 예수 그리스도 이름으로 기도합니다. 아멘!

한 사람의 신앙인은 이해관계로 모인 99명보다 강하다. 존 스토트

잘못된 습관을 버리게 하소서

만일 그리스도인으로 고난을 받으면 부끄러워하지 말고 도리어
그 이름으로 하나님께 영광을 돌리라 베드로전서 4:16

우리 부부의 행동을 바라보고 감찰하시는 주님!

우리 부부가 삶에서 잘못 행하고 있는

모든 나쁜 습관을 회개하고 고치게 하소서.

행동은 생각에서 만들어지오니

우리 머릿속에 맴돌고 있는 악한 생각과

거짓된 생각들을 다 떠나게 하소서.

우리의 영혼을 새롭게 하시고 변화를 주사

주님의 은혜 안에 성령 안에 살게 하소서.

좋은 마음으로 착한 마음으로

참 좋으신 주님을 섬기며 따르게 하소서.

말씀으로 거룩하여지고 새롭게 될 수 있으니

늘 언제나 말씀을 묵상하며

주님의 인도하심 따라 변화된 삶을 살게 하소서.

나쁜 습관은 죄를 만들고 남을 괴롭히고

자신을 파멸하게 하오니 오직 믿음으로 살게 하소서.

모든 일을 주님께 맡기게 하시고

욕심과 욕망의 노예가 되지 않게 하소서.

주님이 보시기에 아름다운 믿음으로 살게 하시고

거룩하신 주님을 본받아 거룩한 삶을 살게 하소서.

우리 주 예수 그리스도 이름으로 기도합니다. 아멘!

인간은 믿도록 태어났다.
나무가 과실을 맺듯 인간은 믿음을 지녀야 한다. 랄프

우리 가족 관계가 친밀하게 하소서

하나님께서 지으신 모든 것이 선하매
감사함으로 받으면 버릴 것이 없나니
하나님의 말씀과 기도로 거룩하여짐이라 디모데전서 4:4-5

우리에게 소망을 주시는 주님!
우리 가족이 주 안에서 더욱더 친밀하게 하소서.
주님의 넓은 마음을 품게 하시고 바른 신앙으로
복음에 충성된 일꾼이 되게 하소서.
가족이라는 소중한 만남을 주심에
감사드리게 하시고
서로가 서로의 좋은 면을 바라보게 하소서.
나쁜 점은 서로 깨우쳐 고쳐 가게 하소서.
온 가족이 열심히 일하며 땀 흘리며 노력하는
믿음 있는 복된 가정이 되기를 원합니다.
서로를 존경하며 신뢰하게 하시고
시련과 역경을 통하여 더욱더 강건하게 하시며
맡은 바 책임을 잘 감당하게 하소서.
검소하고 절약할 줄 알게 하셔서
주님의 사랑과 축복을 나누게 하소서.
어리석게 걱정만 할 것이 아니라
주님의 은혜 속에서 부끄럼 없이 살아가게 하소서.
우리 주 예수 그리스도 이름으로 기도합니다. 아멘!

걱정의 시작은 믿음의 끝이며 진정한 믿음의 시작은 걱정의 끝이다.
조지 뮬러

세계를 품는 가정이 되게 하소서

우리 주 하나님이여 영광과 존귀와 권능을 받으시는 것이 합당하오니
주께서 만물을 지으신지라 요한계시록 4:11

기도로 세계를 움직이게 하시는 주님!
주님의 이름으로 세계를 품고 모든 민족을 품고
세계를 위하여 기도하는 가정이 되게 하소서.
세계 도처에는 기근과 홍수와 가뭄과 전쟁과
약탈이 있으니 주님의 도우심을 구합니다.
타락과 범죄에서 벗어나게 하시고
주님께 모든 나라와 모든 민족이 회개함으로써
주님의 품 안에서 변화받고 축복받게 하여 주소서.
온 나라 온 땅에 주님의 복음과 구원의 소식이
가득하여 생명력이 넘치기를 원합니다.
나라와 나라 사이에 전쟁이 없게 하시고
질병과 고통이 사라지기를 원합니다.
모든 교회와 성도들이 성령의 인도하심으로
놀랍게 복음을 증거하며
주님을 향하여 찬송과 영광을 돌리길 원합니다.
모든 나라와 모든 민족이 복음을 듣고 주님 앞에 나와
주님의 사랑을 누리게 하소서.
주님의 손길이 모든 나라와 모든 민족에게
항상 함께하기를 원합니다.
우리 주 예수 그리스도 이름으로 기도합니다. 아멘!

믿음은 하나님께 가는 캄캄한 터널을 밝게 비추어 주며
죽음의 계곡을 건널 수 있는 다리를 세워 준다. 워스워드

길 잃은 영혼들을 위하여 기도하게 하소서

이와 같이 성령도 우리의 연약함을 도우시나니
우리는 마땅히 기도할 바를 알지 못하나 오직 성령이
말할 수 없는 탄식으로 우리를 위하여 친히 간구하시느니라 로마서 8:26

우리들을 푸른 초원으로 인도하시는 주님!

우리 부부에게 믿음을 주셔서

길 잃은 영혼들을 위하여 기도하게 하소서.

복된 믿음을 가지고 기도함으로써 열매 맺게 하시고

기도할 때마다 아직도 주님 앞으로 돌아오지 못한

많은 영혼들을 위하여 기도하게 하소서.

모두 다 천하보다 귀한 생명들이오니

그들이 주님의 길, 생명의 길을 찾아

주님 앞으로 나오게 되기를 원합니다.

그들이 복 있는 사람들이 되어 주님을 경외하고

진실함으로 주님을 섬기게 하소서.

복된 성도들이 되게 하소서.

악한 길, 죄악의 길에서 돌이키게 하시고

자신들의 위치가 잘못됨을 잘 알아

주님의 길, 생명의 길로 나오게 하소서.

주님께서 영혼들을 사랑하여 주사

그들의 마음의 문을 다 열어 주님을 영접하게 하시고

주님 앞에서 은혜와 사랑을 받게 하소서.

길 잃은 사람들이 주님께 속히 돌아오기를

우리 주 예수 그리스도 이름으로 기도합니다. 아멘!

믿음은 영혼 존재를 받아들이는 데 존재하고
불신앙은 그것을 부인하는 데 존재한다. 에머슨

온 가족에게 꿈과 비전이 가득하게 하소서

나의 간절한 기대와 소망을 따라 아무 일에든지 부끄러워하지 아니하고
지금도 전과 같이 온전히 담대하여 살든지 죽든지
내 몸에서 그리스도가 존귀하게 되게 하려 하나니 빌립보서 1:20

우리의 희망이 되시는 주님!

우리 부부와 온 가족에게 꿈과 비전이 가득하게 하소서.

살다 보면 어려울 때도 있고 성공할 때도 있고

실패할 때도 있고 쓰러지고 넘어질 때도 있으니

언제나 모든 일에 최선을 다하게 하여 주소서.

희망을 잃지 않게 하시고

온 가족이 꿈과 비전을 이루어 가며 살게 하소서.

우리 가족에게는 하나님이 주신 능력과

힘이 있으니 잘 발휘하기를 원합니다.

꿈과 비전을 이루기 위하여 수고와 노력,

모험을 감행하는 결단이 있기를 원합니다.

우리 가족에게 끈질긴 의지와 성실한 태도를 주시고

주님의 말씀을 따라 열매를 맺어 가게 하소서.

주님의 자녀에게는 실패가 없으며

성장만이 있음을 알게 하여 주셔서

더 높게, 더 넓게, 더 깊게, 더 길게,

주님께서 주시는 꿈과 비전을 이루어 가게 하소서.

우리 주 예수 그리스도 이름으로 기도합니다. 아멘!

신앙의 뿌리는 모든 일의 뿌리다.
아무것도 맺지 못하는 뿌리는 죽은 뿌리다. 토마스 윌슨

5
May 18

이웃들과 화목하게 지내게 하소서

몸이 하나요 성령도 한 분이시니 이와 같이
너희가 부르심의 한 소망 안에서 부르심을 받았느니라 에베소서 4:4

우리에게 한 소망을 주시는 주님!
무감동, 무의식, 무책임, 무관심이 가득한 이 시대 속에서
우리 부부가 이웃들과 화목하게 지내게 하소서.
벽을 쌓아만 가는 이 시대에
벽을 허물고 다가가 사랑하기란 참 힘들고 어렵지만
그 모든 것을 사랑의 힘으로 뚫고 나가게 하소서.
이 어려운 시대에 사랑이 아니면 아무것도 할 수 없으니
서로 사랑함으로써 은혜를 체험하게 하소서.
사랑은 모든 것을 회복시키니
주님의 사랑으로 죄와 사망의 올무에서 벗어나게 하시고
모든 질병과 고통 속에서 벗어나게 하소서.
주님께서 우리 부부를 사랑으로 부르시고
사랑을 흠뻑 쏟아부어 주셨으니
이 구속의 사랑을 이웃들에게 전함으로써
이 각박한 세상에서 사랑으로 하나가 되게 하소서.
한 소망으로 하나 된 백성으로 주님께 나아가게 하소서.
주님이 사랑하심처럼 이웃을 내 몸처럼 사랑하게 하소서.
주님께서 우리를 사랑으로 부르셨으니
사랑을 전하게 하소서.
우리 주 예수 그리스도 이름으로 기도합니다. 아멘!

나의 전 생애를 통하여 연구할 때 여러 가지 커다란 고난에 부딪쳐도
실망하지 않은 것은 오직 믿음 덕택이다. 아인슈타인

5
M_{ay} 19

우리 부부에게 새 생명을 주시는 주님!
우리 부부에게 기도할 수 있는 마음을 허락하시고
인도하여 주시니 감사드립니다.
우리 부부가 믿음 생활을 하면서
기도를 방해하는 모든 장애물을 버리게 하소서.
주님의 능력과 권세를 믿사오니
오늘 우리의 환경과 여건과 조건을 바라보지 말게 하시고
예수 그리스도 안에서 기쁨과 소망을 가지고
기도함으로써 응답받기를 원합니다.
주님을 찬양하고 기도함으로써 우리 부부가
삶 가운데서 주님의 크고 놀라우신 은혜를 체험하게 하소서.
주님께서 우리 부부와 함께하시고
우리 부부를 사랑하셔서 믿음의 자녀로 삼으셨으니
모든 일을 기도와 간구로 맡기게 하소서.
날마다 변화되어 가는 세상 속에서
영원히 변하지 않으시는 주님만 바라보게 하소서.
어떠한 장애물과 어떠한 고통 속에서도
쓸데없는 변명 없이 기도함으로써 승리하게 하시고
응답받는 삶으로 주님께 영광을 돌리게 하여 주소서.
우리 주 예수 그리스도 이름으로 기도합니다. 아멘!

이 세상의 기쁨은 완전한 것이 아니다. 기쁨에는 고통의 맛이 섞여야 하고
벌꿀에는 땀방울이 섞여야 한다. 조지 롤렝하겐

주님의 은혜를 소멸하지 않게 하소서

우리와 함께하시는 주님!
우리 부부의 삶과 신앙을 날마다 새롭게 하셔서
어둡고 더러운 죄악 가운데 있는 부분들을
변화시켜 주시기를 원합니다.
외모만 남에게 잘 보이려고 가꾸는 게 아니라
우리 내면을 바라보시는 주님 앞에
있는 그대로 솔직하고 정직하게 보여 드리기를 원합니다.
시시때때로 때를 따라 은혜를 베푸시는
주님의 은혜 안에 살게 하셔서
주님의 은혜를 소멸하지 않게 하소서.
우리 부부가 주님의 말씀 안에서 살게 하시고
말씀으로 가득 채워지게 하셔서 주님의 생명의 복음을
보다 많은 사람들과 나누게 하시기를 원합니다.
서로의 약점으로 인해 불평하기보다는
마음에 여유가 있어 채워 줄 수 있게 하소서.
주님의 은혜로 우리의 삶에 자각이 일어나게 하시고
고통 중에도 우리를 항상 바라보시는
주님을 바라보며 주님을 사모하며 살게 하소서.
우리 부부가 가야 할 믿음의 길을 온전히 가게 하소서.
우리 주 예수 그리스도 이름으로 기도합니다. 아멘!

어떤 경우에도 기쁨이 크면 클수록 그에 앞서서 큰 고통이 따른다.
아우구스티누스

5
May

21

믿음의 선한 싸움에서 승리하게 하소서

우리가 하나님과 함께 일하는 자로서 너희를 권하노니
하나님의 은혜를 헛되이 받지 말라 고린도후서 6:1

우리를 항상 선한 길로 인도하시는 주님!
이 세상은 영적인 전쟁터와 같으니
우리 부부가 믿음으로 바로 서서 주님 안에 살게 하시고
날마다 믿음의 선한 싸움에서 승리하게 하소서.
주님이 보시기에 아름다운 믿음으로 살게 하시고
영광과 찬송을 돌리게 하사
하나님의 은혜를 헛되이 받지 않고
복을 누리게 하소서.
우리 부부가 믿음의 덕을 세우게 하시고
어떤 경우와 처지에서도 자족하는 믿음을 갖게 하소서.
진리의 자유함을 누리게 하시고
주님이 주시는 은혜 안에서 자녀답게 살게 하소서.
우리를 향한 선하신 섭리와 계획이 있음을 믿사오니
어떤 영적인 싸움에서도 예수 이름으로 승리하게 하소서.
주님께서 우리 부부의 신앙을 연단하셔서
항상 강하고 담대한 믿음으로 승리하게 하심을 믿습니다.
언제든지 쓰러지더라도 다시 꿋꿋하게 일어나
성령의 인도하심을 따라 살게 하소서.
우리 부부에게 항상 승리를 체험하게 하시는
우리 주 예수 그리스도 이름으로 기도합니다. 아멘!

고통은 짧고 기쁨은 영원하다. 실러

모든 염려와 두려움을 주님께 맡기게 하소서

너를 만들고 너를 모태에서부터 지어 낸 너를 도와줄 여호와가 이같이
말하노라 나의 종 야곱, 내가 택한 여수룬아 두려워하지 말라 이사야 44:2

죄에서 자유를 얻게 하신 주님!
우리 부부의 마음을 주님께 드리오니
보잘것없더라도 받아 주소서.
우리 부부가 주님의 뜻대로 살게 하시고
주님을 닮아 가기를 원합니다.
이혼하는 부부와 파산하는 가정들이 늘어나
가정이 붕괴되는 오늘날에도 주님 안에서
믿음으로 사랑하며 하나가 되게 하소서.
가정의 행복을 위하여 서로 노력하고 양보하게 하소서.
우리 부부가 주님으로부터 오는
성결하고 화평하고 관용하고 양순하고
거짓이 없는 지혜를 얻기 원합니다.
미혹의 영들이 우리 부부의 영을 혼미하게 할 때도
예수 그리스도 우리 주님께서 붙잡아 주셔서
모든 거짓된 것들을 물리치고 진리 안에서 살게 하소서.
우리 부부가 삶의 목적을 바로 알아
모든 두려움과 염려를 극복하게 하시고
주님께서 우리 부부를 통해
하시고자 하는 일들을 이루어 가게 하소서.
우리 주 예수 그리스도 이름으로 기도합니다. 아멘!

즐거움을 기대하는 것 또한 즐거움이다. 레싱

23 체험적인 신앙을 갖게 하소서

내가 주께 대하여 귀로 듣기만 하였사오나
이제는 눈으로 주를 뵈옵나이다 욥기 42:5

영원토록 존재하시는 하나님!
우리 부부가 날마다 주님의 말씀을 묵상하며
그 말씀에서 교훈과 책망을 받게 하시고
체험적인 신앙으로 확고한 믿음을 갖게 하소서.
우리 부부가 성령의 은혜를 체험하도록
은혜 안에서 지켜 주시기를 원합니다.
삶의 길이 때로는 힘들고 어렵더라도
주님과 동행함으로써 넉넉히 이겨 내게 하소서.
우리 부부가 성도로서 빛과 소금의 직분을 감당하고
예수 그리스도의 향기를 나타내며
예수 그리스도의 편지로 읽혀지게 하소서.
우리의 삶 가운데 하나님의 말씀과 약속이 있어
말씀에 확신을 갖고 말씀을 온전히 신뢰하는
능력 있는 성도가 되기를 원합니다.
우리 부부의 생명을 창조하시고
십자가의 사랑으로 구원하여 주신 사랑에
감격하고 감동하였사오니 주님 안에 살게 하소서.
주님의 무한하신 사랑과 은혜에 감사드리며
우리 주 예수 그리스도 이름으로 기도합니다. 아멘!

즐거움은 가끔씩 찾아오는 손님이지만 고통은 항상 우리를 따라다닌다.
존 키츠

죄악을 회개하는 가정이 되게 하소서

약속을 이루시는 주님!

우리 부부와 우리 가정에 허물과 죄악이 있으면

주님께 낱낱이 회개하는 믿음을 주시길 원합니다.

우리는 우리 자신을 알 만한 지혜가 부족하오니

오직 성령으로 깨우쳐 주셔서

아무것도 되지 못하고 된 줄 아는

교만한 마음을 토해 놓게 하소서.

주님께서 큰 믿음과 지혜 주심을 믿사오니

주님의 말씀에 우리와 가정을 비추어 보게 하시고

철저하게 잘못되고 어그러진 부분을 회개하여

모든 것을 다 용서받게 하옵소서.

잘못된 길에 들어섰다면 주님의 말씀으로 깨우쳐 주사

생명의 길, 주님의 길로 가게 하여 주소서.

우리의 모든 행위와 모든 은밀한 일들을

선악 간에 심판하시는 주님이시니

주님의 말씀대로 살게 하소서.

주님을 바라보는 우리 부부와 가정의 믿음과 소망이

부끄럼을 당하지 않게 하시고

주님께서 구원의 길로 인도하시며

우리의 갈 길에 생명이 되어 주시기를 원합니다.

우리 주 예수 그리스도 이름으로 기도합니다. 아멘!

고통스러울 때에는 자기보다 더욱 불행한 사람이 있다는 것을 생각하라.
고갱

주님을 기쁘시게 하는 가정이 되게 하소서

주를 기쁘시게 할 것이 무엇인가 시험하여 보라
에베소서 5:10

천지만물을 말씀으로 창조하신 주님!
믿음 생활을 온전히 함으로 말미암아
주님을 기쁘시게 하는 가정이 되게 하소서.
세속적인 것을 따르기보다
성령의 인도를 받게 하시고
경건하지 못한 모습을 버리게 하소서.
안일하고 이기적이고 무력하기만 했던
믿음 생활에서 벗어나 활기차고 열정적인
믿음을 갖게 하시기를 원합니다.
말씀을 따라 순종하고 사랑하며 살아가는
믿음의 부부가 되게 하소서.
범사에 감사하게 하시고 소망을 갖게 하시고
주님을 기쁘시게 하기 위하여 일하게 하소서.
때로는 감사할 수 없는 아주 어려운 상황일지라도
주님의 인도하심을 기뻐하며 감사와 찬양으로
날마다 영광을 돌리기를 원합니다.
우리 부부와 가정에 믿음을 주셔서
날마다 소망을 갖고 살아가게 하시며
주님이 주시는 축복을 받아 누리게 하소서.
우리 주 예수 그리스도 이름으로 기도합니다. 아멘!

눈물은 우리가 갈망하는 모든 것을 바친다. 호메로스

5
May 26

십일조를 온전히 드리게 하소서

만군의 여호와가 이르노라 너희의 온전한 십일조를 창고에 들여
나의 집에 양식이 있게 하고 그것으로 나를 시험하여 내가 하늘 문을 열고
너희에게 복을 쌓을 곳이 없도록 붓지 아니하나 보라 말라기 3:10

우리의 소망이 되시는 주님!
우리 부부를 축복하시고 인도하시니 감사드립니다.
주님께서 일터를 주시고 소득을 얻게 하셨으니
온전한 십일조와 함께
감사하는 마음을 드리기를 원합니다.
인색함이 없게 하시고
물질이 거듭나야 온전한 믿음이오니
물질을 허락하시고 축복하신 주님께 예배 때마다
감사함으로 드리기를 원합니다.
우리에게 소망을 주시고 구원을 주신 주님께
온전한 물질로 헌신하게 하소서.
모든 물질은 우리 것이 아니라 모두 다 주인 되신
주님의 것이오니 항상 감사로 영광을 돌리게 하소서.
물질 때문에 시험에 들거나
믿음이 나약해지지 않기를 원합니다.
주님께 드림으로써 우리를 축복하시는
그 놀라운 축복을 누리게 하소서.
우리 부부가 어디에 있든지
믿음 안에 있는가를 돌아보게 하시고
언제나 주 안에서 인도받게 하소서.
우리 주 예수 그리스도 이름으로 기도합니다. 아멘!

용기 있는 곳에 희망이 있다. 타키투스

★ 168

우리가 쉽게 낙심하지 않게 하소서

모든 만물을 보살펴 주시는 주님!

우리 부부에게 고난과 역경이 몰아쳐 오더라도

쉽게 낙심하지 않게 하소서.

권능의 주님을 소망하며 기도하게 하시고

시련을 통하여 더욱더 견고한 믿음을 갖게 하시어

온전한 그리스도인의 삶을 살기를 원합니다.

우리 부부의 마음과 입을 크게 열어

주님을 찬양하게 하시고

서로가 돌보아 주며 참되고 아름다운 부부가 되어

복되고 사랑이 충만한 가정을 만들어 가게 하소서.

목자 되신 주님께서 우리를 인도하시고 붙잡아 주사

좌로나 우로나 흔들리지 않게 하소서.

우리가 갈 바를 알지 못해 방황할 때도

가야 할 방향을 알려 주셔서

낙심하거나 실족하지 않게 하시고

온전히 따르게 하여 주소서.

우리 부부와 가정에 주님이 찾아오셔서

사랑과 평안으로 인도하여 주소서.

우리 부부가 안고 있는 문제 때문에 연약하여지지 않도록

주님의 권세를 힘입게 하시기를 원합니다.

우리 주 예수 그리스도 이름으로 기도합니다. 아멘!

진정한 용기란 목격자가 없는 장소에서 실행하는 것이다. 라 로슈푸코

온 가족이 아름다운 신앙생활을 하게 하소서

그런즉 어찌하리요 우리가 법 아래에 있지 아니하고
은혜 아래에 있으니 죄를 지으리요 그럴 수 없느니라 로마서 6:15

신령과 진정으로 예배하는 자를 찾으시는 주님!
우리를 위하여 피 흘리사 구속하시고
온몸으로 우리를 감싸 안으시고 사랑하시니
우리 가족이 주님 보시기에
아름다운 모습으로 신앙생활을 하기를 원합니다.
주님의 은혜를 날마다 삶 속에 나타내게 하시고
주님이 가신 길을 따라 믿음으로
우리 가정도 따르기를 원합니다.
우리 부부와 가정이 주님의 삶을
날마다 본받아 살게 되기를 원합니다.
우리 가정이 속한 교회나 모든 공동체에서
우리에게 주어진 일들을 잘 감당하게 하소서.
우리 가족이 성령의 뜨거운 체험을 하게 하시고
다 하나같이 살아 있는 믿음을 소유하게 하소서.
우리의 신앙이 무기력한 신앙이 아니라
앞으로 나아가는 신앙이 되기를 원합니다.
능력의 주님께서 우리 가족에게 무한한 믿음의
가능성을 주시니 그 능력을 믿고 복음의 광맥을 따라
금보다 귀한 믿음으로 주님의 뜻을 이루게 하소서.
우리 주 예수 그리스도 이름으로 기도합니다. 아멘!

가장 가르치기 어려운 수학 문제는 우리가 받은 축복을 세어 보는 문제이다.
서양 격언

기도 속에 영적인 교제를 나누게 하소서

그리스도의 말씀이 너희 속에 풍성히 거하여 모든 지혜로
피차 가르치며 권면하고 시와 찬송과 신령한 노래를 부르며
감사하는 마음으로 하나님을 찬양하고 골로새서 3:16

세상 우주 만물을 주관하시는 주님!
우리 가정이 믿음으로 하나가 되게 하사
기도 속에서 주님과 영적인 교제를 나누게 하소서.
항상 주님의 뜻을 이루어 갈 수 있는 믿음을 주시고
오직 믿음으로 행동하게 하소서.
육신을 따라 살지 말게 하시고
성령의 인도하심을 따라
성령의 열매를 맺게 하옵소서.
날마다 주님의 은혜가 온 가족들의 마음속에
강같이 넘쳐흐르고 은혜가 파도치게 하소서.
가족 모두가 주님의 귀한 복음을 전하는 사명을
잘 감당하게 하사 맡겨진 달란트를
풍성히 남기기를 원합니다.
우리 몸이 주님이 거하시는 성전이 되었으니
주님이 보시기에 깨끗하게 하시고
주님이 쓰시기에 합당하게 하소서.
가족 모두가 성령 충만함으로
주님의 복된 말씀으로 기도하며 능력 있게 전하는
복음의 기쁨을 누리기를 원합니다.
우리 주 예수 그리스도 이름으로 기도합니다. 아멘!

함께 우는 것처럼 사람의 마음을 맺어 주는 것은 없다. 루소

온 가족이 깊은 은혜를 체험하게 하소서

이르시되 내가 은혜 베풀 때에 너에게 듣고 구원의 날에 너를 도왔다
하셨으니 보라 지금은 은혜 받을 만한 때요 보라 지금은 구원의 날이로다
고린도후서 6:2

우리에게 깊은 은혜를 체험케 하시는 주님!
우리 부부와 온 가족이 기도와 말씀 속에서
항상 주님의 은혜를 체험하게 하소서.
우리 모두가 모든 삶을 주님께 맡기게 하시고
날마다 평안 속에 믿음이 든든하게 자라게 하소서.
때를 따라 주시는 주님의 은혜 속에서
자신감이 넘치게 하시고
강하고 담대한 믿음 속에
소망이 넘치는 삶을 살아가게 하소서.
모든 것들을 주님께 맡기고
당찬 그리스도인의 삶을 살게 하소서.
세상의 유혹에 빠지기보다는
주님의 진리의 말씀에 늘 귀를 기울이게 하시고
열매를 풍성하게 맺는 삶을 살기를 원합니다.
날마다 주님의 말씀 가운데 살게 하시고
우리 부부와 가족이 행한 일들이
말씀에 비추어 부끄럽지 않게 하소서.
우리도 주님의 용서하심을 배우고 실천하게 하시고
늘 주님 안에서 믿음으로 부족함이 없게 하소서.
껍질 신앙이 아니라 알곡 신앙을 갖게 하소서.
우리 주 예수 그리스도 이름으로 기도합니다. 아멘!

부모님의 은혜를 모른다면 너희 친구가 되어 줄 사람은 아무도 없다.
소크라테스

주님을 사랑하는 가정이 되게 하소서

우리가 이같이 너희를 사모하여 하나님의 복음뿐 아니라
우리의 목숨까지도 너희에게 주기를 기뻐함은
너희가 우리의 사랑하는 자 됨이라 데살로니가전서 2:8

우리를 사랑하시는 주님!
우리 부부가 항상 주님을 바라보며
주님을 사랑하는 부부가 되게 하소서.
우리 가정이 항상 주님을 소망하며
주님의 뜻을 이루어 가는 믿음의 가정이 되게 하소서.
길 잃은 양 한 마리를 찾으시는 주님의 마음처럼
영혼을 귀하게 여기며 늘 기도하며
주님의 삶을 닮아 가게 하소서.
우리에게 사랑이 없으면 아무런 능력이 없으니
주님의 사랑을 마음에 넘치도록 부어 주시기를 원합니다.
하늘의 기쁨과 소망을 갖게 하시고
주 안의 지체들을 사랑하게 하시고
주님과 더불어 동행하는 삶을 기뻐하게 하소서.
어려움이 닥칠 때 믿음을 잃지 않고
주님을 더욱더 의지하기를 원합니다.
언제 어디서나 주님을 따르며 섬기며
주님을 의지하게 하소서.
주님께서 우리 가족과 우리 부부를 사랑하심처럼
그 크신 사랑에 감사하며 보답하는 삶을 살게 하소서.
우리 주 예수 그리스도 이름으로 기도합니다. 아멘!

결혼을 위한 사랑은 사랑을 만들지만 우정을 위한 사랑은 사랑을 완성한다.
베이컨

6

JUNE

늘 기도하며 살아가는
부부가 되게 하소서

사랑의 둥지를 만듭니다

한 사람
한 사람이 만나
둘이 하나가 되는
사랑의 둥지를 만듭니다

사랑의 놀라운 힘으로
행복의 문을 들어갑니다

봄, 여름, 가을, 겨울
사계절을 살아감같이
삶의 모든 계절을 살아가며
사랑의 꽃을 피우고자 합니다

하나님의 인도하심 따라
시절을 좇아 열매를 맺으며
사랑의 울타리를
아름답게 꾸미렵니다

우리들의 사랑의 둥지엔
행복이 가득
기쁨이 가득합니다

모두 함께 축복해 주시기를
두 손을 모아 봅니다

우리 부부에게 진정한 사랑이 있게 하소서

그가 우리를 위하여 목숨을 버리셨으니 우리가 이로써 사랑을 알고
우리도 형제들을 위하여 목숨을 버리는 것이 마땅하니라 요한1서 3:16

사랑으로 함께하시는 주님!

우리 부부를 인도하여 주사 사랑으로 인내하며 실천하며

소망 속에 살게 하심을 감사드립니다.

주님이 우리를 사랑하심같이

진실하고 고귀한 사랑으로 살아가게 하소서.

사랑은 이 지상에서 가장 크고 놀라운 힘을 발휘하오니

우리 부부가 하나님을 향한 사랑을 뜨겁게 불태우며

이웃과 온 가족을 사랑하며 살게 하소서.

모든 죄악과 허물을 용서하시고 도말하시는

주님의 사랑을 온전히 체험하여서

참사랑의 진실을 깨닫게 하소서.

우리 부부가 항상 우리를 사랑하시는

주님의 십자가의 사랑을 마음에 새기며

사랑 가운데 살기를 원합니다.

우리 부부가 자기 몫만 챙기는 이기적인 삶이 아니라

남을 위해 희생하고 봉사하고

섬기며 나누는 삶을 살게 하소서.

다른 사람들의 구원과 행복과 자신의 행복을 위하여

우리 부부가 예수 그리스도의 사랑을 나누며 살게 하소서.

우리 주 예수 그리스도 이름으로 기도합니다. 아멘!

재산을 잃어도 상처는 적다. 건강을 잃으면 상처는 크다.
용기를 잃는다면 그야말로 돌이킬 수가 없다. 세네카

양가에 갈등이 없게 하소서

자비로운 자에게는 주의 자비로우심을 나타내시며
완전한 자에게는 주의 완전하심을 보이시며
깨끗한 자에게는 주의 깨끗하심을 보이시며 시편 18:25-26

인자하시고 긍휼이 많으신 주님!
우리 부부의 결혼으로 두 가정이 인연을 맺었으니
서로 하나 된 마음으로 살게 하시고
결혼으로 인하여 갈등이 일어나지 않게 하소서.
결혼은 사랑으로 시작되고 이루어지는 것이오니
모든 인간적인 이해관계나 욕심이나 허영에서 벗어나
오직 진실과 진심으로 하나가 되기를 원합니다.
남의 시선이나 관심에 현혹되지 말게 하시고
기도하고 축복하여 줌으로써
결혼생활이 순탄하게 시작하고
늘 사랑으로 충만하기를 원합니다.
양가 부모님들과 가족들이
항상 영육 간에 강건하시고
주님의 축복하심과 인도하심으로
행복과 즐거움이 가득하게 하소서.
지금보다 앞으로의 삶에 축복하시기를 원합니다.
우리 부부가 가족들의 사랑과 축복 속에 결혼하였으니
가족들에게 사랑을 베풀게 하시고
부모와 가족들이 원하는 복된 삶을 살게 하소서.
우리 주 예수 그리스도 이름으로 기도합니다. 아멘!

당신은 정말로 당신이 바라는 사람이 되어 가고 있는가? 아이젠하워

결혼생활 후에도 배우며 살게 하소서

여호와께서 너를 지켜 모든 환난을 면하게 하시며
또 네 영혼을 지키시리로다 여호와께서 너의 출입을
지금부터 영원까지 지키시리로다 시편 121:7-8

온유와 겸손을 배우라 하신 주님!

우리 부부에게 착한 일을 시작하시고

주님의 날에 완성시켜 주심을 믿사오니

결혼생활 중에도 계속 배움으로 성장하게 하소서.

주님의 말씀을 배우게 하시고

섬김과 사랑을 배우게 하셔서

생활 속에서 실천하며 살기를 원합니다.

우리 부부에게도 서로의 부족함을 일깨워 주시고

주님께서 몸소 사랑을 실천하심처럼

주님께서 주신 은혜와 사랑을

삶 속에서 아름답게 꽃피워 나가게 하여 주소서.

우리 부부가 언제나 배우는 마음이 있어서

언제 어디서나 겸손하게 하시고 낮아지게 하소서.

주님께서 성령의 은혜로 지혜와 지식을 주사

우리 부부를 지혜롭게 하소서.

배우면 배울수록 부족함과 나약함을 아오니

충만 중의 충만이신 주님께서 늘 함께하여 주셔서

우리 부부가 늘 성장하고 잘 자라 가게 하소서.

우리 주 예수 그리스도 이름으로 기도합니다. 아멘!

용기란 무서워서 거의 죽게 되었을 때도
그 자리에서 해야 하는 행동을 할 수 있는 능력을 말한다. 오마 블래들리

상대의 말에 귀를 기울이게 하소서

여호와는 의로우사 의로운 일을 좋아하시나니
정직한 자는 그의 얼굴을 뵈오리로다 시편 11:7

모든 언어를 주관하시는 주님!
우리 부부의 마음을 열어 주셔서
주 안의 지체들을 사랑하게 하소서.
대화를 나눌 때 상대의 말에
귀를 기울여 잘 듣기를 원합니다.
마음이 급하여 대화 중에 상대의 말을 끊지 말게 하시고
상대가 하고자 하는 말을 잘 들을 수 있는 인내심을 주소서.
좋은 말만 골라 들으려 하지 않고
마음에 쓴 말, 잘못을 지적하는 말도 잘 받아들여
고치게 하시고 새롭게 하시기를 원합니다.
태도를 바르고 진실하게 하시어
진솔한 마음으로 상대방의 마음을 읽어 줌으로써
편안한 마음으로 대화를 나누게 되기를 원합니다.
부부 사이에도 대화를 나눌 때
상대방을 무시하거나 인격을 손상시키는 일이 없이
주님 안에서 주님의 뜻을 이루어 가게 하소서.
대화는 사람과 사람 사이를 이어 주고
결혼생활도 대화 속에서 이루어져 가오니
사랑과 진실로 대화를 나눔으로써 풍성한 열매를 맺게 하소서.
우리 주 예수 그리스도 이름으로 기도합니다. 아멘!

인생은 그야말로 주어야만 받을 수 있다.
남에게 준 것은 자기 손으로 되돌아온다. 데일 카네기

가정을 아름답게 꾸며 가게 하소서

너희가 섬길 자를 오늘 택하라
오직 나와 내 집은 여호와를 섬기겠노라 여호수아 24:15

천지 만물을 아름답게 창조하신 하나님!
우리 부부가 가정을 아름답게 꾸며 나가게 하소서.
온 가족의 신앙이 아름답게 하여 주소서.
온 가족의 마음이 아름답게 하여 주소서.
온 가족의 사랑이 아름답게 하여 주소서.
온 가족의 섬김이 아름답게 하여 주소서.
온 가족의 성실함이 아름답게 하여 주소서.
온 가족의 봉사함이 아름답게 하여 주소서.
온 가족의 나눔의 삶이 아름답게 하여 주소서.
온 가족이 공동체 안에서 아름답게 하여 주소서.
온 가족의 꿈과 비전이 아름답게 하여 주소서.
온 가족의 희망이 아름답게 하여 주소서.
온 가족의 물질관이 아름답게 하여 주소서.
온 가족의 영성이 아름답게 하여 주소서.
온 가족의 말씀 묵상이 아름답게 하여 주소서.
온 가족이 최선을 다하는 모습이 아름답게 하여 주소서.
온 가족이 주님을 사랑하는 모습이 아름답게 하여 주소서.
온 가족의 믿음이 성장함이 아름답게 하여 주소서.
우리 주 예수 그리스도 이름으로 기도합니다. 아멘!

자기가 지금 하고 있는 일, 이미 한 일을 마음으로부터 즐기는 자는 행복하다.
괴테

성생활에 만족함을 주소서

그러므로 너희가 더욱 힘써 너희 믿음에 덕을, 덕에 지식을,
지식에 절제를, 절제에 인내를, 인내에 경건을,
경건에 형제 우애를, 형제 우애에 사랑을 더하라 베드로후서 1:5-7

타락하고 음란한 세대를 슬퍼하시는 주님!
우리 부부의 믿음 생활에 소망을 주셔서
주님이 주시는 은혜 속에 날마다 기뻐하며 살게 하소서.
우리 부부의 성생활에 만족함을 주시고
이 시대의 방탕과 타락을 따라감으로 인해
부부의 성생활마저 쾌락의 도구로 만들지 않게 하소서.
부부의 성생활은 부부의 사랑을 나누는
아름다운 시간이 되게 하시기를 원합니다.
성생활이 세속적 방법과 형식을 그대로 따라감으로써
욕정적인 쾌락에 빠져들지 않게 하소서.
우리 부부의 신앙이 깨어 있게 하여 주셔서
세속의 시선이나 흐름에 빠지거나
빨려들어 가지 않도록 성결하게 하소서.
주님이 거룩하시니 우리도 거룩하고 깨끗하게
주님의 진리 속에서 복음을 전함으로써 기뻐하게 하소서.
우리 부부가 육신에만 빠져 있는 삶이 아니라
영성 있는 삶을 통하여 주님의 뜻을 이루게 하소서.
오직 성경 말씀으로 경건을 연습하며
말씀 속에서 말씀을 마음 판에 새기며 살게 하소서.
우리 주 예수 그리스도 이름으로 기도합니다. 아멘!

행복의 비결은 자기가 하고 싶은 일을 하는 것이 아니라
자기가 해야 할 일을 좋아하게 되는 것이다. 제임스 발리

남편이 좋아하는 아내가 되게 하소서

지혜로운 여인은 자기 집을 세우되
미련한 여인은 자기 손으로 그것을 허느니라 잠언 14:1

June 7

은혜 위에 은혜를 더하시는 주님!
남편이 좋아하고 사랑하는 아내가 되게 하소서.
항상 부지런하여 게으르지 않게 하시고
죄악에 빠지지 않고 거룩하게 하소서.
남편을 사랑하며 가족을 사랑함으로써
봉사하며 헌신하기를 원합니다.
가족을 위하여 음식 장만하는 일을 즐거워하며
집안일이나 가족을 보살피는 일을
짜증보다는 기쁨과 사랑으로 이루어 가게 하소서.
기도하는 아내, 기도하는 어머니가 되게 하시고
부와 사치와 허영에 현혹됨 없이
정결한 어머니가 되게 하사
가정에 참평안과 기쁨과 꿈과 소망이 가득하게 하소서.
지혜로운 여성이 되게 하시고
사랑의 마음으로 살아가게 하시며
성실한 여성으로 주님께 칭찬받기를 원합니다.
단정하고 순결한 삶으로
믿음과 생활 속에 주님이 함께하심을 나타내게 하소서.
우리 주 예수 그리스도 이름으로 기도합니다. 아멘!

인간적인 사랑의 최고 목적은 종교적인 사랑의 경우와 마찬가지로
사랑하는 사람과 하나가 되는 것이다. 보부아르

183

아내가 좋아하는 남편이 되게 하소서

깨어 믿음에 굳게 서서 남자답게 강건하라
고린도전서 16:13

모든 것을 합력하여 선을 이루게 하시는 주님!
아내가 좋아하고 사랑하는 남편이 되게 하소서.
모든 일에 열심을 다하고 최선을 다하며
세속에 빠지지 않고 성실한 삶을 살게 하소서.
아내를 사랑하며 가족을 보살피는 자로서
더욱 강하고 담대하기를 원합니다.
가족을 위하여 일하는 기쁨 속에 즐거움을 나누며
언제나 버팀목처럼 든든한 모습이 되게 하소서.
유머를 갖게 하시고
기도하는 남편과 아버지로서 부족함이 없게 하소서.
우리 가정에 소망과 기쁨과 비전을 주옵시며
늘 근면하고 성실하게 아내와 가족을 보살핌으로써
가정을 화목하게 만들어 가는
남편과 아버지가 되게 하소서.
지혜롭고 슬기로운 아버지가 되게 하시고
진솔한 믿음으로 살아가는 남성이 되어
하나님의 사랑을 받기를 원합니다.
주님께 정직하고 솔직하게 의지함으로써
본을 보이며 살기를 원합니다.
우리 주 예수 그리스도 이름으로 기도합니다. 아멘!

결혼이란 복권과 같은 것이다.
다만 당첨되지 않았다고 해서 찢어 버릴 수는 없는 것이다. 노리스

사랑한다는 말을 하며 살게 하소서

내 사랑아 너는 어여쁘고 어여쁘다
네 눈이 비둘기 같구나 아가 1:15

우리의 마음을 아시는 주님!
우리 부부를 사랑하시고 구원하시고
은혜를 충만히 베풀어 주시니 감사드립니다.
삶 속에서 일어나는 갖가지 일들 속에서
주님의 놀라우신 섭리를 체험하게 하옵소서.
우리 부부가 서로 사랑한다는 말을 하며 살게 하소서.
진실한 마음으로 고백하며 속삭이게 하시고
삶 속에서 사랑을 그대로 나타내게 하소서.
우리의 이기적인 모든 욕심을 다 버리게 하시고
서로 기쁨을 나누게 하여 주셔서 행복한 삶을 살게 하소서.
우리 부부가 서로의 약점과 장점의 조화를
잘 이루어 가게 하시고
겸손히 주님을 섬기며 살아가게 하소서.
거친 세상의 파도에 시달리고 지쳐서
목마르게 살아가는 사람들도 많은데
부부가 사랑을 하며 산다는 것은 감사한 일이오니
사랑으로 모든 것을 회복하게 하소서.
우리 부부에게 은혜를 베푸셔서 주님을 사모하며 사랑하며
참사랑과 기쁨과 참평안을 맛보기를 원합니다.
우리 주 예수 그리스도 이름으로 기도합니다. 아멘!

아내는 눈으로만 선택해서는 안 된다.
아내를 선별하기 위해서는 눈보다 귀에 의존하라. 토머스 풀러

함께 데이트하는 시간을 갖게 하소서

여호와는 나의 목자시니 내게 부족함이 없으리로다
시편 23:1

우리와 함께하시는 주님!
한지붕 아래 살아가는 부부라 할지라도
함께 대화를 나눌 시간이 없을 정도로 바쁘기만 하다면
서로의 사랑을 확인하기도 어렵고
자꾸만 무관심 속에 빠져들게 되오니
부부가 함께 데이트하는 시간을 갖게 하소서.
분주한 삶 속에서도 서로의 마음을 읽어 줄 수 있는
마음의 여유를 주시고
힘들고 어려운 짐을 서로 짊어짐으로써
한층 더 가볍게 하시기를 원합니다.
부부니까 괜찮겠지 하는 막연한 생각에 머물지 않게 하시고
부부니까 더 관심을 갖고 보살펴 나가게 하소서.
험하고 어려운 일들이 닥쳐오는 삶 속에서
서로가 한마음이 되어 모든 염려와 걱정을 다 버리고
더욱 지혜롭고 순결하게 살아가게 하소서.
영화도 보고 외식도 하고 산책도 하며
처음 만난 그때의 두근거림처럼 사랑하며 살게 하소서.
주님께서 우리 부부를 항상 인도하시니
사랑을 만들어 가고 사랑을 꽃피워 감으로써
사랑의 열매를 풍성하게 맺어 가기를
우리 주 예수 그리스도 이름으로 기도합니다. 아멘!

결혼 그것은 한 권의 책이다.
그 제1장은 시로 쓰여져 있으나 나머지 장은 산문이다. 비발리 니코르스

11 자녀들에게 믿음의 유산을 남기게 하소서

여호와가 너를 항상 인도하여 메마른 곳에서도 네 영혼을 만족하게 하며
네 뼈를 견고하게 하리니 너는 물 댄 동산 같겠고
물이 끊어지지 아니하는 샘 같을 것이라 이사야 58:11

우리를 사랑하시는 주님!
우리 부부가 자녀들을 위하여 항상 기도하게 하시고
자녀들에게 믿음의 유산을 남겨 주기를 원합니다.
주님께서 자비로우신 눈길로 우리 자녀들을
보살펴 주시고 헤아려 주시는
은혜와 사랑에 감사드립니다.
우리 부부가 주님의 눈길 앞에 바로 설 수 있는
믿음에 믿음을 더하여 주소서.
우리 자녀들이 강하고 담대한 믿음으로
다가오는 모든 아픔을 이겨 내게 하시고
꿈과 비전을 향하여 전진할 수 있도록 인도하소서.
학업과 믿음의 훈련을 게을리하지 않게 하소서.
우리 부부가 자녀들에게 다른 유산은 남겨 주지 못해도
신앙의 유산을 남겨 줄 수 있도록 인도하소서.
우리 부부와 자녀들이 날마다
삶에서 승리하는 그리스도인이 되게 하소서.
우리 부부가 주님의 십자가를 바라보면서
모든 삶을 통하여 영광을 돌리기를 원합니다.
우리 자녀들이 주님의 사랑을 받게 하여 주소서.
우리 주 예수 그리스도 이름으로 기도합니다. 아멘!

결혼은 기나긴 대화이다.
자주 있는 말다툼이 거기에 색상을 부여한다. 스티븐슨

검소하고 부지런히 일하게 하소서

6
J
une

12

하나님이여 사슴이 시냇물을 찾기에 갈급함같이
내 영혼이 주를 찾기에 갈급하니이다 시편 42:1

우리의 마음을 살펴 주시는 주님!

우리 부부가 우리 마음대로

우리의 힘으로만 살지 말게 하시고

주님의 인도하심 따라 성령 충만함 속에

검소하고 부지런하게 일하며 살아가게 하소서.

주님께서 주시는 평안 속에 거하며

주님의 평안을 누리며 일하는 즐거움을 갖게 하여 주소서.

우리 부부가 하나님을 알고자 하는 일에

열심에 열심을 더 내기를 원합니다.

우리 부부에게 허락하신 모든 일들 속에서

자족하는 믿음을 갖게 하소서.

맡은 일에 부지런하고 열심을 내게 하시고

주님을 바라보며 주님의 은혜에 감사하며 살게 하소서.

우리 부부가 겸손과 인내로 주님을 섬기게 하시고

주님의 인도하심을 받게 되기를 원합니다.

우리 부부가 말씀을 통하여

지금의 모습을 바로 보게 하시고

꿈과 비전을 이룬 모습을 바라보게 하옵소서.

우리 주 예수 그리스도 이름으로 기도합니다. 아멘!

행복한 결혼이란 약혼 때부터 죽을 때까지
결코 지루하지 않은 긴 대화 같은 것이다. 앙드레 모루아

6
J
une

13

사랑과 생명의 언어가 넘치게 하소서

내가 주께 대하여 귀로 듣기만 하였사오나
이제는 눈으로 주를 뵈옵나이다 욥기 42:5

모든 언어를 만드신 주님!
우리 부부에게 언어를 규모 있게 구사할 수 있는
언어의 능력을 주시기 원합니다.
우리 가정이 사랑과 생명의 언어가 살아 있고
항상 축복이 넘치는 복된 가정이 되게 하소서.
대화를 나누는 데 자신감을 갖게 하시고
격려의 말은 부드럽게 할 수 있게 하시며
칭찬의 말로 마음의 문을 열게 하소서.
다른 사람과도 즐겁게 대화를 나눌 수 있는
넉넉한 마음을 주시기를 원합니다.
넓은 마음으로 생명력 있는 대화를 나누게 하시고
상대방의 말을 끝까지 들어 줄 수 있는 여유를 갖고
긍정적인 마음으로 받아들이게 하소서.
상대방의 잘못을 감싸 줄 수 있는 마음을 주시고
적극적으로 설득할 수 있는 힘도 주시기를 원합니다.
진실과 사랑으로 대화를 나누게 하소서.
우리 부부와 가족이 언제나 생명을 살리는 언어,
활력 있고 의미 있는 언어를 나누며 살게 하소서.
복음을 받았으니 복음의 언어를 전하게 하소서.
우리 주 예수 그리스도 이름으로 기도합니다. 아멘!

결혼이란 어떤 나침반도 항로를 발견할 수 없는 거친 바다의 항해이다.
하이네

189 ★

아름답고 건강한 가정이 되게 하소서

그가 우리를 대신하여 자신을 주심은 모든 불법에서
우리를 속량하시고 우리를 깨끗하게 하사
선한 일을 열심히 하는 자기 백성이 되게 하려 하심이라 디도서 2:14

우리를 구속하시는 주님!
우리 부부가 주님을 진실로 찬양합니다.
오늘도 새로운 힘을 넉넉하게 주시고
하루 종일 가는 곳마다 발걸음을 인도하여 주소서.
우리 가정이 아름답고 건강한 가정이 되기를 원합니다.
주님이 함께하심으로 우리 부부도 살아갈 힘을 얻사오니
우리 부부를 보호하시고
항상 인도하시기를 원합니다.
주님의 전능하신 능력을 믿사오니 말씀으로 함께하소서.
우리 가정에 즐거움과 기쁨을 주시는 분은 주님이시니
주님께서 우리 가정의 주인이 되어 주소서.
주님을 온전히 신뢰함으로써 가정에 늘
평안이 넘쳐흐르기를 원합니다.
주님의 말씀은 우리 부부의 발의 등이요,
우리 부부가 가는 길에 빛이 되시니
말씀의 인도하심 따라 주님 안에서 살게 하소서.
우리 가족이 믿음으로 건강하게 하시고
건강한 삶으로 행복한 가정이 되게 하여 주소서.
우리 주 예수 그리스도 이름으로 기도합니다. 아멘!

사랑이 시작된 후 최대 행복은 자신의 사랑을 고백하는 것이다.
앙드레 지드

15 가정을 파괴하려는 궤계를 물리치게 하소서

모든 권세를 다 가지고 계시는 주님!
우리 부부를 사탄과 마귀의
세력으로부터 벗어나게 하소서.
가정을 파괴하려는 모든 세력을 물리치게 하소서.
현대 사회는 시시각각으로 변화에 변화를 거듭하오니
날마다 변화를 거듭하는 세상 속에서
오직 믿음으로 승리하는 삶을 살기를 원합니다.
우리 부부와 가정에 성령 충만함을 주사
우리를 속박하려는 모든
악한 세력들을 물리치게 하소서.
우리 부부가 기도함으로, 강하고 담대한 믿음으로
모든 영적인 싸움에서 예수 이름으로 승리하게 하시고
가정에 기쁨과 만족이 넘치게 하소서.
우리 가족을 어둠과 악의 세력으로부터 해방되게 하시고
주님의 사랑과 지식과 지혜로 넘치게 하소서.
주님께서 우리 가정을 보호하시고
우리 가정을 인도하심을 믿게 하소서.
우리가 강한 믿음으로 승리하기를
우리 주 예수 그리스도 이름으로 기도합니다. 아멘!

결혼 행진곡을 들으면 언제나 나는
싸움터로 향하는 군대의 행진곡을 상기한다. 하이네

잘못했을 때 사랑으로 충고하게 하소서

너희는 이 세대를 본받지 말고 오직 마음을 새롭게 함으로 변화를 받아
하나님의 선하시고 기뻐하시고 온전하신 뜻이 무엇인지 분별하도록 하라
로마서 12:2

가장 겸손한 모습으로 우리에게 다가오신 주님!
우리 부부에게 삶을 살아가는 데 필요한
지혜와 능력을 주시기를 원합니다.
의심의 씨앗은 회의를 낳고 상처를 만들 뿐이오니
서로가 서로에게 잘못을 했을 때
사랑하는 마음으로 애정 어린 충고를 하게 하소서.
잘못을 모른 척 숨기면 도리어 속았다는 생각 속에
신뢰감이 사라지오니 잘못을 바로 시인하고
바른 믿음 안에서 새롭게 정돈되게 하소서.
우리 부부가 중요한 결정을 내릴 때마다
주님의 말씀을 읽고 기도하기를 원합니다.
우리의 행동이 우리에게는 좋게 보일지라도
주님이 보시기에는 잘못된 경우도 있으니
주님께서 일깨워 주시고 인도하소서.
부부간에 잘못이 계속되면 절망감과
우울증이 유발될 수 있고 회의를 품게 되오니
분노의 원인을 찾아 제거하게 하소서.
우리 부부가 서로 신뢰하고 사랑하게 하소서.
우리 주 예수 그리스도 이름으로 기도합니다. 아멘!

사랑은 나 이외의 사람에 대한 행복을 위해서 발로된다.
인생의 허다한 모순을 해결할 길은 사랑뿐이다. 톨스토이

6 June
17 부모님께 감사하며 살게 하소서

자녀들아 주 안에서 너희 부모에게 순종하라 이것이 옳으니라
네 아버지와 어머니를 공경하라 이것은 약속이 있는 첫 계명이니
이로써 네가 잘되고 땅에서 장수하리라 에베소서 6:1-3

만복의 근원 되시는 주님!
우리 부부가 항상 부모님께 감사하며 살게 하소서.
우리를 낳으시고 길러 주신 분들을
더욱 사랑하고 공경하기를 원합니다.
부모님께 건강을 주시고 평안을 주시며
주님의 은혜와 사랑 속에 살아갈 수 있는
믿음과 소망도 주시기를 원합니다.
우리 부부가 주님의 사랑 안에서
진리를 따라 살아가게 하시기를 원합니다.
가족의 소중함을 더욱더 깨닫게 하시고
우리의 구원이 되시는 주님 안에서
모든 것을 행함으로써 가족이 화목하게 하시고
항상 가족들에게 사랑만이 넘치게 하시며
안정감 속에 주님의 평안을 누리게 하소서.
주님을 향한 믿음 속에 살기를 원합니다.
삶의 중심에 주님의 말씀을 두게 하시고
무엇을 하든지 예수 그리스도의 이름으로 하게 하시고
부모님께 주 안에서 순종하게 하시고
부모님이 무병장수하시기를 원합니다.
우리 주 예수 그리스도 이름으로 기도합니다. 아멘!

훌륭한 결혼이란 서로가 상대방을 자기의 고독에 대한
보호자로 임명하는 그런 결혼이다. 릴케

193 ★

6
J
une

18 이혼을 미리 예방하게 하소서

내가 너희에게 말하노니 누구든지 음행한 이유 외에
아내를 버리고 다른 데 장가드는 자는 간음함이니라 마태복음 19:9

만복의 근원이 되시는 주님!
사람들이 각기 제 길로 가기를 좋아하고
때로는 죄악 속에 살면서도 분간을 못 하여
불행의 수렁에 깊이 빠질 때가 있사오니
우리 부부도 잘 살펴 나가게 하시기를 원합니다.
이혼의 위기를 미리 예방하기를 원합니다.
결혼은 주님이 맺어 준 소중한 인연이오니
이 귀한 인연의 끈을 함부로 풀거나 도망쳐 버려
아픔과 고통 속에 빠져들지 않게 하소서.
조금만 더 이해하고 조금만 더 견디고 고치면
모든 것이 해결될 것을
썩어질 때까지 고집부리고 방황하는
어리석음에서 벗어나기를 원합니다.
우리 부부의 삶이 곁길로 나가지 않게 하시고
순간적인 충동이나 위기에 빠져들지 않게 하소서.
황혼이 다가올수록 견고한 신앙으로
아름다운 부부의 삶을 살기를 원합니다.
이 세상에 부부의 사랑보다 아름다운 사랑이 없으니
헛된 욕망과 불륜에 빠져들지 않게 하소서.
오직 한 사람만 사랑하게 하소서.
우리 주 예수 그리스도 이름으로 기도합니다. 아멘!

타인이 좋아할 아내를 얻지 말고 자기 취향에 알맞은 아내를 맞이하라. 루소

부부 사이의 성격 차이를 잘 극복하게 하소서

두 사람이 한 사람보다 나음은
그들이 수고함으로 좋은 상을 얻을 것임이라 전도서 4:9

우리의 성품 속에 함께하시는 주님!
사람마다 각기 얼굴이 다르듯이 성품도 다르니
우리 부부도 남자와 여자로서 성격 차이를
잘 극복하기를 원합니다.
결혼하여 부부가 되었다 할지라도
자라 온 환경도 다르며 성격도 다르고
배운 지식과 경험도 다르며 꿈과 비전과 이상도 다르니
부부의 사랑이 건강하여 가정을 이루어 가는 가운데
잘 조화되어 하나가 되기를 원합니다.
우리 부부가 부족함이 있거나
나약하거나 엉뚱하거나 고쳐야 할 부분들이 있다면
하나하나 남김없이 과감하게 고쳐 나가게 하소서.
자연도 산이 있고 들판이 있고 강도 있고 바다도 있어
모든 것이 잘 조화를 이루듯이
우리 부부 역시 갖가지 환경 속에서도 잘 조화되게 하소서.
살아가노라면 수많은 변화가 있으니
모든 것을 합력하여 선을 이루게 하소서.
이 세상에 성격이 똑같은 사람은 한 사람도 없으니
우리 부부가 성격 차이를 잘 극복하고
잘 조화된 부부의 삶을 아름답게 살기를 원합니다.
우리 주 예수 그리스도 이름으로 기도합니다. 아멘!

정열로 결혼한다 하더라도 정열은 결혼만큼 오래 지속되지 않는다. 유대 격언

6
20
J une

가정에 생명력이 넘치게 하여 주소서

여호와와 그의 능력을 구할지어다
항상 그의 얼굴을 찾을지어다 역대상 16:11

들판에 핀 한 송이 꽃도 사랑하시는 주님!
살아 있는 모든 것들이 생명력 있게 자라나듯이
우리 부부와 가정에 생명력이 넘치게 하소서.
믿음의 주님을 바라봄으로 믿음이 생명력 있어
선교에 동참하게 되기를 원합니다.
온 가족이 주님의 축복을 받아 물질을 통하여
불우한 이웃들에게 사랑을 베풀게 하시고
온 가족이 건강하여 가정에서나 교회에서
학교에서나 일터에서 어느 곳이나 필요한 곳에서
활력 있고 힘차게 살아가기를 원합니다.
우리 부부와 가족 모두가 주님을 사랑하게 하시고
주님을 향한 믿음이 자라나
모든 생활에 생명력이 넘치게 하소서.
정체된 상태로 머물러 있거나 침체되어 있으면
변화도 없고 생명력도 없으니 주님의 충만하심처럼
늘 강건하게 자라나는 가정이 되기를 원합니다.
우리 부부와 가족에게 주님의 사랑이
늘 강같이 흘러넘치기를 원합니다.
우리 가족을 사랑하시는 주님을 사랑합니다.
우리 주 예수 그리스도 이름으로 기도합니다. 아멘!

정다운 내 집이 없다면 온 세상은 커다란 감옥에 지나지 않는다. 카울리

책을 읽는 부부가 되게 하소서

우리의 삶을 읽고 계시는 주님!

독서는 글자 속으로의 여행이며

수많은 사람들이 경험과 체험을 통하여 써 놓은 글을

눈으로 읽고 마음으로 만나는 감동 넘치는 일이니

우리 부부가 책을 읽는 부부가 되기를 원합니다.

오늘의 시대는 다양한 변화를 일으키고 있으니

독서를 통하여 갖가지 체험을 하게 하시고

오늘의 시대에 잘 적응하여 살기를 원합니다.

우리 부부가 책을 정기적으로 구입하게 하시고

꾸준히 읽게 하소서.

주님의 말씀을 묵상하며 살아감으로써

믿음이 날로 성숙하기를 원합니다.

가정에 서재가 잘 마련되어 온 가족이 독서를

생활화하는 데 부족함이 없기를 원합니다.

책을 통하여 삶을 새롭게 변화시켜 나가게 하시고

주님의 말씀을 통하여 희망을 갖게 하여 주사

삶에 기쁨이 넘치게 하소서.

우리 부부가 언제나 마음으로 책을 읽게 하시고

삶 속에 나타내기를 원합니다.

우리 주 예수 그리스도 이름으로 기도합니다. 아멘!

아무리 화려한 궁전이라도 초라한 내 집만 한 곳은 없다. 페인

22 | 우리의 마음을 잘 다스리게 하소서

누추함과 어리석은 말이나 희롱의 말이 마땅치 아니하니
오히려 감사하는 말을 하라 에베소서 5:4

우리를 모든 근심에서 벗어나게 하시는 주님!
우리 부부를 흑암의 권세로부터 해방시켜 주셔서
구원받게 하시니 감사드립니다.
우리가 마음을 잘 관리함으로써 감사가 늘 풍성하게 하소서.
주님을 기도의 골방에서 은밀히 만나게 하시고
주님과 교제하는 시간을 즐거워하게 하소서.
주님께서 세상을 바라보며 아름답게 느끼라고 주신
우리의 눈으로 주 안의 지체를 함부로 판단하여
마음에 상처를 주지 않게 하소서.
천국은 우리의 마음속에 있으니
우리의 마음을 잘 다스리게 하시고
주님의 성품을 닮아 가게 하소서.
우리 부부가 욕심을 앞세워 왔던 일들이 있으면
모두 다 용서하시기를 원합니다.
우리 부부에게 이웃을 먼저 생각하고
배려하는 마음을 주시기를 원합니다.
우리 부부의 마음이 주님의 생명의 복음을 전하는
믿음의 도구로 사용되게 하시기를 원합니다.
날마다의 삶 속에서 영광을 돌리게 하소서.
우리 주 예수 그리스도 이름으로 기도합니다. 아멘!

결코 폭력으로 결혼을 시작해서는 안 된다. 발자크

건강을 잘 유지하게 하소서

6
J
une

23

내가 산을 향하여 눈을 들리라 나의 도움이 어디서 올까
나의 도움은 천지를 지으신 여호와에게서로다 시편 121:1-2

우리에게 은혜를 부어 주시는 주님!
우리 부부의 몸도 마음도 신앙도 언제나
건강을 잘 유지하기를 원합니다.
우리 마음속에 시시때때로 찾아오는
미움과 원한 그리고 질투와 같은 마음의 병을
주님 앞에 쏟아 놓고 용서를 구하게 하소서.
마음에 병이 있으면 육신에 병이 찾아오게 되오니
용서와 사랑과 평안 속에 살기를 원합니다.
삶이 너무나 바쁘고 분주하면 쉬지 못하여
병이 찾아오게 되오니 쉼과 안식을 갖고
조용히 말씀을 묵상하며 주님과 가까이하게 하소서.
삶에 어려운 일이 찾아올 때에 건강을 잃을 때가 있으니
혼자의 힘으로 이겨 내려다 쓰러지지 않도록
주님께 의지하여 힘을 얻게 하소서.
우리 부부가 신앙생활을 바로 함으로써 건강하게 하시고
주님께서 원하시는 삶을 살아가게 하셔서
주님이 주시는 은혜와 사랑 속에
영육이 강건하기를 원합니다.
우리 부부가 날마다 주님과 동행하는 삶을 살게 하소서.
우리 주 예수 그리스도 이름으로 기도합니다. 아멘!

고독한 것이 두렵다면 결혼을 하지 말라. 체호프

아름다운 사귐 속에 살아가게 하소서

내게 이르시되 인자야 내가 네게 주는 이 두루마리를
네 배에 넣으며 네 창자에 채우라 하시기에 내가 먹으니
그것이 내 입에서 달기가 꿀 같더라 에스겔 3:3

우리에게 만남을 허락해 주시는 주님!
주님의 은혜 속에 우리 부부에게 사랑을 주시고
행복한 가정을 주심에 감사드립니다.
우리 부부가 공동체 속에서 아름다운 사귐 속에
서로 도우며 살아가기를 원합니다.
우리 부부가 다른 사람을 사랑할 용기가 나지 않을 때에도
우리의 죄악을 다 도말하사 용서하신 주님처럼
사랑할 수 있는 힘과 용기를 허락하시기를 원합니다.
우리 부부가 주님께서 활짝 열어 놓으신
구원의 길로 나아가 사랑 속에 살기를 원합니다.
맡겨진 일을 기쁨으로 이루어 감으로써
다른 이들에게도 도전할 수 있는 동기를 부여하게 하소서.
우리 부부가 이 시대의 흐름에 따르기보다는
자신의 부족함과 잘못을 인식하고 개선하는 일에
앞장서는 성도다운 삶을 살게 하소서.
우리 부부가 끊임없이 주님을 향한
믿음의 열정을 갖게 하시고
주변 사람들과 아름다운 사귐을 통하여
주님의 사랑을 전하고 주님의 사랑을 느끼게 하소서.
우리 주 예수 그리스도 이름으로 기도합니다. 아멘!

진짜 행복은 아주 싼데도 우리는 행복의 모조품에 참으로 많은 대가를 지불
한다. 말로

25 작은 것부터 관심을 보이게 하소서

그러나 자족하는 마음이 있으면
경건은 큰 이익이 되느니라 디모데전서 6:6

전능하시고 위대하신 하나님!
모든 만물을 헤아리시고 보살펴 주시는
하나님의 사랑을 알았으니
우리 부부도 너무 거대한 목표에만 매달리기보다는
아주 작은 것부터 관심을 보이게 하소서.
작은 힘들이 모여서 커다란 힘을 만드오니
모든 것들을 소중하게 여기기를 원합니다.
세상이 크고 거대한 것들만 대단한 것처럼 여길 때
우리도 어느 사이에 동일한 착각을 하며 살 때가 있으나
주님 앞에 바로 서서 우리에게 진정 소중한 것이 무엇인가
깨닫게 하셔서 주님의 사랑에 감사하게 하소서.
우리 부부가 세상 가치관의 노예가 되어
끊임없이 자학하는 불행한 삶을 살지 않게 하시고
주님의 능력으로 진정한 가치를 발견하게 하소서.
우리 부부에게 주님을 알고자 하는 열심을 주사
믿음으로 살아가기를 원합니다.
주님께서 우리에게 소망을 주시고 함께하시니
연약하거나 낙심하지 말게 하시고
주님의 크신 능력을 의지하며 작은 것들부터
사랑하는 마음을 갖게 하소서.
우리 주 예수 그리스도 이름으로 기도합니다. 아멘!

젊은이는 희망에 살고 노인은 추억에 산다. 프랑스 격언

경건을 연습하게 하소서

오직 우리 주 곧 구주 예수 그리스도의 은혜와
그를 아는 지식에서 자라 가라
영광이 이제와 영원한 날까지 그에게 있을지어다 베드로후서 3:18

우리의 영혼을 새롭게 하시는 주님!
예수 그리스도 주님 안에서 새 생명을 주셨으니
우리 부부가 믿음 안에서
날마다 경건을 연습하게 하소서.
육신을 따라 살지 않게 하시고
성령의 인도하심 따라
믿음이 반석 위에 서게 하소서.
우리 부부가 주님을 사랑함으로
날마다 소망 가운데 살기를 원합니다.
우리 부부가 악은 모양이라도 버리게 하시고
예수 그리스도로 옷 입기를 원합니다.
주님의 말씀에 따라 살게 하시고
우리 부부가 믿음의 선한 열매를 맺으며
주님의 은혜를 의심하지 않고
따르기를 원합니다.
항상 믿음 생활 속에서
악을 떠나 주님이 원하시는 삶을 살게 하시고
삶이 곧 예배가 되게 하소서.
주님의 거룩하신 삶을 본받아
성령의 인도하심 따라 살기를 원합니다.
우리 주 예수 그리스도 이름으로 기도합니다. 아멘!

결혼의 쇠사슬은 대단히 무겁다. 때로는 남녀 두 사람뿐만 아니라
아이들까지도 함께 나르지 않으면 안 된다. 유대 격언

27

참사랑이 충만한 부부가 되게 하여 주소서

오직 그만이 나의 반석이시요 나의 구원이시요
나의 요새이시니 내가 크게 흔들리지 아니하리로다 시편 62:2

우리에게 사모하는 마음을 주시는 주님!
사랑의 고귀함을 십자가의 사랑으로 표현하는
참사랑이 충만한 부부가 되게 하소서.
주님의 사랑이 항상 강같이 흘러넘치오니
그 사랑의 힘으로 모든 어려움을 이겨 내게 하소서.
예수 그리스도를 영접하여 주님의 자녀가 되었으니
믿음과 사랑 안에서 살게 하여 주소서.
우리 부부가 자신의 이익만을 원하는
악독한 마음에서 떠나서 이웃을 돌아보는
주님의 참사랑의 마음을 갖게 하소서.
우리 부부에게 두려움이 있다면
믿음으로 이겨 내게 하시고
언제나 순수하게 사람들을 사랑하며 살게 하소서.
우리 부부가 서로 아무런 거짓이 없이
순수하게 참사랑으로 사랑하게 하소서.
우리의 삶의 길을 주님께 맡기게 하시고
주님께 나아감으로써
사랑이 더욱더 풍성하기를 원합니다.
우리의 가족과 이웃들에게 아낌없이 사랑을 나누며
사랑을 실천하기를 원합니다.
우리 주 예수 그리스도 이름으로 기도합니다. 아멘!

아내를 택하는 것은 전쟁과 비슷하다.
일단 실패하면 모든 것이 돌이킬 수 없게 된다. 토머스 미들턴

28

함께 식사하는 시간을 자주 만들게 하소서

내가 여호와께 아뢰되 주는 나의 주님이시오니
주밖에는 나의 복이 없다 하였나이다 시편 16:2

우리에게 천국의 소망을 주시는 주님!
일이 아무리 바쁘고 눈코 뜰 새가 없고
분주한 나날이 계속되더라도
우리 부부가 식사를 같이 할 수 있는
시간을 자주 만들기를 원합니다.
식사를 나누면서 웃고 함께 떠들면
기분도 상쾌해지고 서로 가까움을 알게 되오니
바쁠 때일수록 자주 함께하는 시간을 만들게 하소서.
사랑할 시간을 만들지 못하면
갖가지 어려움이 틈탈 수 있으니
늘 함께할 수 있는 마음의 여유를 갖게 하소서.
우리 부부가 사랑의 가치를 깨닫게 하시고
부부의 삶을 더욱더 풍요롭게 만들어 가게 하소서.
주님께서 우리 부부에게 일생토록 갚아도
다 갚을 수 없는 사랑을 베풀어 주셨으니
그 크신 사랑 가운데 살기를 원합니다.
우리 부부가 주 안에서 믿음과 말씀과 경건으로
주님을 점점 더 닮아 가게 하소서.
함께할 수 있는 시간의 소중함을 알게 하사
우리 부부의 사랑도 날마다 커 가게 하소서.
우리 주 예수 그리스도 이름으로 기도합니다. 아멘!

인생을 사는 이상 인생에 깊이 파고들지 않는 자는 불행하다. 아리지마 다케오

29 봉사를 통하여 사랑을 배우게 하소서

그러므로 피곤한 손과 연약한 무릎을 일으켜 세우고
너희 발을 위하여 곧은 길을 만들어 저는 다리로 하여금
어그러지지 않고 고침을 받게 하라 히브리서 12:12-13

우리에게 친밀하게 다가오시는 주님!
우리 부부가 봉사를 통하여 사랑을 배우게 하시고
말씀을 통하여 주님을 더 가까이 알게 하소서.
우리가 항상 주님의 뜻에 합당하게 살게 하소서.
우리를 늘 새롭게 하셔서
이웃들에게 사랑을 나누게 하소서.
혼자만의 행복보다 주님을 따라 의와 진리와
거룩함으로 살아가기를 원합니다.
우리에게 성령 충만함을 주셔서
주님이 우리 안에 함께하심을 믿게 하시고
찬양하며 경배하게 하소서.
주님의 사랑을 다른 사람들과 나누게 하시고
우리의 상처와 증오를 주님 앞에 내어놓게 하시며
이웃들의 아픔과 고통과 절망을 돌아보기를 원합니다.
우리 부부에게도 사랑의 마음을 주사
사랑과 용서와 소망으로 가득하게 하소서.
주님의 사랑을 우리의 마음에 가득 채우게 하시고
이웃들에게 사랑과 봉사를 하지 않고는
살아갈 수 없도록 사랑의 마음을 부어 주소서.
우리 주 예수 그리스도 이름으로 기도합니다. 아멘!

세상에는 나를 사랑하는 친구, 나를 망하게 하는 친구,
나를 미워하는 세 종류의 친구가 있다. 상폴

우리의 마음을 잘 관리하게 하소서

마음의 즐거움은 얼굴을 빛나게 하여도
마음의 근심은 심령을 상하게 하느니라 잠언 15:13

마음이 온유하고 겸손하신 주님!
말씀을 통하여 우리 부부의 모습을 발견하게 하시고
내일의 소망을 갖게 하시기를 원합니다.
마음을 잘 관리하게 하소서.
우리 부부에게 죄와 유혹이 다가올 때
그 모든 것을 피해 갈 수 있는 믿음 속에
지혜와 용기가 충만하기를 원합니다.
우리의 눈에 씌워진 욕심의 안대를 벗어 버리고
믿음의 선명한 눈으로 주님을 바라보게 하소서.
우리 부부가 살아가며
신앙생활에서 멀어지려 할 때마다
성령의 불로 심령을 뜨겁게 하셔서
우리의 심령을 말씀으로 뜨겁게 타오르게 하소서.
우리 부부가 주님께 합당한 도구로 쓰임을 받도록
겸손해지고 낮아지기를 원합니다.
분을 품어도 해가 지도록 가지고 있지 않게 하시고
용서와 사랑의 마음이 가득하게 하시기를 원합니다.
우리 부부가 항상 주님을 구주로 고백하며 살게 하소서.
우리 주 예수 그리스도 이름으로 기도합니다. 아멘!

눈물을 흘리면서 빵을 먹어 보지 못한 사람은 인생의 참맛을 모른다. 괴테

7

JULY

갈등과 분노를 성숙으로
바꾸어 가게 하소서

행복을 느낄 수 있다는 것은

삶이란
바다에 잔잔한 파도가
치고 있다는 것이다

사랑하는 사람과 함께할 수 있어
낭만이 흐르고 음악이 흐르는 곳에서
서로의 눈빛을 통하며
함께 커피를 마실 수 있고

흐르는 계절을 따라
사랑의 거리를 정답게 걸으며
하고픈 이야기를 정답게
나눌 수 있다는 것이다

사랑하는 사람과 한집에 살아
신발을 나란히 놓을 수 있으며
마주 바라보며 식사를 할 수 있고
잠자리를 함께하며
편안히 눕고 깨어날 수 있다는 것이다

서로를 소유할 수 있으며
서로가 원하는 것을 나누며
함께 꿈을 이루어 가며
기쁨과 웃음과 사랑이
충만하다는 것이다

행복을 느낄 수 있다는 것은
보이지 않는 삶의 울타리 안에
평안함이 가득하다는 것이다

삶이란
들판에 거세지 않게
가슴을 잔잔히 흔들어 놓는
바람이 불고 있다는 것이다

날마다 소망 속에 살게 하소서

나는 의로운 중에 주의 얼굴을 뵈오리니
깰 때에 주의 형상으로 만족하리이다 시편 17:15

우리 주님과 동행하시기를 원하시는 주님!
이스라엘 백성을 애굽에서 가나안 땅으로 인도하셨듯
우리 부부를 절망이 가득한 세상에서
빛으로 인도하시기를 원합니다.
우리 부부가 주 안에서 날마다 소망 속에 살기를 원합니다.
세상의 험난하고 거센 파도와 성난 물결을 겁내지 않고
두려움 없이 모든 삶을 주님께 맡기게 하시고
소망을 향하여 전진에 전진을 더하는 믿음을 주소서.
우리의 삶이 아무리 힘들지라도
늘 깨어 있어 주님을 소망 중에 바라보게 하소서.
우리 부부가 때로는 실족하여 헤어나지 못할 위기에
처할지라도 그냥 버려두지 마시고
주님의 손길로 인도하여 주소서.
주님만이 우리의 소망이시니 주님의 음성을 듣고
날마다 주님의 인도하심 따라 살기를 원합니다.
우리 부부에게 주님께서 원하심이 무엇인지를
알게 하시고 순종할 수 있는 절대적인 믿음을 주소서.
우리 부부의 기도에 응답하시고
때를 따라 은혜를 주심으로 부족함이 없게 하소서.
우리 주 예수 그리스도 이름으로 기도합니다. 아멘!

집을 따뜻하게 해 주는 것은 뜨거운 난로보다
오히려 부부 사이의 깊은 이해이다. 마다가스카르 속담

신혼의 마음을 늘 갖게 하소서

경우에 합당한 말은 아로새긴 은 쟁반에 금 사과니라
잠언 25:11

사랑의 소중함을 알게 하시는 주님!
우리 부부가 사랑의 눈을 떠 서로를 아름답게 바라보고
마음속으로 설레며 그토록 사랑했던 날들,
신혼의 마음을 늘 갖고 살아가기를 원합니다.
세월이 지나갈수록 부부의 사랑이 새록새록 더 가까워지고
늘 하나 된 마음으로 주님을 섬기게 하소서.
가정을 따뜻하고 평안한 사랑의 보금자리로 만들게 하소서.
우리 부부의 사랑이 퇴색되지 않게 하시고
젊은 날부터 황혼까지 죽음이 찾아와 갈라놓을 때까지
사랑의 띠로 하나가 되게 하소서.
이 세상에서 성공을 하고 부귀영화를 더 얻어도
부부가 행복하지 못하고 가정이 평안하지 못하면
아무런 소용이 없으니
오직 사랑으로 풍성하고 충만하게 하소서.
언제나 주와 함께 동행하는 기쁨을 주시고
주님께서 우리를 변치 않는 사랑으로 돌보심처럼
우리 부부도 늘 신혼의 마음으로
서로 잘 보살피며 사랑으로 하나 되길 원합니다.
우리 주 예수 그리스도 이름으로 기도합니다. 아멘!

진정하게 맺어져 있는 부부는 젊음의 상실도 이미 불행이 아니다.
동시에 나이를 먹는 즐거움이 괴로움을 잊게 해 준다. 앙드레 모루아

7
3

uly

삶에 사랑의 꽃이 피게 하소서

주린 자에게 네 심정이 동하며 괴로워하는 자의 심정을 만족하게 하면
네 빛이 흑암 중에서 떠올라 네 어둠이 낮과 같이 될 것이며 이사야 58:10

산과 들과 우리의 마음에 꽃피워 주시는 주님!
이 세상에 수많은 꽃들이 계절마다 피어나
그 아름다운 자태를 뽐내며 자랑하지만
주님의 구원의 손길로 우리 마음에 피어나는
사랑 꽃보다 아름다운 꽃은 없으니
우리 부부의 마음과 삶에
사랑의 꽃이 날마다 피게 하소서.
하나님의 사랑이 우리의 마음에 충만하여
사랑 안에서 행하게 하소서.
악을 악으로 갚지 말게 하시고
우리의 마음에 착한 일을 시작하신 주님께서
주님의 날에 완성시켜 주시기를 원합니다.
불의를 기뻐하지 않게 하시고 오직 사랑으로
진리 안에서 주님의 사랑을 나누게 하소서.
우리에게 주신 소망을 마음 판에 새기게 하시고
그 소망을 이루어 가게 하소서.
우리를 괴롭히는 사람에게도 사랑의 마음으로 대하게 하사
사랑을 완성하게 하소서.
주님의 사랑이 날마다 뿌리내리게 하시고
주님의 사랑에서 떨어지지 않게 하소서.
우리 주 예수 그리스도 이름으로 기도합니다. 아멘!

부부 사이의 협조는 거문고와 비파의 합주와 비슷하다. 중국 속담

211

7
4
july
J

마음이 산만해지지 않게 하소서

인내를 온전히 이루라 이는 너희로 온전하고 구비하여
조금도 부족함이 없게 하려 함이라 야고보서 1:4

마음이 상한 자에게 다가오시는 주님!

우리 부부의 마음이 아플 때마다 위로해 주시고

말씀해 주시고 치료해 주시는 주님께 감사드립니다.

날로 복잡해지는 사회 속에서

우리 부부의 마음이 산만해지지 않게 하소서.

주님의 삶의 모습을 닮아 잘 구별하게 하시고

잘 정돈된 삶을 살기를 원합니다.

세상이 우리를 괴롭힐 때

주변 사람들이 냉담하거나 적대감을 가질 때

마음이 흔들려 우리 부부 사이에

장애물이 되지 않게 하소서.

세속의 화려함에 연민을 갖지 않게 하시고

구원하신 주님을 믿는 믿음이 강하게 하소서.

세상이 변함에 따라 마음이 흔들리면

모든 것이 수포로 돌아가오니 우리 부부에게

정한 마음을 주셔서 주님을 바라보며 살게 하소서.

우리가 힘들고 지칠 때마다 주님께서 주시는

안식과 쉼으로 평안을 찾게 하시고

온전한 믿음으로 이 거친 세상을 온전히 살아가게 하소서.

우리 주 예수 그리스도 이름으로 기도합니다. 아멘!

쉽게 말해 부부란 쇠사슬로 묶인 도형수이다.
따라서 부부는 발을 맞추고 걷지 않으면 안 된다. 막심 고리키

파티나 모임에 동석하게 하소서

내가 전심으로 여호와께 감사하오며
주의 모든 기이한 일들을 전하리이다 시편 9:1

우리에게 사랑을 공급해 주시는 주님!
우리의 삶은 만남 속에 이루어지오니
우리 부부가 파티나 모임에 즐거운 마음과
기쁜 마음으로 참석하게 하소서.
사람을 만날 때에 옷이나 액세서리를
지나치게 치장하여 남에게 너무나 많이 드러나거나
화려하지 않게 하시고 늘 겸손하게
주 안의 사랑으로 만나게 하여 주소서.
만나는 사람들 속에 잔잔한 감동이 흐르게 하시고
기회가 있을 때마다 복음을 전하여서
그들이 어둠에서 벗어나 빛을 만나게 되길 원합니다.
그들이 사탄의 권세로부터 벗어나 주님 안에 거하게 하시고
우리 부부가 만나는 사람들에게 진실하게 대하고
사랑과 나눔을 베풀어 그들의 기억에 남게 하소서.
언제 어디서나 다시 만날 때 반갑게 하시기를 원합니다.
우리 부부와 관계있는 모든 이들에게
주님의 평안과 위로하심이 항상 함께하시기를 원합니다.
주님이 보시기에 아름답고 정결한 모임에 참석하게 하시고
불의한 모임에서는 떠나게 하사
바른 성도의 삶을 살아가게 하소서.
우리 주 예수 그리스도 이름으로 기도합니다. 아멘!

부부나 연인끼리의 문제에는 절대로 말참견하지 말라. 거기에는 세상이 알지
못하는, 두 사람밖에 알지 못하는 무엇인가가 있는 것이다. 도스토예프스키

잠재력을 최대한 활용하게 하소서

생명의 말씀을 밝혀 나의 달음질이 헛되지 아니하고
수고도 헛되지 아니함으로 그리스도의 날에
내가 자랑할 것이 있게 하려 함이라 빌립보서 2:16

우리에게 달란트를 주시는 주님!
모든 사람에게 재능을 주시고 능력을 주시는 주님께서
우리 부부가 우리에게 숨어 있던 능력을
마음껏 발휘하며 살게 하여 주소서.
우리 부부가 주님의 인도하심을 받는 자녀가 되게 하시고
주님의 섭리를 따르는 자녀가 되게 하소서.
우리에게 능력을 주셨으니 그 능력으로
열매를 맺게 하사 주님께 칭찬받는 삶을 살게 하소서.
우리 부부가 살아가며 무능력에 빠지지 않게 하시고
늘 활기차고 씩씩하게 일하여 좋은 결과를 만들게 하소서.
주님은 위대하시고 강하시니 주님의 손길 안에서
허락하신 달란트에 남김이 있는 삶을 살게 하소서.
우리 부부가 거듭난 믿음으로
흔들림 없이 확고한 소망으로
주님께 찬송과 영광을 돌리기를 원합니다.
우리가 주님께서 주시는 지혜와 능력 속에 살게 하시고
날마다 보람 속에, 기쁨 속에 살게 하소서.
우리 부부가 노력하여 얻은 소득에도
선한 청지기가 되어 축복을 잘 나누며 살기를
우리 주 예수 그리스도 이름으로 기도합니다. 아멘!

가능한 한 일찍 결혼하는 것은 여자의 비즈니스이고
가능한 한 늦게까지 결혼하지 않고 있는 것은 남자의 비즈니스다. 버나드 쇼

미소를 잃지 않게 하소서

너희 마음을 굳건하게 하시고 우리 주 예수께서 그의 모든 성도와 함께
강림하실 때에 하나님 우리 아버지 앞에서 거룩함에 흠이 없게
하시기를 원하노라 데살로니가전서 3:13

우리에게 기쁨을 주시는 주님!

미소는 진실이 있고 사랑이 있으며

마음을 밝게 해 주는 등불과 같으니

우리 부부도 미소를 잃지 않고 살게 하소서.

웃고 있는 모습을 보고 있으면 같이 행복해지오니

웃음으로 자신은 물론 주변 사람도 행복하게 하소서.

웃음이 없는 세상은 삭막하고 썰렁하오니

항상 잔잔한 미소와 함께 행복이 넘치게 하소서.

웃음을 웃을 때는 아무런 재료가 필요 없으니

주님이 주시는 평안 속에 늘 기뻐하며 감사하게 하소서.

웃음 속에 기쁨이 넘치게 하시고

마음을 부드럽게 함으로써 서로 평안하게 대하게 하소서.

웃음으로 우울함을 떨쳐 버리게 하시고

일이 잘되지 않을 때에도 웃음으로 여유를 갖게 하소서.

주 안에서 기뻐함이 우리의 사명이오니

주님께서 인도하시고 펼쳐 주실 일들을 기대하며

날마다 소망 가운데서 기쁨이 넘치게 하여 주소서.

주님께서 우리를 구원하신 사랑에 기뻐하게 하소서.

우리 주 예수 그리스도 이름으로 기도합니다. 아멘!

행복한 결혼이 적은 이유는 부인들이 그물을 만드는 데 바빠서
바구니를 만드는 노력을 하지 않기 때문이다. 스위프트

7
J
uly

부부가 서로 미워하지 않게 하소서

여호와께 그의 이름에 합당한 영광을 돌리며
거룩한 옷을 입고 여호와께 예배할지어다 시편 29:2

우리의 행함을 다하시는 주님!

우리의 삶 속에는 낙심할 일이 많고

근심과 걱정이 끊이지 않고

수많은 걱정이 파도처럼 몰려와

걷잡을 수 없이 괴롭힐 때도 있으나

우리 부부가 서로 미워하지 않게 하소서.

평안해야 할 삶을 갈등의 계곡으로 몰아넣지 않게 하시고

갈수록 치열해져만 가는 생존경쟁 속에서

소망을 갖고 살아가기를 원합니다.

우리 부부가 내일을 향하여 도전하게 하시고

온갖 감정이 교차되는 삶 속에서

우리 부부 사이에 곰팡이가 피지 않게 하소서.

주님의 능력과 사랑을 체험하며 살게 하시고

우리 부부가 어려움을 당할 때에도

주님의 마음을 알고 따름으로써 더 가까이 다가가게 하소서.

시련과 고통 속에서도 말씀 안에서 순종하게 하셔서

우리 부부의 삶 속에서 주님의 영광을 나타내게 하소서.

주님 안에서 기쁨으로 살고

사랑으로 풍성한 삶을 살게 하소서.

우리 주 예수 그리스도 이름으로 기도합니다. 아멘!

절대로 사랑이 없는 결혼보다도 더 나쁜 것이 하나 있다.
그것은 사랑은 있지만 한쪽 사람에게만 있는 결혼이다. 오스카 와일드

비난하지 않게 하소서

우리의 소망이신 주님!
우리의 삶을 곰곰이 생각해 보면 모두가
주님의 은혜 속에 인도하심입니다.
우리 부부가 서로 비난하지 않게 하소서.
우리에게 다가오는 많은 일을 하다 보면
마음이 황폐해지고 거칠어져서 서로를 이해하고
관용하기보다는 먼저 헤아려 주기를 바랄 때가 있으니
넓은 마음을 가지고 서로를 용납하며 살게 하소서.
마음속에 일어나는 비난이 사라지고
기쁨 속에 칭찬이 많아져서 삶이 행복하게 하소서.
잘 살펴보면 우리는 모두 다 실수뿐이고 부족함뿐이오니
잘난 척이나 뽐냄으로 사람들의 마음에
상처를 남기지 않게 하소서.
바른 신앙으로 우리 부부의 모든 삶이 주님의 발자취를
따르게 하시고 선한 양심으로 살기를 원합니다.
우리의 마음이 세상에 찢기고 고난당할 때에도
주님 안에서 참평안과 안식을 얻게 하소서.
우리 부부의 마음을 착하고 선하게 하사
시기와 질투와 미움이 사라지게 하시고
서로를 축복해 주는 마음이 풍성하기를
우리 주 예수 그리스도 이름으로 기도합니다. 아멘!

결혼은 일체의 것을 삼키는 요물과 부단히 싸우지 않으면 안 된다.
그 요물이란 습관을 말한다. 발자크

칭찬과 비난을 잘 받아들이게 하소서

오직 여호와의 율법을 즐거워하여 그의 율법을 주야로 묵상하는도다
그는 시냇가에 심은 나무가 철을 따라 열매를 맺으며 그 잎사귀가
마르지 아니함 같으니 그가 하는 모든 일이 다 형통하리로다 시편 1:2-3

만복의 근원이 되시는 주님!
우리 부부의 마음을 주님의 사랑으로 가득하게 하사
때때로 화살처럼 날아오는 비난이나
햇살처럼 쏟아지는 칭찬을 잘 받아들이게 하여 주소서.
우리가 살아가는 날 동안 수많은 기회들을 만나는데
감정에 사로잡혀서 그 기회들을 잃는 일이 없게 하시고
어떤 경우라도 잘 이겨 내고 잘 견디게 하여서
삶을 개척하듯이 이루고자 하는 꿈을 이루게 하소서.
어려운 일을 당할 때 걱정만 하거나
방법을 찾지 못해 방황하지 말게 하시고
잘 대처해 나가기를 원합니다.
어려움이 도리어 비약하는 데 도움이 될 때가 있으니
절망하지 않고 모든 것들을 잘 수용해 나가게 하소서.
남을 증오하는 감정은 마음에 주름살을 만드오니
얼굴을 펴고 웃으며 대할 수 있는 여유를 주소서.
모든 고통도 지나고 보면 다 짧은 순간이오니
어떤 마음의 상처도 이겨 내게 하시고
도도히 흐르는 강물처럼 소원의 항구로 흘러내리게 하소서.
주님께서 우리 부부의 마음을 항상 안정시켜 주시고
모든 것을 함께할 수 있는 마음의 여유를 주소서.
우리 주 예수 그리스도 이름으로 기도합니다. 아멘!

20대의 사랑은 환상이다. 30대의 사랑은 바람기다.
40대에 이르고서야 비로소 참된 플라토닉 사랑을 알게 된다. 괴테

우리 부부의 마음이 평안하게 하소서

질병을 치유하시는 주님!
우리가 주님 앞에 가까이 나아갈 때
세상적인 모든 욕심에서 떠나 있을 때
마음속에 잔잔한 평화가
물결치게 하심을 감사드립니다.
주님께서 우리 부부의 마음에 평안을 주시기를 원합니다.
행복은 우리가 희망을 가질 때 이루어지오니
주님께서 우리의 희망이 되어 주셔서
우리 마음에 참평안을 누리게 하소서.
우리가 일하지 않고 공짜를 원하거나 욕심을 부릴 때
마음에 평안이 사라지고 괴로움이 찾아오니
우리가 불평과 짜증 없이 최선을 다하게 하소서.
우리가 땀 흘려 얻은 소득과 열매로 기뻐하게 하소서.
평안과 축복이 노력하는 사람에게 찾아오니
주님께서 우리 부부를 인도하시기를 원합니다.
우리 부부가 좋은 나무로 좋은 열매를 맺게 하소서.
주님을 향한 믿음의 바른 태도를 잃지 않게 하시고
좌절을 도리어 디딤돌로 삼게 하여 주셔서
언제나 평안과 기쁨을 주시기를 원합니다.
우리 주 예수 그리스도 이름으로 기도합니다. 아멘!

연애는 쾌락을 목적으로 삼는 데 반해
결혼이라는 것은 인생 자체를 목적으로 삼는다. 발자크

소유 때문에 다투지 않게 하소서

7 12 July

너희가 즐겨 순종하면
땅의 아름다운 소산을 먹을 것이요 이사야 1:19

천지 만물을 창조하시고 운행하시는 하나님!
우리의 믿음을 새롭게 변화시켜 주셔서
소유 때문에 다투지 않게 하소서.
주 안에서 화평이 넘치게 하시고 흔들리지 않게 하사
평강 위에 평강을 더하소서.
물질이 사랑을 주는 것도 아니고 평안을 주는 것도 아니니
주님께 믿음을 상속받게 하사 우리의 마음을
물질이 아니라 주님의 사랑으로
가득 채워 주시기를 원합니다.
우리 부부가 주님 안에서
평안과 인생의 바른 목적을 찾게 하시고
주님의 선한 계획을 믿을 때
어떤 어려움도 극복하게 하소서.
우리 부부에게 물질에 대한 소유욕과 욕심이 솟구칠 때
십자가의 사랑을 바라보게 하소서.
물질을 잃으면 다시 회복할 수 있지만
사랑을 잃으면 다시 회복할 수 없음을 알게 하소서.
다 쥐었다 하여도 결국엔 다 놓아 버려야 하는
물질만 사랑하기보다는 사람을 사랑하게 하소서.
우리 주 예수 그리스도 이름으로 기도합니다. 아멘!

기혼자와 독신자의 구별은 제본된 책과 가제본된 책의 차이와 같은 것이다.
쥘 르나르

취미 생활에 기쁨을 주소서

여호와께서 내게 도움이 되지 아니하셨더면
내 영혼이 벌써 침묵 속에 잠겼으리로다 시편 94:17

우리 삶의 주인이 되시는 주님!
주님의 인자하심과 성실하심이
우리 부부를 항상 인도하심을 감사드립니다.
사람마다 각각 좋아하는 것이 다르고
즐거워하는 것이 다르니
우리 부부의 취미 생활을 통하여
삶에 즐거움과 기쁨이 있기를 원합니다.
독서를 하거나 꽃꽂이를 하거나 무엇인가를 수집하거나
서로 좋아하는 것을 반대하지 않고
취미 생활을 통하여
가정에 애정과 활력을 불어넣게 하소서.
우리 부부가 마음으로 상대방을 받아들임으로써
가정이 감옥이 아니라 사랑과 평화의 장소가 될 수 있도록
서로 노력하고 이해하며 가꾸고 꾸며서
잘 조화시켜 가게 하소서.
부부는 서로 조화를 잘 이루어야 하오니
서로의 마음을 잘 읽어 내게 하소서.
우리 부부가 소망의 닻을 주님께 내리게 하시고
늘 진실하고 항상 성실하게 살아가게 하소서.
우리 주 예수 그리스도 이름으로 기도합니다. 아멘!

사람은 적령기에 결혼해야 한다. 그 이유는 그보다 어리거나 나이가 많으면
너무 많은 것을 생각하기 때문이다. 〈캔터베리 이야기〉

★

삶을 즐기면서 일하게 하소서

우리의 소망이 되시는 주님!
우리의 마음을 어떻게 관리하느냐에 따라
삶이 달라지오니 즐기면서 일하게 하소서.
우리 부부가 마음의 훈련을 잘하게 하셔서
웬만한 시련과 상처에는 흔들리지 않게 하소서.
우리 부부가 삶 속에서 일어나는 고난과 이별
고통과 절망에 굴하지 않고
오뚝이처럼 일어나 다시 도전하게 하소서.
우리 가정이 검소하고 복된 가정이 되게 하소서.
순결한 마음으로 주님을 닮아 가게 하시고
예수 그리스도를 주인으로 모시고
기쁘고 즐겁게 소망을 갖고 살게 하소서.
가정 예배로 주님이 주시는 기쁨을 얻게 하시고
영혼을 새롭게 가꾸어 가게 하소서.
사랑은 생명의 본질이오니 주님의 사랑 속에
기뻐하며 살기를 원합니다.
우리 부부가 서로에게 관심을 가짐으로써
서로가 소중함을 알게 하시고
주 안에서 기쁨으로 살게 하소서.
우리 주 예수 그리스도 이름으로 기도합니다. 아멘!

불행한 결혼의 절반은 당사자 중의 어느 한쪽이
연민의 마음으로 결정한 결혼이다. 몬테를랑

가슴 뛰는 감동을 만들게 하소서

하나님이 세상을 이처럼 사랑하사 독생자를 주셨으니
이는 그를 믿는 자마다 멸망하지 않고 영생을 얻게 하려 하심이라
요한복음 3:16

화목과 평안을 주시는 주님!
우리 부부가 살고 있는 이 가정에
사랑이 넘치고 화목하기를 원합니다.
이기적인 욕심을 버리게 하시고
서로를 향하여 이해가 가득하게 하소서.
우리 부부가 서로 섬기게 하시고
참된 신앙으로 가슴 뛰게 하는
감동의 삶을 만들어 가게 하소서.
믿음의 삶을 통하여
신앙이 건강하고 견고해지게 하소서.
주님의 은혜로 보람 속에 축복된 삶을 살게 하소서.
우리 부부가 함께함을 소중하게 생각함으로써
서로에게 감동하고 감격하기를 원합니다.
우리 부부가 서로 칭찬해 주고 격려해 줌으로써
서로가 감동하고 감격하게 하시기를 원합니다.
우리 가정을 밝고 아름답게 만들어 감으로써
서로가 감동하고 감격하기를 원합니다.
모든 것이 주님의 사랑 안에서 이루어지게 하소서.
우리 주 예수 그리스도 이름으로 기도합니다. 아멘!

모든 일은 거기 사랑이 있을 때를 제외하고는 공허하다. 지브란

7

16

J

uly

즐겁게 살아가는 가정을 만들게 하소서

보혜사 곧 아버지께서 내 이름으로 보내실 성령
그가 너희에게 모든 것을 가르치고
내가 너희에게 말한 모든 것을 생각나게 하리라 요한복음 14:26

우리의 심령이 아름답기를 원하시는 주님!
이 세상에 있는 수많은 아름다운 것들 중에는
별도 꽃도 아이들의 해맑은 눈동자도 있지만
우리의 마음이 청결해야만 천국을 소유할 수 있으니
아름다운 마음으로 즐거운 가정을 만들어 가게 하소서.
우리 부부에게 웃음과 따뜻한 마음을 주셔서
가정에 행복을 하나하나씩 채워 나가게 하여 주소서.
웃음은 주님이 주신 크신 은총 중의 하나이니
우리 부부와 가족이 웃을 일들이 많아져서
집 안에 항상 웃음이 넘치기를 원합니다.
살아감 속에서 우리 부부와 가족들의 얼굴에
웃음이 있는 날들이 많아지게 하소서.
우리 가정에 불만과 불평이 사라지게 하시고
항상 감사가 넘치고 즐거움이 넘치게 하여 주소서.
우리 부부가 서로를 이해하려고 노력하고
이해함으로써 평안이 가득하기를 원합니다.
마음을 잘 관리하여 평안과 기쁨 속에
날마다 행복을 느끼기를 원합니다.
우리 주 예수 그리스도 이름으로 기도합니다. 아멘!

성공에는 원인이 있고 재앙에는 징조가 있다. 소순

불행이 찾아오면 역이용하게 하소서

우리에게 소망을 주시는 주님!
우리 부부가 마음을 잘 가꾸어 가게 하셔서
불행이 찾아오면 역이용하게 하소서.
남의 뜻에 따라 행동함으로써 희생당하지 않게 하시고
분명한 계획과 뜻을 가지고 삶을 살아가게 하소서.
항상 자신감이 넘치게 하시고
두려움을 극복하는 담대함을 주시기를 원합니다.
나약함을 다 몰아내게 하시고
강하고 담대한 믿음으로 승리하게 하소서.
쓸데없는 고민이나 걱정에 빠져들지 않게 하시고
큰 뜻을 품고 대범하게 살아가게 하소서.
남의 평가에 따라 행동하지 않게 하시고
하고자 하는 일에 소신을 갖고 추진력을 발휘하게 하소서.
최악의 날은 없다는 생각을 갖게 하시고
무한한 가능성을 찾아 재도전하게 하소서.
변화를 두려워하지 않게 하시고
환경을 잘 극복해 가며 어떤 장애도, 어떤 운명도
변화시켜 나가기를 원합니다.
날마다 주 안에서 힘차게 살게 하실
우리 주 예수 그리스도 이름으로 기도합니다. 아멘!

자신감은 성공의 최고 비결이다. 에머슨

실패를 두려워하지 않게 하소서

일어나라 빛을 발하라 이는 네 빛이 이르렀고
여호와의 영광이 네 위에 임하였음이니라 이사야 60:1

성공과 실패를 체험하게 하시는 주님!
우리의 삶은 살아가며 성공할 수도 있고
실패할 수도 있고 좌절할 수도 있으니
우리 부부가 실패를 두려워하지 않게 하소서.
어떤 일이든지 성공과 실패가
우리의 가치를 좌우하는 것은 아니니
한순간에 인생이 다 표현된 것처럼 쓰러지지 않게 하소서.
사고방식을 제대로 갖게 하여 주셔서
어떤 순간도 잘 이겨 낼 수 있도록 인도하소서.
성공했을 때 너무 기뻐함으로 자만하지 않게 하시고
실패했을 때 너무 슬퍼함으로 포기하지 않게 하소서.
우리 부부가 실패했을 때에도 패했다는 생각보다는
실패를 잘 딛고 일어설 수 있는 믿음의 담력을 주소서.
실패를 두려워하면 그것이 족쇄가 되어
아무것도 할 수 없는 무능력에 빠지니 새롭게 하소서.
우리 부부가 목적을 달성하지 못했을 때에도
답답한 상황을 잘 헤쳐 나가기를 원합니다.
일이 뜻대로 되지 않더라도 낙담하거나
걱정만 하지 않고 잘 이겨 내게 하소서.
우리 주 예수 그리스도 이름으로 기도합니다. 아멘!

성공의 비결은 어떤 직업에서든 그 방면의 일인자가 되기를 바라는 것이다.
데일 카네기

화도 필요할 때는 내게 하소서

하나님의 성령을 근심하게 하지 말라
그 안에서 너희가 구원의 날까지 인치심을 받았느니라 에베소서 4:30

우리가 지혜로운 삶을 살아가기 원하시는 주님!
우리의 마음은 감정에 따라 변화되오니
성령의 인도하심 따라 살게 하소서.
마음이 허약하여 상처받고 살 것이 아니라
잘못된 것은 바로 고치고
필요하면 화도 낼 줄 알게 하소서.
무조건 참고 견디는 것만이 좋은 것은 아니니
감정을 제대로 표현하며 살기를 원합니다.
자신의 감정을 제대로 표현하되
지나침으로 좋지 않은 결과를 만들지 않게 하소서.
어떤 상황에도 질질 끌려 다니지 않게 하시고
잘 분별하여 나가게 하시기를 원합니다.
우리 감정이 상했을 때에도 비아냥거리지 않고
불평과 불만을 가식 없이 표현함으로써
서로의 마음을 잘 알게 되기를 원합니다.
우리가 아무런 소득도 없는 고민에 빠져 있기보다는
소망하는 일들을 이루어감으로써 기쁨을 얻게 하시고
마음에 참평안을 누리기 원합니다.
우리 주 예수 그리스도 이름으로 기도합니다. 아멘!

분노는 종종 도덕과 용기의 무기이다. 아리스토텔레스

7 20

J

uly

눈물을 쉽게 보이지 않게 하소서

누구든지 제 목숨을 구원하고자 하면 잃을 것이요
누구든지 나를 위하여 제 목숨을 잃으면 찾으리라 마태복음 16:25

우리에게 소망을 주시는 주님!
우리가 흘릴 수 있는 눈물을 다 흘려서라도
모든 죄를 용서받기를 원합니다.
가족이 어려움을 당했을 때
함께 울며 위로하게 하소서.
우리 이웃이 슬픔을 당했을 때
함께 울며 위로하기를 원합니다.
그러나 하찮은 감정의 변화 때문에
쉽게 눈물을 보이거나 흘리지 않게 하여 주소서.
강하고 담대한 믿음으로
모든 고통과 슬픔을 이겨 냄으로써
도리어 웃고 기뻐하기를 원합니다.
눈물을 자꾸 흘리면 나약해지고 초라해질 뿐이니
마음을 잘 안정시키며
내일을 소망하며 살게 하소서.
이 세상에 나보다 더 어려운 상황에 처해 있는
사람도 더 많이 있음을 기억하며
믿음으로 용기를 내어 살아가게 하소서.
우리 주 예수 그리스도 이름으로 기도합니다. 아멘!

많이 웃어라. 때로는 무모한 희망이 이상한 성공의 원인이 되는 경우도 있다.
보브나르그

책임의식을 갖게 하소서

보라 내가 속히 오리니 내가 줄 상이 내게 있어
각 사람에게 그가 행한 대로 갚아 주리라 요한계시록 22:12

우리 부부에게 사랑의 마음을 부어 주시는 주님!
우리 부부가 책임의식을 갖고 살아가게 하소서.
남편으로서 책임의식을 갖고 살아가게 하소서.
아내로서 책임의식을 갖고 살아가게 하소서.
아버지로서 책임의식을 갖고 살아가게 하소서.
어머니로서 책임의식을 갖고 살아가게 하소서.
그리스도인으로서 책임의식을 갖고 살아가게 하소서.
우리에게 책임의식이 없으면 자기가 하고 싶은 대로
자기 멋대로 살아가게 되오니 절제된 삶을 살게 하소서.
맡은 자의 구할 것은 충성이라 하셨으니
최선을 다하여 좋은 결과를 얻게 되기를 원합니다.
우리 부부가 환경이나 처지를 불평하지 않고
활기 넘치는 삶을 살아감으로써
삶의 방향이 언제나 주님을 향하기를 원합니다.
책임의식을 갖고 자신의 일을 열심히 해 나가면
보람도 있고 기쁨도 넘치오니
언제나 열정을 다하여 일하게 하소서.
사랑은 책임의식이 있어야 아름답게 열매를 맺게 되오니
온 마음과 온 정성을 다하여 사랑하며 살게 하소서.
우리 주 예수 그리스도 이름으로 기도합니다. 아멘!

오늘의 책임은 회피할 수 있지만 내일의 책임은 회피할 수가 없다. 톨스토이

22 | 삶에 행복의 향기가 가득하게 하소서

그러므로 사랑하는 자들아 너희가 이것을 바라보나니
주 앞에서 점도 없고 흠도 없이
평강 가운데서 나타나기를 힘쓰라 베드로후서 3:14

삶의 길을 안내하시는 주님!
아주 작은 꽃에도 향기가 있듯이
우리 부부의 삶에도 향기가 가득하게 하시고
이 사랑의 향기를 나누며 살아가게 하소서.
생활 속에서 주님을 본받게 하여 주시며
신앙생활 속에서 예수 그리스도의 향기를 나타내게 하시고
주님이 보시기에 아름다운 삶을 살게 하소서.
조화는 아무리 아름다워도 향기가 없고
생명이 없어 열매를 맺을 수 없는 것처럼
우리 부부의 삶이 위선적이거나 형식적이지 않게 하소서.
삶 속에서도 언제나 순수함 그대로 아름답게 살아가게 하소서.
신앙의 발자취를 아름답게 남긴 분들을 본받아
열심 있는 믿음 생활을 하게 하시고
나무들이 성장해 가며 더욱더 견고하게 서듯이
우리 부부의 신앙도 성장해 가며 반석 위에 세워지게 하소서.
행복은 그냥 거저 얻어지는 것이 아니라
땀 흘리고 노력한 결과로 얻어지는 것이오니
애쓰고 힘써서 만든 가정의 행복을 기뻐하게 하시고
우리 부부가 항상 주님의 사랑을 나누며 살게 하소서.
우리 주 예수 그리스도 이름으로 기도합니다. 아멘!

성공의 그늘에서 오랫동안 머물러서는 안 된다. 사마천

나만이 옳다는 생각을 버리게 하소서

23

너희가 즐겨 순종하면
땅의 아름다운 소산을 먹을 것이요 이사야 1:19

죄악을 미워하시고 멸하시는 주님!
우리 부부의 삶이 모든 것이 합력하여 선을 이루는
믿음이 조화된 삶이기를 원합니다.
어떤 일을 앞두고 의견이 대립될 때
상대방을 함부로 무시하거나 멸시하지 않게 하시고
나만이 옳다는 어리석은 생각을 버리게 하소서.
상대방의 위치와 처지와 형편을
잘 보살필 줄 알고 넓은 마음으로 배려하고
이해함으로써 더 가까워지게 하소서.
모든 것을 자기 주장대로 이루려고 하지 않고
강박관념에서 벗어나 주님의 인도하심을 따라 살게 하소서.
항상 마음이 온유하고 겸손하신 주님처럼
모든 것을 다 주시고도 더 주시기를 원하시는
주님의 크고 넓으신 마음을 본받기를 원합니다.
죄인의 마음을 아시고 병자들의 마음을 헤아리시고
구원하시는 주님을 사랑하오니 함께하여 주소서.
우리 부부의 마음이 언제나 겸손하게 하시고
우리 부부의 마음이 언제나 낮아지게 하시며
욕심대로 살지 않고 주님의 은혜대로 살게 하소서.
우리 주 예수 그리스도 이름으로 기도합니다. 아멘!

노력 없이 얻을 수 있는 것은 가난뿐이다.
항상 좋은 목적을 안고 노력을 계속하는 한 최후에는 반드시 성공한다. 괴테

참된 자아를 외면하지 않게 하소서

주께 합당하게 행하여 범사에 기쁘시게 하고
모든 선한 일에 열매를 맺게 하시며
하나님을 아는 것에 자라게 하시고 골로새서 1:10

우리의 마음을 정결하게 하시는 주님!
선한 목자이신 주님께서 우리의 마음을 바라보고 계시니
우리가 수단과 방법을 다 동원하여
자기에게만 이익이 되는 결과를 만들지 않게 하소서.
주님께서 우리에게 순결함과 정결함을 주셨으니
참된 자아를 외면하지 않게 하소서.
언제나 살아 있는 양심에서 외치는 소리를
잘 받아들이게 하시고
진정 주님께서 원하시는 삶이 어떤 삶인지를 알아
주님의 인도하심대로 살기를 원합니다.
우리의 마음이 죄악에 물들지 않게 하시고
언제나 순수한 마음으로 주님께 예배하며
찬양드리기를 원합니다.
우리가 참된 자아를 갖기 위하여
악은 모양이라도 버리게 하시고
마음의 문을 열어 주님을 온전히 영접하게 하소서.
주님께서 보배로운 피로 우리를 구속하셨으니
주님의 사랑이 우리의 삶에서 헛되지 않게 하소서.
우리 주 예수 그리스도 이름으로 기도합니다. 아멘!

값있는 생활은 노력과 고통과 정력과 용기가 없이는 성취할 수 없는 것이다.
루스벨트

25

신앙의 아름다움을 갖게 하소서

사람이 마땅히 우리를 그리스도의 일꾼이요
하나님의 비밀을 맡은 자로 여길지어다 고린도전서 4:1

전능하시고 완전하신 주님!
우리 부부는 부족함이 많고 연약하나
주님께서 항상 채워 주어
풍족한 은혜 속에 살기를 원합니다.
우리 부부의 삶에 주님이 함께하심으로써
신앙 속에서 인격적인 아름다움을 갖게 하소서.
하나님이 창조하신 자연의 모습이 아름다운 것처럼
우리의 모습도 하나님의 형상대로 만드셨으니
눈에 보이는 대로
귀에 들리는 대로
마음에 이끌리는 대로
발길이 닿는 대로 살아가지 않게 하시고
언제나 주님의 크신 손길로 우리를 붙잡아 주시고
주님과 항상 동행하는 삶을 살게 하소서.
우리의 마음이 주님의 마음을 닮게 하시고
우리의 삶이 주님의 삶을 닮아 가게 하소서.
주님을 사모하며 소망하며 살게 하소서.
우리의 삶도 주님의 삶처럼 아름답게 하소서.
우리 주 예수 그리스도 이름으로 기도합니다. 아멘!

주여 강렬한 열망을 내게 주소서. 매일 당신의 말씀을 살피려는 열망을
마음속에 두게 하셔서 말씀으로부터 내 발길이 벗어나지 않게 하소서. 브레논

정신적인 아름다움을 주소서

옳다 인정함을 받는 자는 자기를 칭찬하는 자가 아니요
오직 주께서 칭찬하시는 자니라 고린도후서 10:18

온 세상을 아름답게 조화시키는 주님!
육신을 좇아 탐식과 탐욕이 가득한 세상에서
우리 부부가 주님의 진리 안에 거하게 하시고
정신적인 아름다움을 채워 가기를 원합니다.
주님께서 원하시는 대로 살아가면
아름답게 결실이 맺어 가지만
세속을 따라 살아가면
늘 더럽혀지고 추하게 되고 마오니
주님의 인도하심 따라 살게 하소서.
주님의 삶처럼 경건을 연습하며
육신을 좇아 살기보다는 성령의 인도하심 따라
영혼을 새롭게 하여 주시기를 원합니다.
우리의 마음에 천국을 이루어
갈 길을 바로 가게 하여 주시기를 원합니다.
길과 진리와 생명이 되시는 주님께서
우리 부부의 몸과 마음과 정신을
성령으로 날마다 새롭게 하여 주시기를 원합니다.
우리 주 예수 그리스도 이름으로 기도합니다. 아멘!

하나님께서 열심히 노력하는 사람에게 돕는 손을 빌려주신다. 아이스킬로스

사회적인 아름다움을 주소서

세리는 멀리 서서 감히 눈을 들어 하늘을 쳐다보지도 못하고
다만 가슴을 치며 이르되 하나님이여 불쌍히 여기소서
나는 죄인이로소이다 하였느니라 누가복음 18:13

지도자를 세우시고 역사를 주관하시는 주님!
사람들이 모여서 사회를 이루어 가고 있으니
우리 부부가 이 사회 속에서
한 알의 밀알의 역할을 잘 감당하게 하소서.
도시 문화와 아파트 문화 속에서 수많은 사람들이
자기들만의 공간 속에 점점 더 갇혀서 살아가고 있으니
이웃 간의 사랑이 회복되게 하시고
이웃 간의 벽이 허물어지게 하소서.
이 사회가 사랑을 나누는 아름다운 공동체가 되게 하소서.
갖가지 범죄와 질병에 시달리고
무력감과 우울증에 쓰러져 가는 사람들이 많사오니
주님의 인도하심으로 도덕과 질서가
회복되기를 원합니다.
인간은 홀로 살 수 없으니 이웃을 사랑함으로써
사회가 아름답게 형성되게 하소서.
날로 심해져 가는 빈부의 격차와 계층 간의 반목이 풀어져서
함께 살아가는 사회, 서로 돕는 사회가 되게 하여 주소서.
이 땅의 교회와 가정 그리고 수많은 부부들의 사랑이 회복되어
소망이 가득한 사회를 만들어 가게 하소서.
우리 주 예수 그리스도 이름으로 기도합니다. 아멘!

우리는 오래 사는 것을 위해서가 아니라 옳게 사는 것을 위해서
노력해야 한다. 세네카

28 자신의 실수를 인정하게 하소서

이제 너희 조상들의 하나님 앞에서 죄를 자복하고
그의 뜻대로 행하여 그 지방 사람들과 이방 여인을 끊어 버리라
에스라 10:11

천지 만물을 창조하시고 운행하시는 주님!
우리 부부가 서로 완벽하기를 바라지 않게 하소서.
사람은 누구나 자기의 부족함이 있어 나약하고
연약해져서 실수할 때가 많으니
실수할 때는 인정하고 고쳐 나가게 하소서.
부부 사이에 실수가 있을 때
그것을 꼬집어 지적하고 하나하나 나열하고
기억 속에 챙겨 두었다가
비판을 일삼고 화내지 말게 하소서.
부부가 서로 부족한 점을 채워 주며
사랑을 완성해 가고 행복하게 되기를 원합니다.
사랑만이 허물을 덮고 감싸고 용서해 줄 수 있으니
오직 사랑으로 함께할 수 있는 마음의 여유를 주소서.
주님께서 주시는 사랑으로 부족함을 채우게 하소서.
나의 실수를 감싸 줄 때의 기쁨을 아오니
우리의 모든 실수와 범죄를 다 용서하시고
우리를 구원하신 주님의 사랑을 본받아 살게 하소서.
우리 주 예수 그리스도 이름으로 기도합니다. 아멘!

자기 시간에 최선을 다한 사람은 언제나 잘 살 것이다. 요한 크리스토퍼

29 성공을 진심으로 축하하는 마음을 주소서

우리의 마음을 주관하시는 주님!
사람들은 누구나 희망을 갖고 살기를 원하며
꿈과 비전을 이루기를 원하며
피와 땀과 눈물을 흘려 가며 성공을 만들어 가오니
성공을 진심으로 축하해 줄 수 있는 마음이 되게 하소서.
성공의 축하는 땀 흘린 대가를 인정하는 것이고
수고한 대가를 인정해 주는 것이오니
진심과 따뜻한 마음으로 축하해 줄 수 있게 하소서.
남을 축하해 줄 수 있는 사람이
다른 이들에게도 아낌없는 축하를 받을 수 있으니
진실한 마음으로 표현하게 하소서.
때로는 실패하거나 넘어졌을 때에도
위로해 주고 격려해 줄 수 있는 마음을 주소서.
아무리 세상이 생존경쟁이라는 전쟁터라 하여도
진실한 사랑의 마음이 필요하오니
성공을 했을 때나 실패를 했을 때나
서로가 서로를 격려하고 사랑을 나눔으로써
보다 나은 세상을 만들어 가기를 원합니다.
우리 부부가 남이 성공했을 때 진심으로 축하하게 하소서.
우리 주 예수 그리스도 이름으로 기도합니다. 아멘!

남을 위해 일한다는 것은 어릴 때부터 나의 최대의 행복이었고 즐거움이었다.
베토벤

부끄럼이나 소외감을 갖지 않게 하소서

너희가 온 마음으로 나를 구하면 나를 찾을 것이요 나를 만나리라
예레미야 29:13

우리의 상한 마음을 고치시는 주님!
우리 부부 중에 누군가가 내성적이거나
남 앞에 나서기를 두려워하는 마음이 있다면
마음에 안정감을 주시고 담대함을 주시기를 원합니다.
우리가 임마누엘의 신앙을 갖게 하시고
삶의 모든 길을 주님께 맡김으로 말미암아
부끄러움이나 소외감을 극복하게 하소서.
성경에 등장하는 수많은 하나님의 사람들도
성격적 결함이나 환경적 결함이나
의식적 결함이 있었던 사람들이지만
기도함으로, 전지전능하신 하나님을 온전히 신뢰함으로
모든 것을 극복해 나갔사오니
우리 부부도 여호수아와 갈렙처럼
세상은 우리의 밥이라는 믿음으로
모든 것을 주님께 맡기고 나아가기를 원합니다.
주님께서 우리 부부의 마음을 살펴 주셔서
전심으로 주님을 찾아 만나게 하시고
주님 안에서 잘 성숙하여 언제 어디서나
주님의 복음을 전하는 강한 믿음을 소유하게 하소서.
단 한 번뿐인 삶을 열정적으로 살기를 원합니다.
우리 주 예수 그리스도 이름으로 기도합니다. 아멘!

내가 소유한 모든 것은 하나님을 위해 사용되어야 한다. 밀레

우정이 있는 부부가 되게 하소서

너는 마음을 다하여 여호와를 신뢰하고
네 명철을 의지하지 말라 잠언 3:5

우리의 친구가 되어 주시는 주님!
우리 부부가 친구 같은 부부, 우정이 있는 부부,
사랑이 충만한 부부가 되기를 원합니다.
우리 부부가 서로에게 하는 말들이
이해하는 말이 되게 하시고
용서하는 말이 되게 하시고
격려하는 말이 되게 하시고
사랑하는 말이 되게 하소서.
우리 부부가 답답한 일이 있을 때에도
진실한 마음으로 주님께 나아가며
서로의 사랑을 확인하며
언제나 함께할 수 있음에 감사하게 하소서.
우리가 한집에 살 수 있고 함께 식사할 수 있고
서로 바라보며 웃고 의지할 수 있음을 감사합니다.
우리 부부의 삶 속에 언제나 예수 그리스도의
사랑과 은혜가 충만하기를 원합니다.
우리 부부를 주님의 백성으로 삼아 주시고
주님 안에서 믿음이 잘 성장하게 하셔서
주님의 은혜 속에 기뻐하며 살게 하소서.
우리 주 예수 그리스도 이름으로 기도합니다. 아멘!

남편은 두레박 아내는 항아리. 우리나라 속담

8

AUGUST

사랑의 대화를 나누는
부부가 되게 하소서

내가 사랑하는 사람아

내가 사랑하는 사람아
이 한목숨 다하는 날까지
사랑하여도 좋은 나의 사람아

봄, 여름, 그리고 가을, 겨울
그 모든 날들이 다 지나도록
사랑하여도 좋을 나의 사람아

내가 사랑하는 사람아
내 눈에 항상 있고
내 가슴에 있어
내 심장과 함께 뛰어
늘 그리움으로 가득하게 하는
내가 사랑하는 사람아

날마다 보고 싶고
날마다 부르고 싶고
늘 함께 있어도 더 함께 있고 싶어
사랑의 날들이 평생이라 하여도
더 사랑하고 싶고
또다시 사랑하고 싶은
내가 사랑하는 사람아

꾸밈없는 진실한 대화를 나누게 하소서

너희 말을 항상 은혜 가운데서 소금으로 맛을 냄과 같이 하라
그리하면 각 사람에게 마땅히 대답할 것을 알리라 골로새서 4:6

생명의 말씀을 주시는 주님!
우리 부부가 꾸밈없이
진실한 대화를 나누게 하소서.
대화를 상실하면 서로가 신뢰할 수 없으니
진실한 대화 속에 인간관계가
바르게 이루어지게 하소서.
대화를 통하여 가정에서는 행복이 넘치고
대화를 통하여 교회에서는 은혜가 넘치고
대화를 통하여 사회에서는 생산성이 높아지게 하소서.
대화는 갈등을 해소시켜 주고 사랑을 만들며
새롭게 변화되는 동기를 부여하오니
대화를 통하여 우리 부부도 기쁨을 만들어 가게 하소서.
대화를 나눌 때 독선적인 아집을 버리게 하시고
자기가 하고 싶은 말만 하지 않게 하소서.
불신과 오해가 없게 하셔서
불안함으로 벽을 쌓는 일이 없게 하소서.
우리 부부가 대화 속에 공감대를 잘 형성하여
행복을 만들어 가는 지혜가 있게 하소서.
우리 주 예수 그리스도 이름으로 기도합니다. 아멘!

성실은 어디서나 통용되는 유일한 화폐이다. 중국 속담

결혼생활에 성공하게 하소서

또 생명의 은혜를 함께 이어받을 자로 알아 귀히 여기라
이는 너희 기도가 막히지 아니하게 하려 함이라 베드로전서 3:7

우리 부부의 화목한 삶을 원하시는 주님!
삶 속에서 자신감을 가짐으로써
자아를 잃지 않게 하소서.
우리 부부가 삶을 즐겁고 행복하게 만들어 감으로써
결혼생활에 기쁨이 충만하기를 원합니다.
지금의 작은 행복을 기뻐함으로써 더 큰 행복을
만들어 갈 수 있다는 확신을 갖게 하소서.
우리 부부가 나만 옳다고 멋대로 살 것이 아니라
사랑에도 책임의식을 갖고
서로를 위하여 희생할 줄 알게 하소서.
행복한 결혼생활을 만들어 갈 수 있는
믿음과 지혜를 주시기를 원합니다.
우리 부부가 아름다운 결혼생활을 위하여
서로를 신뢰하고 이해하고 용서할 수 있게 하시고
서로의 성공을 기다리고 축하할 줄 알게 하소서.
우리 부부가 예절이 있게 하시고
우리 부부가 매력이 있게 하시고
우리 부부가 애정이 가득하게 하여 주소서.
우리 주 예수 그리스도 이름으로 기도합니다. 아멘!

만약 기회를 찾아내지 못하면 자신이 기회를 만들라. 워너메이커

8
August
A

3

술 담배를 끊게 하소서

그는 넘어지나 아주 엎드러지지 아니함은
여호와께서 그의 손으로 붙드심이로다 시편 37:24

아름답고 건강한 가정을 원하시는 주님!
우리 부부에게 삶의 지혜를 주셔서
가정생활과 모든 삶에 조화를 잘 이루게 하소서.
건강에 해롭고 여러 가지로 도움이 안 되는
술과 담배를 끊기를 원합니다.
지나친 흡연과 음주는 중독을 가져오고
병을 만들어 갖가지 부작용으로 인하여
본인은 물론 부부와 가족 사이를 불화하게 만드니
절제하게 하시고 멀리할 수 있는 마음을 주소서.
담배는 폐를 상하게 할 뿐 아니라 암을 유발하고
가정의 공기를 탁하게 만들고 아이들의 건강에도 안 좋으니
가족과 자신을 위하여 결단을 내리게 하소서.
술은 대인관계를 위하여 필요하다고들 하나
술이 지나치면 나중에는 술이 사람을 마시게 되고
범죄를 저지르고 타락하게 만드는 원인이 되오니
무능하게 되기 전에 끊게 하시기를 원합니다.
우리 부부가 몸과 마음을 건강하게 할 수 있도록
주님과 가까이 영적인 교제를 나누게 하여 주소서.
주님이 거룩하시니 우리도 닮아 가게 하소서.
우리 주 예수 그리스도 이름으로 기도합니다. 아멘!

악한 사람을 구해 내는 것만으로는 충분하지 않다.
그 후에도 받쳐 주지 않으면 안 된다. 셰익스피어

8

A4
ugust

긍정적인 부부가 되게 하소서

이런 사람은 무엇이든지 주께 얻기를 생각하지 말라
두 마음을 품어 모든 일에 정함이 없는 자로다 야고보서 1:7-8

우리의 만사가 형통하기를 원하시는 주님!

우리 부부가 매사에 긍정적인 부부가 되게 하소서.

설혹 부족함이 있고 나약함이 있더라도

모든 것을 뛰어넘어 긍정적인 부부가 되게 하소서.

때때로 모자람이 있고 실수가 있더라도

모든 것을 덮어 주는 긍정적인 부부가 되게 하소서.

실패가 있고 손해를 보더라도

이겨 내는 긍정적인 부부가 되게 하소서.

우리 부부에게 다가오는 모든 어려움과 고통을

이겨 내고 서로 격려해 주며

믿음과 사랑으로 참고 견디기를 원합니다.

모든 것은 마음에 따라 변화되오니

우리 부부가 긍정적인 마음으로 살아감으로써

좋은 결과를 만들게 하시고

풍성한 열매를 거두게 하소서.

믿음은 믿음을 낳고 불신은 또다시 불신을 낳으니

우리 부부가 서로를 믿고 신뢰함으로써

항상 긍정적으로 살아가는 부부가 되게 하여 주소서.

긍정적인 사고는 행복을 만들고 기쁨을 만드오니

주님을 온전히 신뢰하며 주 안에서 기쁨으로 살게 하소서.

우리 주 예수 그리스도 이름으로 기도합니다. 아멘!

아무리 나쁜 사람에게라도 잘한 것은 칭찬해 주라. 영국 속담

건강을 위하여 운동하게 하소서

여호와여 주께서 하신 일이 어찌 그리 많은지요 주께서 지혜로
그들을 다 지으셨으니 주께서 지으신 것들이 땅에 가득하니이다
시편 104:24

우리의 영육을 강건하게 하시는 주님!

우리 부부가 건강을 위하여 운동을 하게 하시고

늘 건강함으로 매사에 부지런하게 하소서.

게으름과 나태함은 불행을 만들고

다 익어 가는 열매마저 떨어뜨리게 되오니

건강한 몸에 건강한 정신, 건강한 믿음이 있게 하소서.

늘 성실하고 씩씩하고 보람 있게 살게 하시고

건강함으로 행복한 가정, 즐거운 가정을 만들게 하소서.

몸이 아프고 힘들면 아픈 이도 힘들고

돌보는 가족들 역시 힘이 드오니

몸이 건강할 때 운동을 하고 잘 관리하기를 원합니다.

건강이 재물보다 귀함을 알게 하시고

날마다 기도하며 성실하게 일하게 하셔서

의미 있는 삶을 살아가게 하소서.

언제 어디서나 밝은 표정으로

주 안에서 행복을 만들어 가는

부부가 되게 하여 주소서.

우리에게 행복을 주시는

우리 주 예수 그리스도 이름으로 기도합니다. 아멘!

고뇌를 빠져나가서 환희에 이르라. 베토벤

8

A⁶

ugust

잠을 편안히 잘 자게 하소서

근심하는 자 같으나 항상 기뻐하고
가난한 자 같으나 많은 사람을 부요하게 하고
아무것도 없는 자 같으나 모든 것을 가진 자로라 고린도후서 6:10

사랑하는 자에게 잠을 주시는 주님!
우리 부부가 주님께서 주시는 은혜 속에
잠을 평안히 잘 자기를 원합니다.
쓸데없는 고민을 안고 밤을 새우지 않고
모든 것을 주님께 맡기고 시간에 따라
해결하여 나가게 하소서.
가정의 문제를 지혜롭게 잘 해결하게 하시고
집안의 문제나 그 외의 모든 문제도
대화와 기도로 해결하여 나감으로써
마음에 평안을 얻게 하소서.
문제를 문제로 만들거나 더 크게 만들어 가면서
화를 내고 짜증을 내고 원망을 하는 것은
어리석은 일이니 즉흥적인 감정은 자제하고
부부가 서로 지혜를 짜내어 해결함으로써
고민 속에 파묻혀 살지 않게 하소서.
우리 부부가 꿈과 비전과 희망을 이루어 가며
주님의 일에 동참하는 기쁨 속에 살게 하소서.
주님이 주시는 평안은 이 세상이 주는 평안과 다르니
밤에는 주님이 주시는 평안 속에 잠자게 하여 주소서.
우리 주 예수 그리스도 이름으로 기도합니다. 아멘!

기쁨이라는 기술은 참으로 승진하는 기술이다. 체스터필드

체중을 잘 조절하게 하소서

이에 예수께서 제자들에게 이르시되 누구든지 나를 따라오려거든
자기를 부인하고 자기 십자가를 지고 나를 따를 것이니라 마태복음 16:24

균형 잡힌 삶이 되기를 원하시는 주님!

우리 부부가 몸 관리를 잘하여 너무 뚱뚱해지지 않도록

체중을 잘 조절하기를 원합니다.

몸이 불어나면 음식을 탐하게 되고 게을러지고

일에 능률이 떨어지고 매사가 귀찮아지니

평소에 건강한 사고 속에 건강한 몸이 되게 하소서.

우리 부부가 믿음 속에서

영적인 지혜를 갖고 생활하게 하시고

몸이 건강하고 지혜롭게 하사

모든 일을 적극적으로 추진하게 하소서.

몸을 건강하게 하사 신앙 안에서

재능과 장점을 발휘하여

성공하는 삶을 살게 하소서.

우리 부부의 삶이 지정의를 겸비하여

믿음 속에서 건강한 생활을 하게 되기를 원합니다.

음식을 잘 절제하게 하시고 튼튼한 삶을 살게 하소서.

꿈과 사랑의 말씀을 충만히 먹음으로써

영성이 풍부하여 자족하고 나눔이 있는 삶을 살게 하소서.

주님께서 우리 부부를 건강하게 인도하시기를

우리 주 예수 그리스도 이름으로 기도합니다. 아멘!

자기 자신의 불행에 의해 배우기보다 남의 불행에 의해 배우는 쪽이
훨씬 좋다. 이솝

8

경제적인 여유가 있게 하소서

너희는 먼저 그의 나라와 그의 의를 구하라
그리하면 이 모든 것을 너희에게 더하시리라 마태복음 6:33

모든 물질을 주관하시는 주님!
우리 부부와 가정에 경제적인 여유가 있게 하소서.
근면하고 성실하게 땀 흘려 일해 얻은 소득으로
사랑과 나눔의 삶을 살게 하소서.
물질이 없음으로 곤경에 빠지는 일이 없게 하시고
물질이 많음으로 타락에 빠지는 일이 없게 하소서.
물질은 우리의 삶에 편리함을 주나
모든 행복을 다 주는 것은 아니니
물질을 잘 관리함으로써
가정에 실이 아니라 득이 되게 하옵소서.
물질은 우리 곁에 있다가도 한순간 실패로
하루아침에 떠나갈 수도 있으니
언제나 최선을 다하고 노력하며 살게 하소서.
물질이 없음으로 인하여 범죄를 저지르지 않게 하시고
주신 물질로 주님의 사역에 동참하게 하소서.
우리 부부가 평생토록 가장 먼저
주님의 나라와 그 의를 구하며 살고
주님이 주시는 물질을 축복으로 여기며
그를 통해 선한 사업에 동참할 수 있는 기쁨을 주소서.
우리 주 예수 그리스도 이름으로 기도합니다. 아멘!

인생의 중요한 기쁨과 힘이란 존경 속에 있다. 존 러스킨

모든 일에 결정과 선택을 잘하게 하소서

너는 행악자들로 말미암아 분을 품지 말며
악인의 형통함을 부러워하지 말라 대저 행악자는 장래가 없겠고
악인의 등불은 꺼지리라 잠언 24:19-20

우리 가정에 주인이 되시는 주님!
우리 부부가 살아가며 결정과 선택을 잘하게 하소서.
삶은 한순간의 선택과 결정이 중요하오니
꿈과 비전을 이루어 가는 선택을 하게 하소서.
주님께서 인도하시고 지혜를 주셔서
주님께서 원하시는 삶의 방향을 선택하게 하시기를 원합니다.
삶을 살아가는 데 고정관념이나 개인적인 집착에
사로잡히지 않게 하소서.
우리 부부가 삶의 정확한 목표를 갖게 하시고
그 목표에 대하여 늘 기도하고 간구하게 하소서.
우리 부부가 꿈과 비전을 이루어 가며
선택과 결정을 잘하여 도전하게 하시고
자신 있게 행동하고 실천하게 하시기를 원합니다.
언제나 모든 결정을 하기에 앞서서 기도하게 하소서.
모든 일은 사람을 통해서 이루어지오니
대인관계를 잘하게 하시기를 원합니다.
주님의 자녀로서 용기와 인내심을 잘 발휘하게 하시고
모든 일의 성취와 열매를 감사드리게 하소서.
항상 주님께 영광과 찬송을 드리기를 원합니다.
우리 주 예수 그리스도 이름으로 기도합니다. 아멘!

중요한 것은 무엇을 참고 견디느냐가 아니라 어떻게 참고 견디느냐에 있다.
세네카

8
A
ugust

10

개인적인 한계를 잘 극복하게 하소서

여호와 앞에 잠잠하고 참고 기다리라 자기 길이 형통하며
악한 꾀를 이루는 자 때문에 불평하지 말지어다 시편 37:7

우리의 부족함을 아시고 채워 주시는 주님!
인간은 누구나 부족하고 연약한 점이 있으니
우리 부부가 개인적인 한계를 잘 극복하게 하소서.
자신의 부족 때문에
억눌려 살거나 도피하려고만 하는
잘못된 생각에서 벗어나기를 원합니다.
우리 부부가 이루고자 하는 꿈을
구체적인 행동으로 나타내게 하소서.
꿈을 이루어 내기 위한 힘과 용기를 주소서.
성공한 사람들도 한때는 모두 다 실패자였으니
우리 부부도 자신감을 갖고 끝없이 발전하게 하소서.
미련한 생각에서 벗어나게 하시고
현명한 판단으로 자신의 가능성을 총동원하여
삶에 새로운 변화를 일으키기를 원합니다.
날마다 변화되는 자신을 바라보며
할 수 있다는 확신을 갖게 하소서.
성령께서 우리 부부의 한계점을 아시니
채워 주시고 변화시켜 주심으로
언제나 당당하게 새로운 출구를 찾아내게 하옵소서.
우리 주 예수 그리스도 이름으로 기도합니다. 아멘!

그대의 하루하루가 그대의 마지막 날이라고 생각하라. 호라티우스

★ 252

8

A

ugust

11

염려와 걱정으로부터 자유롭게 하소서

너는 악인의 형통함을 부러워하지 말며
그와 함께 있으려고 하지도 말지어다 잠언 24:1

우리의 염려는 다 맡기라 하신 주님!
우리의 삶에는 걱정과 근심이 다가오니
항상 모든 것을 주님께 맡기게 하소서.
근심과 걱정이 아무리 작은 것이라도
삶에 안정보다는 불안을 만들게 되오니
모든 염려를 다 떨쳐 버리기를 원합니다.
우리 부부가 근심과 걱정의 노예가 되지 않도록
모든 짐을 주님께 맡기게 하소서.
근심과 걱정을 갖는 것은 아주 나쁜 버릇이요
습관이오니 다 버리기로 결정합니다.
우리 부부가 모든 일을 적극적으로 행하게 하시고
날마다 주 안에서 기쁨과 즐거움을 만들며 살게 하소서.
삶을 비관적으로 바라보지 않게 하시고
주님께서 우리에게 소망을 주셨으니
기대감을 갖고 긍정적으로 살아가게 하소서.
우리의 잠재의식 속에서도 염려와 걱정을 떨쳐 버리고
늘 희망 속에서 살게 하소서.
주님의 인도하심 속에 단 한 번뿐인 소중한 삶을
신나고 멋지고 열정적으로 살게 하소서.
우리 주 예수 그리스도 이름으로 기도합니다. 아멘!

고통 없이 승리 없고, 가시 없이 왕좌 없다. 펜

253 ★

8
A
ugust

12 피로를 잘 회복하게 하소서

우리가 환난 중에도 즐거워하나니 이는 환난은 인내를,
인내는 연단을, 연단은 소망을 이루는 줄 앎이로다 로마서 5:3-4

수고하고 무거운 짐 진 자들아 다 내게로 오라 하신 주님!
삶 속에서 힘이 들고 지칠 때
온 마음이 다 무너져 내리는 듯할 때
우리 부부가 피로를 잘 회복하기를 원합니다.
피로는 만병의 근원이 되고 삶에 공허함을 가져오게 하오니
피곤할 때 잠시라도 쉴 수 있는 마음의 여유를 주시고
돈만 따라가거나 일에만 목숨 걸고 매달리지 않게 하소서.
육체의 쉼과 영혼의 안식을 가질 시간을 마련해
마음에 평안을 누리기를 원합니다.
이 세상의 모든 것을 다 소유한다 하여도
결국엔 빈손으로 가야 하니
욕심의 노예가 되지 않게 하소서.
피로가 쌓이고 스트레스가 쌓이면
기분이 우울해지고 피곤해지오니
적당한 운동과 식사 그리고 쉼을 통하여
기분을 전환시키게 하시기를 원합니다.
인생은 물질도 중요하지만 건강이 있어야 하고
주님의 인도하심이 있어야 함을 기억하게 하소서.
우리 주 예수 그리스도 이름으로 기도합니다. 아멘!

과거를 생각하고 현재를 일하고 미래를 즐긴다. 디즈레일리

분노를 극복하게 하소서

성난 파도도 잠잠하게 하시는 주님!
우리 부부의 마음에 참평안을 주시고
감정을 다스릴 수 있는 지혜를 주셔서
분노를 극복하게 하소서.
분노가 일어나는 것은
마음이 상하여 뜨거워진 상태이오니
폭발하지 않도록 성급하게 발설하지 않게 하시고
원인을 알아 천천히
심호흡을 하며 가라앉히게 하소서.
분노가 일어날 때 기도하게 하소서.
우리 부부 사이에 상한 감정이 있다면
사랑과 관용의 마음으로 잘 해결하길 원합니다.
마음으로부터 고통을 제거하게 하시고
주님의 위로하심과 사랑하심을 받아들이게 하소서.
우리 부부가 솔직한 대화 속에
하나도 남김없이 다 털어놓고 이야기함으로써
모든 것을 용서하고 다 잊어버리기를 원합니다.
우리 주 예수 그리스도 이름으로 기도합니다. 아멘!

시간은 잘 이용하는 사람에게 친절하다. 쇼펜하우어

희망을 만들어 내게 하소서

네 짐을 여호와께 맡기라 그가 너를 붙드시고
의인의 요동함을 영원히 허락하지 아니하시리로다 시편 55:22

우리에게 희망을 주시는 주님!

우리 부부의 마음에 꿈과 희망이 넘치게 하소서.

우리의 모든 짐을 주님께 맡기게 하시고

주님께서 우리를 붙드시고

인도하심을 체험하게 하소서.

우리 부부가 희망 속에 늘 밝은 얼굴로 살게 하소서.

우리의 삶에 희망이 있게 하시고

삶을 적극적으로 희망적으로 살게 하소서.

우리 부부가 희망을 이루어 가며 강한 믿음과 담력으로

주님의 영광을 나타내게 하소서.

희망을 이룰 수 있는 목표를 세우게 하소서.

희망을 이룰 수 있는 계획을 세우게 하소서.

희망을 이룰 수 있도록 일을 사랑하게 하소서.

희망을 이룰 수 있는 결단력이 있게 하소서.

희망을 이룰 수 있는 믿음을 갖게 하소서.

희망을 이룰 수 있는 의지를 갖게 하소서.

희망을 이룰 수 있는 도전과 용기를 갖게 하소서.

끈기를 가지고 이루어질 때까지 노력하게 하소서.

희망을 이루어 낼 수 있는 자신감을 갖게 하소서.

우리 주 예수 그리스도 이름으로 기도합니다. 아멘!

불행을 치유하는 약은 희망밖에 없다. 셰익스피어

부정적인 면을 극복하게 하소서

피차 사랑의 빚 외에는 아무에게든지 아무 빚도 지지 말라
남을 사랑하는 자는 율법을 다 이루었느니라 로마서 13:8

우리의 짐을 가볍게 하시는 주님!
우리가 삶에서 일어나는 부정적인 면을 극복하게 하소서.
자기 혼자만 집 안의 모든 짐을
다 지고 있다는 생각을 버리고
부부와 가족을 위하여 열심히 살게 하여 주소서.
자신이 하고 있는 일이 부부와 가족을 위하여
즐거움이 됨을 알아 기쁨 속에 일하게 하소서.
모든 일을 힘들다고 투덜대기보다는
보람 속에 하게 하소서.
성급하게 시도하여 실수를 범하거나 실패하지 않고
순서대로 차근차근하게 계획대로 실천해 가게 하소서.
모든 것을 한순간에 이루려는 미련함을 버리게 하시고
바르게 알고 바르게 실천함으로써 잘 이루게 하소서.
어떤 일도 부정적으로만 바라보지 말게 하시고
넓고 너그러운 마음으로 일함으로써
항상 기쁨 속에 살아가기를 원합니다.
해야 할 일을 미루지 말고 계획대로 실행하게 하소서.
언제나 기도와 간구로 일을 효과적으로
진행하게 하시고 마음의 여유를 갖게 하소서.
우리 주 예수 그리스도 이름으로 기도합니다. 아멘!

쓸데없는 재산보다 훌륭한 희망을 가진 쪽이 낫다. 세르반테스

8
A
ugust

16

황혼이 올 때에도 활기차게 살게 하소서

나와 같이 모든 일에 모든 사람을 기쁘게 하여
자신의 유익을 구하지 아니하고 많은 사람의 유익을 구하여
그들로 구원을 받게 하라 고린도전서 10:33

처음과 나중이 되시는 주님
우리 부부가 결혼생활의 시작부터 지금까지
주님의 인도하심을 받아
보람과 의미를 갖고 살게 하심을 감사드립니다.
항상 범사에 감사하게 하시고
언제나 믿음 생활 속에서 주님과 동행하게 하소서.
우리 부부에게 노년이 찾아올 때에도
노을이 질 때 더욱 아름다운 것처럼
아름답고 활기차게 살기를 원합니다.
언제나 건강하게 하시고
물질로도 부족함이 없어
가족이나 남에게 폐를 끼치지 않게 하시고
사랑을 베풀며 살게 하소서.
날이 가고 세월이 흐를수록
부부 사랑이 더욱더 깊어지게 하시고
반석 위에 세운 신앙 속에서
우리 부부에게 맡겨 주신 신앙을 잘 감당하게 하소서.
꿈과 소망을 이룬 것에 감사드리게 하시고
언제나 필요한 곳에서 일하는 현역으로 살게 하소서.
우리 주 예수 그리스도 이름으로 기도합니다. 아멘!

내 비장의 보물은 아직 수중에 있다. 그것은 희망이다. 나폴레옹

실패에 대한 두려움을 극복하게 하소서

이것을 너희에게 이르는 것은 너희로 내 안에서 평안을 누리게 하려 함이라
세상에서는 너희가 환난을 당하나 담대하라 내가 세상을 이기었노라
요한복음 16:33

모든 문제를 해결하시는 주님!
우리 부부가 주님을 온전히 신뢰함으로써
실패에 대한 두려움을 극복하게 하소서.
어떤 상황에서도 꿈을 갖고 살아가게 하시고
꿈을 버리지 않기를 원합니다.
우리 부부가 실패를 넘어서게 하시고
성공이 가능하고 구체적인 것을
목표로 세워 나가기를 원합니다.
실패를 먼저 생각하기보다는 늘 성공을 그려 보게 하시고
성공한 후의 자신의 모습을 그려 보게 하소서.
실패 속에서 성공은 만들어지오니
성공할 수 없다는 의심을 다 버리고
소극적인 행동에서 벗어나 적극적으로 성취해 나가게 하소서.
수많은 장애물을 만나더라도 잘 대처하게 하시고
성공할 수 있다는 확신을 갖게 하소서.
모든 실패를 성공이라는 물감으로 지워 버리게 하시고
최선을 다하며 주님의 도우심을 바라게 하소서.
주님의 인도하심을 받게 하시고
항상 열정 속에서 최선을 다하게 하소서.
우리 주 예수 그리스도 이름으로 기도합니다. 아멘!

희망은 영구히 인간의 가슴에서 솟는다.
인간은 언제나 이제부터 행복해지는 것이다. 포프

8

August

18

비판을 당당하게 받아들이게 하소서

미움은 다툼을 일으켜도
사랑은 모든 허물을 가리느니라 잠언 10:12

우리를 항상 격려해 주시는 주님!
우리 부부가 잘못하거나 실수했을 때
비판을 잘 받아들이기를 원합니다.
삶을 행복하게 살기 위해서는 온실에 갇혀 있거나
집 안에서만 꽁꽁 숨어 살 수 없으니
사람들 속에서 변화된 삶을 살게 하소서.
남이 우리를 비난할 때
우리의 마음이 상처받음을 그들이 알게 하시고
우리가 남을 비판할 때에도
다른 사람이 상처받음을 알게 하셔서
우리도 남을 이유 없이 무조건 비판하지 않게 하소서.
비판은 비판을 낳게 하오니
비판보다는 올바른 판단을 하게 하소서.
오직 사랑으로 허다한 허물을 덮어 주게 하소서.
우리의 모든 비판과 죄와 허물을 모두 다 뒤집어쓰시고
홀로 십자가에 달리셔서 우리를 구원하신
주님의 사랑을 생각하며
비판하거나 미워하기보다는
사랑하며 살아가기를 원합니다.
우리 주 예수 그리스도 이름으로 기도합니다. 아멘!

중대한 희망은 우리로 하여금 사람이 되게 한다. 테니슨

19

잘못된 욕구를 잘 절제하게 하소서

우리의 씨름은 혈과 육을 상대하는 것이 아니요
통치자들과 권세들과 이 어둠의 세상 주관자들과
하늘에 있는 악의 영들을 상대함이라 에베소서 6:12

우리의 삶에 풍성한 지혜를 주시는 주님!
우리 부부가 결혼생활 속에서
잘못된 욕구에 대해 절제하게 하소서.
고집부터 내세우지 않게 하시고
자기주장부터 내세우고 꼭 관철하려는
어리석은 생각부터 버리기를 원합니다.
무조건 바가지부터 긁어대거나
무조건 말을 하지 않는 행동에서 떠나게 하소서.
화장을 너무 진하게 하거나
노출이 심한 옷을 입거나 지나친 향수를 쓰거나
남에게 혐오감을 주는 행동을 하지 않게 하소서.
짜증을 부리고 변덕스러운 마음이 들지 않게 하소서.
지나친 낭비벽으로 가정 경제를 무너뜨리는 일이 없이
물질도 절제하여 쓰는 지혜를 갖게 하소서.
가지 않아도 될 곳은 가지 않게 하시고
매사 부부를 위하여, 가정을 위하여
잘 조화되고 잘 절제된 삶을 살게 하소서.
남에게 잘 보이려는 삶보다
가족이 보기에 아름다운 삶을 살게 하소서.
우리 주 예수 그리스도 이름으로 기도합니다. 아멘!

사려 깊은 사람은 시간의 손실을 가장 슬퍼한다. 단테

결혼생활에 의미와 가치를 만들어 가게 하소서

사람의 행위가 여호와를 기쁘시게 하면
그 사람의 원수라도 그와 더불어 화목하게 하시느니라 잠언 16:7

결혼을 통하여 부부의 사랑을 성숙시키시는 주님!
우리 부부가 결혼생활에 의미와 가치를
만들어 가기를 원합니다.
결혼생활에서 가장 중요한 것은 사랑이오니
사랑을 실천함으로써 사랑의 가치를 소중히 여기게 하소서.
사랑 없는 생활은 감옥 같으니
우리 부부가 서로 사랑함으로써
서로가 서로를 책임질 수 있게 하시고
아껴 주게 하시고 상대의 부족을 채워 주게 하소서.
우리 부부가 주 안에서 변함없이 사랑하고
진실한 사랑을 나누며 살기를 원합니다.
더욱더 가까이 사랑하며 살게 하시고
마음의 문을 활짝 열어 사랑을 확인하게 하소서.
우리 부부의 사랑이 순수한 사랑이 되게 하시고
하나님이 주신 사랑으로 평생토록 동행하게 하소서.
우리 부부가 서로의 모든 것을 책임지며
하나님을 향한 분명한 믿음을 갖기를 원합니다.
믿음이 있어야 삶에 가치가 있고 의미가 있으니
우리 부부의 믿음이 날로 성장하게 하소서.
우리 주 예수 그리스도 이름으로 기도합니다. 아멘!

오늘 할 수 있는 일에만 전력을 쏟아라. 뉴턴

강한 자신감으로 시험을 극복하게 하소서

아무에게도 악을 악으로 갚지 말고
모든 사람 앞에서 선한 일을 도모하라 로마서 12:17

권세와 능력의 주님!
우리 부부에게 힘과 능력을 주시기를 원합니다.
우리 부부가 강한 자신감으로
삶 속에서 다가오는 갖가지 시험을
극복해 가기를 원합니다.
역경이 찾아올 때 다가오는 두려움을
자신감 있게 이겨 내게 하소서.
어려움이 있을 때 패배를 먼저 기억하기보다는
승리했을 때를 기억하며
모든 어려움을 이겨 내게 하소서.
긍정적인 마음으로 좋은 생각을 함으로써
실패를 통해 배우고 성공의 발판으로 삼게 하소서.
우리 부부가 실패를 두려워하지 말게 하시고
잘 견디고 잘 이겨 내기를 원합니다.
시험을 이겨 냄을 자아 성숙의 계기로 삼게 하시고
자신감을 통해 시험이 와도 염려나 걱정만 하지 않고
모든 것을 잘 이겨 내게 하시기를 원합니다.
자신감 넘치게 내일을 향하여 나아가게 하소서.
우리 주 예수 그리스도 이름으로 기도합니다. 아멘!

지나간 일은 지나간 일로 치고 그대로 두자. 호메로스

생활 속에 만족을 만들어 가게 하소서

우리가 종일 하나님을 자랑하였나이다
우리는 하나님의 이름에 영원히 감사하리이다 시편 44:8

나의 도우심이 되시고 나의 아버지가 되시는 하나님!
우리 부부가 생활 속에 만족을 만들며 살아가게 하소서.
날마다 일정한 시간을 기도하는 시간으로 정하여
주님과 영적인 교제 시간을 갖게 하소서.
주일과 정해진 시간에 예배드리고 봉사하며
섬기는 삶으로 신앙의 열매를 맺어 가며
신앙이 날마다 성숙해 가기를 원합니다.
우리 부부가 열심히 일하여 소득이 늘어 감으로
삶에 불편함이 없이 필요한 것들을 만들어 가며
사람들과 나누며 살게 하사
물질적으로 만족하게 하소서.
우리 부부가 서로 사랑하고 가족들이 한마음이 되어
가정을 복된 사람의 뜨락으로 만들어 가길 원합니다.
우리 부부가 서로의 꿈과 비전을 이루어 감으로
가정생활이 행복하게 되길 원하고,
건강함으로 열심히 일하여
이루고자 하는 일들을 성취하게 하소서.
우리 부부의 일들 속에 날마다
주님이 함께하심을 믿고 살아가게 하여 주소서.
우리 주 예수 그리스도 이름으로 기도합니다. 아멘!

꾸물대고 있는 것은 시간을 도적맞는 일이다. 영

8
A
ugust

23

주님을 구주로 영접한 삶을 살게 하여 주소서

우리 하나님이여 이제 우리가 주께 감사하오며
주의 영화로운 이름을 찬양하나이다 역대상 29:13

우리의 구주가 되시는 주님!

우리 부부가 생명력 있는 믿음을 갖고

바른 신앙생활을 함으로써

주님을 구주로 영접하게 하소서.

우리 부부를 주님께서 구원하여 주셨으니

주님을 구주로 고백하게 하시고

언제 어디서나 주님을 구주로 시인하며 살게 하소서.

우리 부부가 주님을 마음으로 믿고

입으로 시인하여 구원받기를 원합니다.

주님께서 우리 부부의 구주가 되심을 믿고 의지하오니

날마다 때마다 순간마다 인도하소서.

우리의 모든 죄악을 용서하셨으니

우리가 주님의 자녀답게 바른 신앙으로 살아가게 하소서.

성령으로 충만하게 하시고

마음의 문을 활짝 열고 주님을 높이 찬양하게 하소서.

우리 부부의 믿음을 반석 위에 든든히 세우게 하소서.

우리의 구주가 되시는 주님과 동행하며

주님의 뜻을 이루게 하시기를 원합니다.

우리 주 예수 그리스도 이름으로 기도합니다. 아멘!

시간의 흐름이 빠르다고 생각하는 것은 인생을 알게 되었기 때문이다. 기싱

24

배우자가 가지고 있는 지혜를 배우게 하소서

이 하나님의 뜻을 행하려 하면 이 교훈이
하나님께로부터 왔는지 내가 스스로 말함인지 알리라 요한복음 7:17

우리 부부를 사랑하시는 주님!
우리 부부가 항상 주님께 기도하며
말씀을 상고하며 믿음을 갖기를 원합니다.
주님의 인도하심을 따르게 하시고
부족한 점이 있다면 가장 가까운 배우자로부터
그가 가진 지혜를 배우기를 원합니다.
우리 부부의 믿음이 견고하여서 흔들리지 않게 하시고
어떤 시련이 몰아쳐도 서로를 신뢰하며 살게 하소서.
두 사람이 있으면 그중 한 사람은 스승이라고 함처럼
우리 부부가 서로 배움으로써 보다 나은 삶을 살게 하소서.
우리 부부가 주님이 주시는 은혜 속에
겸손하고 낮아짐으로써 주님께 영광을 돌리게 하소서.
언제나 서로에게 친절하게 하시고 정직하게 하시고
진실하게 사랑할 수 있는 마음이 되게 하여 주소서.
우리 부부가 어떤 곳에 있든지
어떤 길을 가든지, 어떤 일이 있든지
언제나 함께하시는 분이 주님이시길 원합니다.
우리 부부가 넓은 마음으로 이해심을 갖고
부족함을 채워 나가게 하소서.
우리 주 예수 그리스도 이름으로 기도합니다. 아멘!

짧은 인생은 시간의 낭비에 의해 한층 더 짧아진다. 존슨

25 | 쓸데없는 침묵에 빠지지 않게 하소서

여호와여 내 입에 파수꾼을 세우시고
내 입술의 문을 지키소서 시편 141:3

우리의 행함을 알고 계시는 주님!
우리 부부가 다툼이나 여러 가지 일로
대화를 단절하거나
쓸데없는 침묵에 빠지지 않게 하소서.
서로 대화가 잘 통하지 않는 것도 고통이지만
말없는 침묵이 너무 오래 계속되면
고통의 연속이 되오니 서로 마음의 문을 열고
충분한 대화를 나누게 하소서.
사소한 문제부터 대화로 해결하지 않고
자기주장만 내세우거나 고집을 부리지 않게 하소서.
자기 의사가 관철되지 않으면 시위라도 하듯이
입을 꼭 다물고 방문을 꼭꼭 닫지 않게 하소서.
싸움으로 인해 온 집안에 냉기가 돌고
화목해야 할 집안 분위기가 썰렁해지고 엉망이 되오니
서로가 조금씩 더 이해하며
하나 된 마음으로 살게 하소서.
오늘의 삶이 얼마나 중요한데 쓸데없는 침묵으로
집 안에 휴전선을 그어 놓고 냉전을 벌이지 않게 하소서.
항상 화목이 넘치는 행복한 가정이 되기를
우리 주 예수 그리스도 이름으로 기도합니다. 아멘!

제일 많이 바쁜 사람이 제일 많은 시간을 가진다. 비네

8

A

ugust

26

부부가 서로 도와주게 하소서

그가 나를 푸른 풀밭에 누이시며
쉴 만한 물가로 인도하시는도다 시편 23:2

우리의 힘이 되시고 도움이 되시는 주님!
우리 부부가 가정의 일이나, 집안일이나, 회사 일이나,
자녀 일이나, 교회 일이나, 갖가지 일이 일어났을 때
서로 방관하지 않고 도와주게 하소서.
즉흥적 감정으로 화만 내거나
왜 이렇게 되었는가 투덜대기만 하기보다는
지혜와 마음을 모아 잘 해결해 나가게 하소서.
사람이 살아가노라면 넘어질 때도 있고,
쓰러질 때도 있고, 좌절할 때도 있으니
이럴 때일수록 가장 가까운 부부의 마음이
하나가 되기를 원합니다.
부부가 하나 될 때 산더미같이 쌓인 것으로 느꼈던
힘든 일들도 눈 녹듯이 사라지고
기쁨을 회복할 날도 속히 올 줄로 아오니
주님께서 인도하시기를 원합니다.
우리 부부가 언제나 생각이 하나되게 하시고
뜻이 하나가 되어 어떤 어려움도 이겨 내게 하소서.
우리 부부의 마음이 주님이 보시기에도
아름답기를 원합니다.
우리 주 예수 그리스도 이름으로 기도합니다. 아멘!

희망이 인간을 만든다. 큰 희망을 가지라. 테니슨

8
27

august

세속적 오락에서 벗어나게 하소서

그들이 하나님을 시인하나 행위로는 부인하니 가증한 자요
복종하지 아니하는 자요 모든 선한 일을 버리는 자니라 디도서 1:16

주 안에서 항상 기뻐하라 하신 주님!
부부가 되면 자신의 일이나 가정에
책임을 지는 것이 마땅한 도리인 줄 아오니
우리 부부가 맡은 책임을 잘 감당하게 하소서.
가정과 자신의 일을 등한시하면서
세속적 오락에 깊이 빠지는 일이 없게 하시고
빠져 있으면 벗어날 수 믿음과 용기를 주셔서
새롭게 변화된 삶을 살게 되기를 원합니다.
경마와 경정, 카지노와 도박에 빠져 있든지
사람들과 몰려다니며 이곳저곳에서 세속적 향락에 빠져 있든지
술독에 온몸을 빠뜨려 사는 일이 없게 하소서.
정신을 차리고 열심히 일해도 살기 어려운 세상에서
무기력하게 살아가지 않게 하소서.
우리 부부가 항상 경성하여 기도하게 하시고
자신이 어떤 일을 어떻게 해야 부부와 가정이
원만하게 행복한 삶을 살 수 있는가를 바르게 알게 하소서.
과거에 매달려 살지 않게 하시고
오늘에 충실하며 내일에 소망을 품고
최선을 다하여 최대의 효과를 내며 살게 하소서.
우리 주 예수 그리스도 이름으로 기도합니다. 아멘!

희망은 힘찬 용기이며 새로운 의지이다. 마르틴 루터

어려움에 처했을 때 잘 이겨 내게 하소서

만일 누구든지 무엇을 아는 줄로 생각하면
아직도 마땅히 알 것을 알지 못하는 것이요 고린도전서 8:2

우리 부부의 삶이 복되기를 원하시는 주님!
우리 부부가 삶 속에서 생각지 않았던
어려움에 처하게 되었을 때
믿음으로 잘 견디고 잘 이겨 내어
서로가 웃음으로 하나가 되게 하소서.
삶 속에서 미움이 생길 때,
분노가 일어날 때,
화가 나고 믿고 싶지 않을 때,
결혼한 것조차 후회가 될 때,
가족 관계가 어려울 때,
부도가 났을 때,
자녀들에게 문제가 생겼을 때,
남에게 모욕을 당하거나 원한이 싹틀 만한 일이 생겼을 때,
순간적인 충동으로 모든 것을 결정하지 않게 하시고
어려울 때일수록 기도하며 믿음으로
눈앞의 현실을 새롭게 변화시켜 나가게 하소서.
주님 안에서 우리 부부에게 부드러운 마음을 주시고
서로를 위로하게 하시고 이해와 용서하는 마음으로
묶어진 것들을 다 풀어 내게 하시기를 원합니다.
부부 사이에 화평을 누리기를 원합니다.
우리 주 예수 그리스도 이름으로 기도합니다. 아멘!

희망은 사람을 성공으로 이끄는 신앙이다. 헬렌 켈러

결혼한 자녀들을 축복하여 주소서

여호와는 긍휼이 많으시고 은혜로우시며
노하기를 더디 하시고 인자하심이 풍부하시도다 시편 103:8

모든 가정이 행복하기를 원하시는 주님!
우리 부부에게 자녀를 주시고 잘 키워 주시고
성장하여 결혼하게 하심을 감사드립니다.
우리 자녀들이 항상 주님의 말씀 안에서
바른 신앙생활을 하게 하시고
부부 사랑이 늘 충만하여 행복하게 살게 하소서.
먼저 예수 그리스도 안에서 믿음으로 살게 하시고
건강하게 하시며 물질의 축복과
자녀의 축복을 주시기를 원합니다.
저들이 이루고자 하는 꿈과 비전을
하나씩 성취해 나가기를 원합니다.
자녀들이 어디서나 필요한 사람이 되게 하시고
주님의 섭리 안에서 주님의 뜻을 이루며
주님께 영광을 돌리는 삶을 살기를 원합니다.
자녀들을 온전히 주님께 맡기오니
우리의 자녀들도 주님께 온전히 헌신하며 살게 하시고
항상 기도하며 기뻐하며 살게 하여 주소서.
우리 자녀들이 어디를 가든지 어디에 거하든지
주님께서 인도하여 주심을 믿습니다.
우리 주 예수 그리스도 이름으로 기도합니다. 아멘!

사람이 어렸을 때부터 좋은 습관을 들이는 것이 중요하다. 스마일스

8

30

August

병들지 않게 하소서

내가 네 행위를 아노니 네가 차지도 아니하고 뜨겁지도 아니하도다
네가 차든지 뜨겁든지 하기를 원하노라 요한계시록 3:15

우리의 병을 치유하시는 주님!
우리 부부에게 건강을 주시기를 원합니다.
악한 병에 들지 않게 하시고
병들었을 때에도 치유하셔서 완치되게 하소서.
주님께서 우리의 모든 죄악을 지시고
우리의 모든 아픔을 담당하셨으니
우리가 병이 들고 나약할 때에도 주님을 의지하게 하사
모든 질병에서 놓임을 받게 하시고
젊었을 때나 나이가 들었을 때나
우리 부부가 항상 건강함으로 주님의 일에 동참하며
주 안에서 기뻐하며 살게 하소서.
주님께서 우리 부부를 온갖 병으로부터 보호하시고
우리의 몸과 영혼과 모든 것을 지켜 주시기를 원합니다.
우리 부부가 믿음으로 하나님의 전신갑주를 입게 하시고
늘 말씀 속에서 주님과 함께 살게 하소서.
생활 속에 절제가 있게 하시고
늘 깨어 기도하게 하소서.
건강함으로 병마가 찾아오지 않게 하소서.
우리 주 예수 그리스도 이름으로 기도합니다. 아멘!

누구나 다 날씨에 대해 말하지만 아무도 날씨를 어떻게 하지는 못한다.
마크 트웨인

부부 사이에 구타하는 일이 없게 하소서

내 속 곧 내 육신에 선한 것이 거하지 아니하는 줄을 아노니
원함은 내게 있으나 선을 행하는 것은 없노라 로마서 7:18

우리의 마음에 평안을 주시는 주님!
우리가 참사랑을 나누며 살게 하소서.
대화 속에서 따뜻한 말로 위로하고 격려하게 하시고
마음과 마음으로 서로의 뜻을 전하며 살게 하소서.
우리 부부 사이에 손찌검이나
구타하는 일이 일어나지 않게 하소서.
부부 사이에서 폭력은 있어서는 안 될
가장 불행한 일이오니
그런 일이 시작도 되지 않게 하소서.
부부 사이의 갈등을 해소하기 위해서
서로를 충분히 알게 하시기를 원합니다.
우리 부부가 서로에게 트집을 잡기보다
서로에게 힘과 용기를 주게 하소서.
우리 부부가 상대의 말에 귀를 기울이게 하시고
힘들 때 도움이 되게 하여 주소서.
분노의 마음이 일어날 때, 화가 날 때일수록 대화로 풀게 하시고
절대로 폭력 사태가 일어나는 불상사가 없게 하소서.
서로가 서로를 존경해 주며 사랑하게 하소서.
서로가 서로를 위하여 헌신하는 삶을 살게 하소서.
우리 주 예수 그리스도 이름으로 기도합니다. 아멘!

절대로 실수하지 않는 사람은 아무 일도 하지 않는 사람뿐이다. 롤랑

9

SEPTEMBER

봉사와 섬김과 나눔의 삶을
살게 하소서

내 목숨 꽃 지는 날까지

내 목숨 꽃 피었다가
그 어느 날 소리 없이 지더라도
흐르는 세월을 탓하지 않고
살아가고 싶다

모두들 떠나는
사람들 속에
나 또한 한 사람
언젠가는 이 지상에서 떠나야만 할
이 삶을 기뻐하며 살고 싶다

삶의 시간들
한 순간 한 순간이
얼마나 소중한가
만나는 사람, 사람들이
얼마나 따뜻한가

내 고독에 너무 깊숙이 파묻혀
괴로워하지 않고
작은 기쁨도 잔잔한 사랑도
함께 나누며 살고 싶다

내 목숨 꽃 피었다가
바람이 불 때마다 떨어지더라도
모든 것을 감사하며 떠나고 싶다

부부의 꿈을 키워 나가게 하소서

하나님이 세상에서 가난한 자를 택하사
믿음에 부요하게 하시고 또 자기를 사랑하는 자들에게
약속하신 나라를 상속으로 받게 하지 아니하셨느냐 야고보서 2:5

내일의 소망을 주시는 주님!
우리 부부에게 삶의 기쁨을 느낄 수 있는
꿈과 소망을 주시니 감사드립니다.
우리 부부가 주님께서 주신 꿈과 소망을
날마다 이루어 가는 기쁨 속에 살게 하소서.
우리 부부에게 주신 재능과 능력을 다 발휘하여서
꿈과 비전을 이루어 가기를 원합니다.
우리 부부의 꿈이 주님의 은혜로
우리 눈앞에 이루어짐을 보게 하셔서
우리의 삶 속에서 일어나는 축복과 행복을 체험하게 하소서.
꿈과 소망을 이루어 가는 것이 쉽지가 않으니
괴로움이나 고통이 다가올 때
오직 주님만을 바라보며 이겨 내게 하소서.
우리 부부가 꿈과 소망을 마음에 품고 살아갈 수 있는
기쁨을 주신 주님께 늘 감사드리며
이 기쁨을 나누며 이루며 살아가기를 원합니다.
우리에게 주신 꿈을 우리가 이루어 가야 하오니
날마다 기도하며 아주 작은 것부터 이루어 가게 하소서.
꿈을 이루는 첫 계단부터 하나씩 올라가게 하소서.
우리 주 예수 그리스도 이름으로 기도합니다. 아멘!

일이 즐거우면 인생은 낙원이다.
일이 의무에 불과하면 인생은 지옥이다. 막심 고리키

봉사하며 섬기는 삶을 살게 하소서

우리 주 예수 그리스도의 은혜를 너희가 알거니와
부요하신 이로서 너희를 위하여 가난하게 되심은
그의 가난함으로 말미암아 너희를 부요하게 하려 하심이라 고린도후서 8:9

이웃을 내 몸같이 사랑하라 하신 주님!
이 세상에는 갖가지 어려운 처지 속에 살아가며
도움을 요청하는 사람들이 많이 있사오니
우리 부부가 남을 위하여 봉사하며 섬기며
주님의 사랑을 나누는 삶을 살기를 원합니다.
우리 부부가 하나님의 나라와 그 의를 구하며
열심을 다하여 선한 일에 동참하게 하소서.
우리가 이웃을 사랑하고 섬기며 봉사하는 일에
동참할 수 있음은 은혜요 축복이오니
온 마음을 다하여 행동으로 보여주게 하소서.
우리 부부가 주님의 사랑과 은혜를
생활 속에서 전하게 하셔서
하나님의 자녀답게 살기를 원합니다.
우리의 이웃들과 화목하게 살아감으로써
우리의 믿음이 성장하게 하시고
영적인 힘이 점점 더 성장하기를 원합니다.
이웃에게 사랑을 베푸는 방법을 주님께서 가르쳐 주시고
주님의 사랑을 나타내는 데 필요한
지혜와 명철을 허락하시기를 원합니다.
우리 부부가 만나는 사람들에게 복음을 전하게 하소서.
우리 주 예수 그리스도 이름으로 기도합니다. 아멘!

자기 일을 찾는 자는 복이 있다. 그가 다른 복을 찾지 않게 하라. 칼라일

일의 실패를 통하여 더 현명하게 하소서

그러나 너는 모든 일에 신중하여 고난을 받으며
전도자의 일을 하며 네 직무를 다하라 디모데후서 4:5

우리의 삶을 시작부터 끝까지 인도하시는 주님!
우리의 삶 속에서 날마다 수많은 성공과 실패가 일어나오니
순간순간마다 잘 대처하여 견고하게
승리하는 삶을 살게 하시기를 원합니다.
우리 부부가 일의 실패를 통하여
더 현명해지고 지혜롭게 되기를 원합니다.
우리의 실패는 목적으로 삼았던 일에
제대로 대응하지 못하였을 때 일어나게 되오니
잘 대처하여 나가게 하소서.
실패는 능력과 조건이 불리할 때 일어나니
능력과 조건을 갖추어 나가게 하여 주소서.
우리 부부가 이루고 싶었던 일들이 무너져 내리고
결딴나는 상태가 되었다 하여도 실망하지 않게 하소서.
우리 부부가 실패를 너무 두렵고 힘들고
무겁게만 생각지 않게 하시고 이겨 내게 하소서.
실패는 성공을 위한 단계임을 알게 하셔서
한순간 넘어졌다고 한계에 머물러 있지 않게 하소서.
우리의 꿈이 살아 있어서 꿈의 실현을 보게 하소서.
실패가 있기에 성공이 있으니
실패를 통하여 더욱더 성장하여 나가기를
우리 주 예수 그리스도 이름으로 기도합니다. 아멘!

우리가 세운 목적이 그른 것이라면 언제든지 실패할 것이요,
우리가 세운 목적이 옳은 것이라면 언제든지 성공할 것이다. 안창호

때로는 혼자만의 시간도 즐기게 하소서

내가 진실로 진실로 너희에게 이르노니
한 알의 밀이 땅에 떨어져 죽지 아니하면
한 알 그대로 있고 죽으면 많은 열매를 맺느니라 요한복음 12:24

이 땅에 오셔서 홀로 기도하신 주님!
우리가 부부로 만나 사랑하며 살게 하심은
주님의 무한하신 사랑과 축복임을 믿고 감사드립니다.
우리 부부가 때로는 여러 가지 일로 인하여
혼자 있어야 할 때가 있으니 홀로 있을 때에도
혼자만의 시간도 즐기게 하소서.
우리의 삶에서 가장 중요한 것은
자신의 삶의 방향을 분명히 정하는 것이오니
앞으로 전진하여 소득과 결과를 얻게 하소서.
혼자 있어야 할 때 우리의 삶에
의미를 주시고 도움을 주시고 격려해 주시는
주님과 만나는 시간을 갖게 하소서.
우리 부부가 서로 좋은 성격을 만들어 가게 하시고
건강한 가치관이 만들어지게 하소서.
겸손함과 유머가 있게 하시고
혼자 있을 때에도 부부와 가족과 이웃을 위하여
기도하며 감사하며 살아가기를 원합니다.
혼자 있을 때 쓸데없는 고독에 빠져 있기보다는
혼자만의 시간을 통하여 자신을 돌아보며
자신을 완성시켜 가게 하소서.
우리 주 예수 그리스도 이름으로 기도합니다. 아멘!

인간은 의욕을 창조함으로써 비로소 행복해질 수 있다. 알랭

다른 사람의 기쁨도 함께 기뻐하게 하소서

우리의 기쁨 중의 기쁨이 되시는 주님!

우리 부부에게 주 안의 기쁨과 구원의 기쁨과

주님께서 주시는 사랑의 기쁨을

소유하게 하심에 무한한 감사를 드립니다.

자신의 삶 속에서 크게 성공한 사람들은

다른 사람의 기쁨에도 아낌없는 박수를 주고

함께 기도하는 사람들이오니

우리의 부부도 다른 사람의 기쁨도 함께 기뻐하게 하소서.

우리의 마음이 때로는 이기심이 가득하여

다른 사람이 잘되는 것이 싫고 비판하고 싶을 때

마음을 비우고 진정한 축하를 하게 하소서.

우리 부부가 다른 사람이 성공했을 때

진실한 마음과 넓은 마음으로

축복하게 되기를 원합니다.

남을 배려할 때 좋은 사람들과 만나게 되고

모든 것이 잘 성장하게 되오니

우리 부부가 다른 사람들에게 도움이 되게 하시고

서로 배려하고 존경해 주는 친구가 되게 하소서.

좋은 일이 있을 때 함께 기뻐하며 살아가게 하소서.

우리 주 예수 그리스도 이름으로 기도합니다. 아멘!

만족하게 살고 때때로 웃으며 많이 사랑한 사람이 성공한다. 스탠리

사람들과의 관계가 잘 이루어지게 하소서

너의 행사를 여호와께 맡기라 그리하면
네가 경영하는 것이 이루어지리라 잠언 16:3

사랑이 풍성하신 주님!
우리가 주님을 만남으로써 새롭고 산 길이 열렸고
죄악에서 구원받게 되었으니 감사드립니다.
세상에서 수많은 사람들과 만나지만
가까이 해야 할 사람들과
가까이 하지 말아야 할 사람들이 있사오니
잘 구분할 수 있는 지혜를 주시고
인간관계를 잘 맺어 가는 은혜를 주시기를 원합니다.
자기의 이익만을 원하고 자기의 주장만을 내세우는
사람들과의 관계 속에서 지혜롭게 하소서.
남에게 상처를 입히고도 모른 체하는
뻔뻔한 사람들, 허풍이 심하고
마음이 약한 사람을 잘 이용하는 사람들까지도
인간관계를 잘할 수 있게 하여 주소서.
말만 잘하고 책임을 잘 지지 않고 무질서한 사람들과
인간관계를 잘할 수 있는 지혜를 주시기를 원합니다.
진실한 사랑을 모르는 사람들과
인간관계를 잘 이루어 가게 하소서.
그리하여서 그들에게 예수님을 바르게 소개하게 하소서.
우리 주 예수 그리스도 이름으로 기도합니다. 아멘!

위대한 포부가 위대한 인간을 만든다. 토머스 풀러

기도로 자신의 한계를 극복하게 하소서

환난 날에 나를 부르라 내가 너를 건지리니
네가 나를 영화롭게 하리로다 시편 50:15

전지전능하신 주 하나님!
우리 부부가 기도로 자신의 한계를 잘 알고
극복하여 나가기를 원합니다.
우리를 쓰러뜨리고 넘어뜨리려는 어떤 절망도
우리를 괴롭히려는 어떤 말과 행동도
우리 부부를 무너뜨리지 못하게 하소서.
하나님의 말씀으로 우리 안에 지혜를 얻게 하시고
주님이 주시는 힘과 능력으로 전진하기를 원합니다.
주님을 온전히 믿게 하시고
항상 주님의 손안에 거하게 하소서.
우리 부부가 하나님의 지혜를 받게 하시고
어떤 슬픔도, 낙심도, 부족함도, 연약함도, 두려움도 없이
오직 주님의 이름으로 날마다
승리하는 기쁨 속에 살기를 원합니다.
오직 성령께서 우리를 인도하소서.
우리의 나아갈 길을 평탄하게 하시고
모든 길이 안정되게 하시기를 원합니다.
하나님의 크신 능력으로 풍요로운 삶을 살게 하소서.
우리 부부의 걱정거리가 도리어 기쁨이 되게 하소서.
우리 주 예수 그리스도 이름으로 기도합니다. 아멘!

운명은 용기 있는 자 앞에서는 약하고 비겁한 자 앞에서는 강하다. 루스벨트

자신을 가꾸는 생활 습관을 갖게 하소서

내게 능력 주시는 자 안에서
내가 모든 것을 할 수 있느니라 빌립보서 4:13

우리 삶의 제련사이신 주님!
주님께서 우리의 삶을 인도하시고
사랑하여 주심을 감사드립니다.
우리 부부가 각기 자기 자신을 잘 가꾸어 나가는
생활 습관을 갖게 되기를 원합니다.
우리는 죄악 속에 살아가기에
주님의 손길로 깨끗하고 정결하게 연마되어야 하오니
주님께서 변화시켜 주시기를 원합니다.
우리 부부의 삶 속에 성실함을 주셔서
꾸준하게 계속하여 가꾸고 변화시키게 하소서.
우리 부부가 주님을 사랑하듯 서로 사랑하고
자신을 사랑하고 이웃을 사랑하는 일을 중단하지 않게 하소서.
우리 부부를 주 안에서 날마다 변화시키소서.
우리의 능력만으로는 아무것도 할 수 없으니
주님의 능력으로 모든 것을 이루어 가게 하소서.
변덕 부리지 말게 하시고 고집부리지 말게 하시고
아집에 빠지지 않고 불성실에 빠지지 않고
꾸준히 계속하여 자신을 계발하여 나가게 하소서.
우리 주 예수 그리스도 이름으로 기도합니다. 아멘!

결혼이란 디저트보다 수프가 맛이 좋은 디너 코스다. 오마리

날마다 힘차게 살게 하소서

오직 여호와를 앙망하는 자는 새 힘을 얻으리니 독수리가 날개치며
올라감 같을 것이요 달음박질하여도 곤비하지 아니하겠고 걸어가도
피곤하지 아니하리로다 이사야 40:31

우리에게 구원의 확신을 주시는 주님!

우리 부부가 날마다 힘차게 살아가며

주님의 능력으로 보람을 느끼게 하소서.

우리의 삶은 만남 속에서 이루어지오니

주님과의 만남으로 영성이 회복되게 하시고

구원의 확신을 가짐으로써 힘차게 살아가게 하소서.

사람들을 잘 만나게 하시고

주님 앞에 바로 선 교회에서 믿음의 생활을 하게 하소서.

주 안의 지체들과 좋은 만남을 갖게 하사

삶 속에 믿음과 활력이 넘치기를 원합니다.

날마다의 삶을 축복의 날로 만들게 하시고

날마다의 삶을 기쁨의 날로 만들게 하시고

날마다의 삶을 성공의 날로 만들게 하소서.

우리가 살아가면서 힘겨운 일들도 많이 겪게 되지만

날마다 주님 안에 머물면서

감격과 감동의 날들로 만들어 가게 하소서.

날마다 소망 속에 살아가며 기쁨의 날로 만들게 하여 주소서.

열정을 다하여 주 안에서 살아가게 하소서.

우리 주 예수 그리스도 이름으로 기도합니다. 아멘!

사랑이 있는 곳에 항상 낙원이 있다. 장 파울

이성 관계에 질서가 있게 하소서

여호와께서 너를 지켜 모든 환난을 면하게 하시며
또 네 영혼을 지키시리로다 시편 121:7

남자와 여자의 조화를 아름답게 하시는 주님!
우리 부부가 사람들과의 만남 속에
좋은 만남들이 늘어나게 하시고
이성들과의 만남 속에 질서가 있게 하시기를 원합니다.
사람들의 인격과 성품은 주위 환경과 교육 등에 의해서
형성되지만 진실한 만남은 모든 것을 의롭게 하오니
만남에 질서가 있게 하여 주소서.
변화를 두려워하지 않게 하시고 무표정함으로
상대방을 당황하게 만들지 않게 하소서.
불만이 많아 불평하지 않게 하시고
이성관계가 복잡하여 무질서하지 않게 하소서.
물질관계가 분명하게 하시고
무식한 행동을 하지 않게 하소서.
남의 신체적인 단점을 드러내지 않게 하시고
말투가 거칠거나 마음의 변덕이 심하지 않게 하소서.
주님과의 관계가 바르게 됨으로써
이성간의 관계도 바르게 되게 하소서.
성령께서 우리의 마음을 주장하셔서
사람들의 영혼부터 사랑하게 되기를 원합니다.
주님께서 우리의 마음을 주장하여 주소서.
우리 주 예수 그리스도 이름으로 기도합니다. 아멘!

사랑하라. 인생에 있어서 좋은 것은 그것뿐이다. 조르주 상드

우리 부부가 다정하게 살게 하소서

여호와께서 명령하사 네 창고와 네 손으로 하는 모든 일에
복을 내리시고 내 하나님 여호와께서 네게 주시는 땅에서
네게 복을 주실 것이며 신명기 28:8

우리 부부와 가족을 사랑해 주시는 주님!

우리 부부가

불평하기보다는 진취적으로 생각하게 하소서.

우리 부부가

온 가족의 마음을 따뜻하게 보살피게 하소서.

우리 부부가

어떠한 일도 해 나갈 수 있는 자신감을 주소서.

우리 부부가

자신이 해야 할 일을 찾아 잘 하게 하소서.

우리 부부가

때로는 경제적으로 어려워도 즐겁게 살게 하소서.

우리 부부가

우울할 때 서로 위로해 줄 수 있는 마음이 되게 하소서.

우리 부부가

서로 무시하지 않고 칭찬과 격려를 주기를 원합니다.

우리 부부가

주님을 온전히 신뢰하며 소망을 갖고

긍정적으로 살아가기를 원합니다.

우리 부부가

가족과 이웃과 진실한 사랑을 나누게 하소서.

우리 주 예수 그리스도 이름으로 기도합니다. 아멘!

사랑할 수 있다는 것은 모든 것을 할 수 있다는 것이다. 체호프

12 | 돈을 맹신하지 않게 하소서

기록되었으되 사람이 떡으로만 살 것이 아니요
하나님의 입으로부터 나오는 모든 말씀으로 살 것이라 마태복음 4:4

우리에게 착하고 선한 마음을 주시는 주님!
우리 부부가 복 있는 사람이 되게 하사
악하거나 불의하거나 오만하지 않게 하소서.
주님의 인도하심으로 형통함을 보게 하시고
주님의 말씀을 날마다 묵상하며 살게 하소서.
우리 부부가 돈을 맹신하지 않게 하시고
돈 때문에 좌절하거나 쓰러지지 않게 하소서.
돈 때문에 사람을 잃거나 자신을 망치지 않게 하소서.
돈을 벌기 위해서 노력하고 땀 흘리게 하시고
수입을 통해서 하나님께 영광을 돌리게 하소서.
우리 부부가 행복한 삶을 살아가게 하시고
이웃들과 나눔이 있는 복된 성도의 삶을 살게 하소서.
돈만 아는 삶이 아니라 주님을 섬기며
가족과 이웃을 사랑하기를 원합니다.
우리 부부가 돈만 알고 욕심을 내며 사는 것이 아니라
성실하게 주님의 뜻을 이루며 살게 하소서.
땀 흘리며 소득을 얻음을 축복으로 알게 하시고
돈보다 주님과 가정을 소중히 여기게 하소서.
우리를 축복하시는 주님을 온전히 신뢰하게 하소서.
우리 주 예수 그리스도 이름으로 기도합니다. 아멘!

만물은 성스러운 사랑에 의해 움직인다. 단테

주님의 인도하심을 자랑하며 살게 하소서

내가 너희에게 분부한 모든 것을 가르쳐 지키게 하라
볼지어다 내가 세상 끝날까지 너희와 항상 함께 있으리라 마태복음 28:20

우리의 삶을 소원의 항구로 인도하시는 주님!
우리 부부가 주님께서 구원하신
자신의 가치를 자랑할 수 있는
기쁨을 갖기를 원합니다.
우리의 가치는 주님이 십자가에서
피 흘려 구속하신 소중한 것이오니
날마다 예수 그리스도를 자랑하며 살게 하소서.
우리 부부가 그리스도인의 삶을 살아가게 하시고
삶 속에서 예수 그리스도의 편지로 읽혀지게 하소서.
성령의 인도하심을 따라 복음의 열매와
사랑의 열매를 맺어 가기를 원합니다.
우리가 주님의 사랑을 받았으니
사랑하지 않고는 못 견디게 하소서.
주님께서 우리 부부의 삶을 인도하소서.
주님의 은혜로 날마다 가치 있는 삶을 살게 하사
주님이 주신 은혜와 축복을 자랑하며 살게 하소서.
우리의 삶 속에서 예수 그리스도를 자랑하며 살게 하소서.
우리 주 예수 그리스도 이름으로 기도합니다. 아멘!

존경이 없으면 진정한 사랑이 성립되지 않는다. 괴테

14

값진 삶을 살게 하소서

예수께서 이르시되 할 수 있거든이 무슨 말이냐
믿는 자에게는 능히 하지 못할 일이 없느니라 하시니 마가복음 9:23

우리의 마음을 주장하시는 주님!
우리의 마음은 감정과 환경과 조건에 따라 변화하오니
삶을 값지게 살아가기를 원합니다.
주님께서 허락하신 날 동안 소망을 이루며 살게 하소서.
생명을 주시고 삶의 길을 열어 주신
하나님의 놀라우신 섭리를 체험하고 경험하며 살게 하소서.
우리의 꿈이 완성되게 하소서.
우리의 마음에 평안을 주사 이웃을 돌보게 하시고
항상 열심을 내어 살아가게 하소서.
우리의 영혼을 천하보다 소중하게 여겨 주시니
우리에게 주신 물질과 시간과 건강을
소낙비가 쏟아져 내리듯이
미련 없이 후회 없이 열정을 다 쏟아 살게 하소서.
우리 부부가 항상 오늘보다 내일을 소망하며
주님을 의지하며 살아가기를 원합니다.
우리 부부에게 성령 충만함을 주시고
진리의 자유함을 주시기를 원합니다.
주님께서 항상 인도하여 주심을 믿고
주님의 뜻 안에서 가치 있는 삶을 살게 하소서.
우리 주 예수 그리스도 이름으로 기도합니다. 아멘!

우리의 인생은 우리가 노력한 만큼 가치가 있다. 프랑수아 모리아크

잘못을 변명하지 않고 고치게 하소서

마음이 청결한 자는 복이 있나니
그들이 하나님을 볼 것임이요. 마태복음 5:8

우리의 죄와 허물을 용서하시는 주님!
우리는 잘못을 잘 저지르고
실수투성이가 될 때가 많사오니
우리의 잘못을 변명만 하지 않고 고치게 하소서.
진심으로 믿어 주면 누구나 좋아하오니
우리 부부가 서로 믿고 신뢰하게 하소서.
모든 것에 서로 의지하고 힘을 주어
삶 속에서 새록새록 행복을 느끼게 하소서.
위로받을 때 위로해 줄 때
우리 마음이 따뜻해지고 평안해지오니
항상 서로 믿고 의지하게 하시고
서로 속이지 않고 상처를 주지 않게 하소서.
우리 부부가 남을 사랑할 줄 알게 하시고
기쁨과 행복을 함께 나누며 살게 하소서.
우리 부부가 사랑의 소중함을 깨달아
서로 사랑하게 되기를 원합니다.
우리가 주 안에서 살기를 원합니다.
우리 주 예수 그리스도 이름으로 기도합니다. 아멘!

4월의 날씨와 여자의 마음은 순간마다 바뀐다. 유럽 속담

9
S
eptember

16

고정관념에 희생되지 않게 하소서

예수께서 이르시되 내가 곧 길이요 진리요 생명이니
나로 말미암지 않고는 아버지께로 올 자가 없느니라 요한복음 14:6

생명의 말씀을 우리에게 주신 주님!

우리 부부가 주님의 말씀 속에서

구속의 참뜻을 알게 하시고 사랑을 깨닫게 하소서.

우리 부부가 잘못된 고정관념에 희생되지 않게 하소서.

삶을 살다 보면 타려고 했던 열차를 놓칠 때가 있듯이

허무해질 때도 있으니 체념하지 않게 하소서.

우리의 삶이 틀이나 올무에 갇히지 않게 하시고

틀에 박힌 형식에 따라 움직이는 것이 아니라

주님이 주시는 진리의 자유함을 따라 살게 하소서.

우리 부부가 끊임없는 기도를 통하여

사고와 마음이 넓어지기를 원합니다.

주변 사람들을 탓하지 않고 우리 스스로가

주님 안에서 성장하고 변화되게 하소서.

삶 속에서 주님의 인자하심과

성실하심과 무궁하심을 체험하며

변화된 삶을 살기를 원합니다.

우리 주님께서 높고 깊고 넓은 마음으로

우리가 고정관념에 희생되지 않게 하소서.

우리 주 예수 그리스도 이름으로 기도합니다. 아멘!

결단하여 해야 할 일은 실행하겠다고 결심하라.
일단 결심한 것은 반드시 실행에 옮겨라. 프랭클린

9
S
eptember

17

남을 탓하기 전에 자신을 알게 하소서

우리가 살아도 주를 위하여 살고 죽어도 주를 위하여 죽나니
그러므로 사나 죽으나 우리가 주의 것이로다 **로마서 14:8**

환난 때에 피할 바위가 되시는 주님!
우리 부부가 스스로 너무 잘난 척하거나
교만과 오만과 자만에 빠져서 남을 탓하기 전에
자신을 먼저 알게 하소서.
사람은 누구나 각각 다른 개성을
갖고 있음을 알게 하소서.
다른 사람들을 인정하고 돕기를 원합니다.
우리가 부족하고 연약하지만 주님께서 우리를
지명하시고 선택하시고 사용하시는
무한하신 사랑을 알기를 원합니다.
우리는 남의 결점을 금방 찾아내기가 쉬우나
삶의 습관과 방법을 바꾸어서
남의 장점을 잘 찾아내고 칭찬해 주게 하소서.
사람들을 만나면 탓하거나 비판하기보다는
다른 사람의 입장에서 자신을 다시
바라보고 진실을 깨닫게 하시기를 원합니다.
누구나 바라보는 시각에 따라 달라지오니
우리가 스스로 겸손해져서 주 안에서
서로 도움을 주게 하시고 도움을 받기를 원합니다.
우리 주 예수 그리스도 이름으로 기도합니다. 아멘!

행위란 사람이 자기 모습을 나타내는 거울이다. 괴테

모든 것을 밝은 면에서 바라보게 하소서

욕심이 잉태한즉 죄를 낳고
죄가 장성한즉 사망을 낳느니라 야고보서 1:15

어둠 속에 빛을 주시고 우리에게 생명을 주시는 주님!
이 세상에는 어둠과 밝음이 있고
죄와 용서가 있고 악함과 선함이 있으니
우리가 빛 가운데서 살아가며 모든 것을
밝은 면에서 제대로 바라보게 하소서.
우리 부부가 죄와 사망의 법에서 자유를 얻었으니
성령 충만함 속에 계속 성숙한 영성을 갖게 하소서.
성령께서 우리의 마음에 함께하셔서
주님의 사랑 속에 믿음으로 살기를 원합니다.
우리가 주님과 함께하는 삶을 살게 하시고
주님의 지혜와 지식과 능력과 권세 속에서
선한 열매들을 맺게 하소서.
우리의 마음과 눈과 귀가
어두운 쪽으로 향하지 않게 하시고
빛의 자녀들처럼 빛 가운데 행하게 하소서.
악을 멀리하고 악은 모양이라도 버리게 하사
우리 주님 예수 그리스도 안에서
성숙된 그리스도인의 삶을 살게 하소서.
우리 주 예수 그리스도 이름으로 기도합니다. 아멘!

너무나 목표를 높여 눈앞의 직업을 잃어서는 안 된다. 에머슨

9 S eptember

19

결벽주의를 버리게 하소서

아들이 있는 자에게는 생명이 있고
하나님의 아들이 없는 자에게는 생명이 없느니라 요한1서 5:12

거룩하고 거룩하신 주님!
우리 부부에게 지나친 결벽주의가 있다면 버리게 하소서.
의인은 하나도 없음을 아오니
지나치게 깨끗한 것만을 좋아하거나
조금이라도 흐트러진 것을 그냥 못 넘어가고
꼭 정리하는 행동을 하지 않게 하소서.
모든 것들에 대하여 하나같이 정리 정돈에만 급급하다면
마음에 여유가 없어지고 때로는
숨이 막힐 만큼 답답해질 수 있으니
삶 속에서 서로 조화를 잘 이루게 하소서.
우리는 모두 다 죄인이고 다 부족하오니
주님의 은혜 안에 평안하고 복된 삶을 살게 하소서.
우리의 삶이 주님의 보혈로 깨끗하게 됨을 믿게 하시고
주님으로만 경건한 삶을 살게 하소서.
우리에게 잘못이 있다면 서로가 용서를 할 수 있고
긍휼히 여기는 마음을 주소서.
우리는 완벽할 수 없고 결벽주의자로 살아갈 수 없으니
온전히 주님을 신뢰하며 살게 하소서.
우리 주 예수 그리스도 이름으로 기도합니다. 아멘!

일은 좋은 습관과 검소함과 순결을 필연적으로 낳고, 그 결과 건강과 부를 안겨 준다. 보들레르

9 20
S
eptember

무기력에서 벗어나게 하소서

영혼 없는 몸이 죽은 것같이
행함이 없는 믿음은 죽은 것이니라 야고보서 2:26

강하고 담대한 믿음을 주시는 주님!
우리 부부가 무기력에서 벗어날 수 있게 하소서.
모든 생명은 날마다 자라나오니 우리들도
주 안에서 힘차고 활기차게 자라나게 하소서.
우리 부부가 밝고 진취적으로 살아가면서
작은 행복도 소중하게 여기게 하소서.
우리의 마음이 행복에 젖을 때도 있고
살아가는 재미를 못 느껴 우울해질 때도 있으나
어떤 상황에서도 자족할 수 있게 하소서.
우리 부부가 새로운 변화에
믿음으로 잘 적응하게 하시고
항상 주 안에서 기쁘게 살아가기를 원합니다.
명랑하고 쾌활하게 살아가게 하소서.
실패할 때마다 원인을 분석하며
재도전하여 승리함으로써 나약함에서 벗어나게 하소서.
항상 밝은 표정으로 살아가게 하시고
우리 부족함을 아시는 주님께서 힘과 능력을 주사
무기력에서 벗어나기를 원합니다.
우리 주 예수 그리스도 이름으로 기도합니다. 아멘!

잘 시작된 일은 절반은 끝난 셈이다. 플라톤

9
S 21
eptember

변화를 두려워하지 않게 하소서

내가 이르노니 너희는 성령을 따라 행하라
그리하면 육체의 욕심을 이루지 아니하리라 갈라디아서 5:16

꿈을 현실로 만들어 주시는 주님!
우리 부부가 변화를 두려워하지 않게 하소서.
성령께서 우리를 강권하실 때
주님의 뜻에 따르게 하사 새롭게 하시기를 원합니다.
초대 교회 성도들이 기도함으로
오순절날 성령을 충만히 받아
능력 있는 그리스도인으로 변화되어
주님을, 복음을 전한 것처럼
우리 부부도 성령을 충만히 받아 변화되게 하소서.
능력 있는 그리스도인의 삶을 살게 하시고
꿈을 현실로 만들게 하소서.
우리 부부가 주님의 말씀을 묵상하는 삶을 살게 하시고
그 말씀으로 영적인 변화가 일어나게 하시며
말씀으로 날마다 새롭게 변화되기를 원합니다.
우리에게 꿈을 주신 주님,
우리 부부가 헛된 공상에서 벗어나
주님을 바라봄으로 꿈을 이루어 가기를 원합니다.
우리 부부가 날마다
주님이 원하시는 모습으로 변화되어 가게 하소서.
우리 주 예수 그리스도 이름으로 기도합니다. 아멘!

일할 때는 아주 좋은 기분으로 하라. 바그너

어떤 난관에도 굴복하지 않게 하소서

그리스도께서 너희를 사랑하신 것같이 너희도
사랑 가운데서 행하라 그는 우리를 위하여 자신을 버리사
향기로운 제물과 희생제물로 하나님께 드리셨느니라 에베소서 5:2

모든 환경을 초월하여 역사하시는 주님!
우리의 삶 속에서 수많은 일들이 일어나고
사람들과의 관계도 때때로 원만하지 않고
큰 어려움과 난관에 부딪칠 때도 있으나
어떤 어려움에도 굴복하지 않고
다 견디고 이겨 내는 삶을 살게 하소서.
우리 부부가 갈등의 요소를 줄여 가게 하시고
우리 부부가 불안의 요소를 줄여 가게 하시고
우리 부부가 염려의 요소를 줄여 가게 하소서.
어떤 문제들이 우리 부부에게 닥쳐와도
문제에 끌려가는 것이 아니라 해답을 만들게 하소서.
일을 하다 보면 조금씩 마찰도 생기고
심한 갈등과 오해와 위기도 닥치나
언제나 주님께서 인도하심을 믿게 하셔서
불만보다는 믿음과 지혜로 변화시켜 나가게 하소서.
한계에 부딪칠 때
힘들다고 지치거나 좌절하지 않게 하소서.
잘 이겨 내어 승리하는 삶을 살게 하소서.
우리 주 예수 그리스도 이름으로 기도합니다. 아멘!

여성은 여성다울 때 완전하다. 글래드스턴

작은 약속부터 지켜 나가게 하소서

여호와와 그의 능력을 구할지어다
항상 그의 얼굴을 찾을지어다 역대상 16:11

우리에게 약속의 말씀을 주신 하나님!
우리 부부가 서로 약속을 잘 지키게 하소서.
다른 사람들과의 관계 속에서도
작은 약속부터 다 지켜 나가기를 원합니다.
바른 마음으로 바른 관계를 이루어 가게 하소서.
약속을 지키지 않으면 거짓말을 하게 되고
우리의 마음이 어두워지고 더럽혀지오니
처음부터 잘 지켜 나가기를 원합니다.
약속을 지키면 바람직한 인간관계를 갖게 되고
사람들과의 관계도 좋아지게 되오니
모든 일들이 합력하여 선을 이루게 하소서.
어떤 약속도 경솔히 여기지 않게 하소서.
부부간의 약속을 중하게 여기게 하시고
가족 간의 약속을 중하게 여기게 하시고
친구들과의 약속을 중하게 여기게 하시고
주님과의 약속을 중하게 여기기를 원합니다.
우리 부부가 언제나 약속을 지키며
실행할 수 있도록 주님께서 인도하시기를
우리 주 예수 그리스도 이름으로 기도합니다. 아멘!

돈이 없는 것은 슬픈 일이다.
하지만 남아도는 것은 그 두 배나 슬픈 일이다. 톨스토이

하기 싫은 일도 주님의 일이라면 하게 하소서

•

우리의 모든 죄악을 짊어지신 주님!

우리의 죄악을 도말하셔서

눈과 같이 희게 하시고

동에서 서가 먼 것처럼 멀리 사라지게 하시고

안개의 사라짐같이 깨끗하게 용서하심을 감사드립니다.

우리 부부가 주 안에서 항상 기뻐하며

주님의 일이라면 하기 싫은 일도

회피하거나 숨거나 도망치지 않고

잘 감당할 수 있도록 인도하시고

도리어 감사하며 즐거운 마음을 갖게 하소서.

우리 삶의 첫자리에 항상 주님이 계셔서

우리의 삶을 우리 마음대로 살아가는 것이 아니라

주님의 뜻하심으로 주님의 인도하심 따라 살게 하소서.

교만하지 않게 하시고

겸손히 행하기를 원합니다.

남에게 대접받기보다는 먼저 대접을 하는

주님의 자녀들이 되기를 원합니다.

집에서나 교회에서나 직장에서나 남이 회피하는 일도

잘 해 나가게 하사 화목하게 하는 데 앞장서게 하소서.

우리 주 예수 그리스도 이름으로 기도합니다. 아멘!

부정하게 번 돈은 오래가지 못한다. 그것은 쉽게 와서 쉽게 떠난다. 플라우투스

세대 간의 간격을 줄이게 하소서

내가 진실로 진실로 너희에게 이르노니 내 말을 듣고
또 나 보내신 이를 믿는 자는 영생을 얻었고 심판에 이르지 아니하나니
사망에서 생명으로 옮겼느니라 요한복음 5:24

은혜 위에 은혜를 더하시는 주님!
우리 부부가 부부 사이의 간격을 줄이고
자녀들과 세대 차이를 극복하길 원합니다.
누구나 젊음을 원하고 활력이 넘치기를 원하나
나이도 들고 생각도 다르게 될 때가 있사오니
조화를 잘 이루게 하셔서
잘 이해하고 잘 협력하게 하소서.
나이 든 사람은 행동하기보다는
안주하기 쉬워 갈등이 나타나게 되오니
그때마다 지혜롭게 해결하게 하소서.
젊었을 때나 나이가 들어서나 언제든지
모든 사람들과 잘 어울리고
즐겁게 살아갈 수 있는 방법을 잘 알기를 원합니다.
가족들과 주변 사람들과 원만하게 지내게 하소서.
언제나 예절이나 규칙에서 벗어나지 않게 하시고
그들을 위하여 항상 기도하게 하시기를 원합니다.
신앙생활에 모범을 보이게 하소서.
우리 주 예수 그리스도 이름으로 기도합니다. 아멘!

불필요한 것을 사게 되면 필요한 것을 팔게 된다. 프랭클린

부부의 갈등을 해소하게 하소서

우리를 구원하시되 우리가 행한 바 의로운 행위로 말미암지 아니하고
오직 그의 긍휼하심을 따라 중생의 씻음과 성령의 새롭게 하심으로
하셨나니 디도서 3:5

상한 갈대도 꺾지 아니하시는 주님!
우리 부부가 갈등을 해소하며 살게 하셔서
날마다 행복한 삶을 살기를 원합니다.
부부의 몸과 마음이 하나가 되어야지
갈라져서는 안 되오니 주님께서 인도하소서.
부부가 다투고 싸우면 사탄이 제일 좋아하고
부부가 하나 되면 주님이 기뻐하시니
주님이 기뻐하시는 삶을 살게 하소서.
부부가 서로 사랑으로 희생하지 않으면
이기적이고 자기중심적이 되며 갈등이 나타나오니
오직 사랑의 능력으로 온전한 사랑을 나누게 하소서.
부부가 서로 자기 좋은 대로만 주장하면
가정이 무너지고 파괴되오니
오직 사랑으로만 진정한 행복을 누리게 하소서.
서로 무책임한 행동을 하지 않게 하시고
서로 경솔하게 행동하지 않기를 원합니다.
우리 부부가 오직 주님이 원하시는
하나 된 사랑의 모습으로 행복하게 살게 하셔서
주님이 보시기에 기뻐하시는 가정이 되게 하소서.
우리 주 예수 그리스도 이름으로 기도합니다. 아멘!

우리는 짧은 인생을 살고 있는 것이 아니라 우리가 그것을 짧게 하고 있다.
세네카

마음의 소리에 귀를 기울이게 하소서

27

자기의 죄를 숨기는 자는 형통하지 못하나
죄를 자복하고 버리는 자는 불쌍히 여김을 받으리라 잠언 28:13

우리의 마음이 청결하기를 원하시는 주님!

우리 부부가 마음의 소리에 귀를 기울이게 하소서.

그리스도인은 다른 사람들이 하지 못하는 일도

할 수 있는 믿음과 능력이 있어야 하오니

늘 양심의 소리를 들으며

주님의 뜻대로 살게 하소서.

주님이 우리의 제련사이시니

우리가 깨끗하게 연마되기를 원합니다.

주님께서 우리의 삶을 날마다 제련하여 주소서.

우리의 삶이 주님의 뜻에 맞는

참다운 삶이 되게 하시고

주님의 성실하심처럼 우리도 성실하게 하소서.

우리 부부의 삶 속에서 주님의 사랑을 나타내게 하시고

주님의 사랑의 힘으로 살아가기를 원합니다.

때로는 실망스러운 일들이 일어나도

원망하는 생각과 마음을 깨끗하게 씻어 주사

주님의 사랑받는 그리스도인답게 살아가게 하소서.

주님께서 항상 우리의 마음을 통하여 말씀하시니

주님의 음성을 듣게 하소서.

우리 주 예수 그리스도 이름으로 기도합니다. 아멘!

행복을 지탱하기 위해서는 악운에 처한 경우보다도
더 큰 용기를 필요로 한다. 라 로슈푸코

9

S
eptember

28

사랑의 방해꾼을 몰아내게 하소서

우슬초로 나를 정결하게 하소서 내가 정하리이다
나의 죄를 씻어 주소서 내가 눈보다 희리이다 시편 51:7

지혜롭게 살기를 원하시는 주님!
우리 부부가 행복하기 원하오니
우리의 사랑을 방해하는 방해꾼을 몰아내게 하소서.
행복한 가정생활에 우선순위를 정하게 하시고
바른 믿음 생활 속에서 가장 먼저 예배드리게 하시고
쓸데없는 일에 마음을 빼앗기거나
보람 없는 일에 분주하지 않게 하소서.
우리 부부가 무엇보다도 먼저 주님을 생각하고
부부 사랑을 생각하고
가정을 생각하며 행동하기를 원합니다.
우리 부부에게 허락하신 삶을 행복하고
의미 있고 보람되고 가치 있게 살게 하소서.
우리 부부의 삶에 확고한 목표가 있게 하시고
그 목표를 향하여 달려가는 기쁨이 넘치게 하소서.
우리 부부의 사랑을 방해하는 것들이 있다면
모든 것을 다 뿌리치게 하시고 몰아내어
항상 기쁨과 즐거움 속에 살아가게 하소서.
우리 부부가 새로운 가치관을 가지고
주 안에서 행복한 삶을 살아가게 하시고
열정 속에서 주님의 섭리를 기대하며 살게 하소서.
우리 주 예수 그리스도 이름으로 기도합니다. 아멘!

행복의 가장 큰 장애는 과대한 행복을 기대하는 것이다. 퐁트넬

9
S
eptember

29

행복이 부부 안에서 이루어지게 하소서

그가 사모하는 영혼에게 만족을 주시며
주린 영혼에게 좋은 것으로 채워 주심이로다 시편 107:9

진리 안에서 자유를 주신 주님!
행복은 주님의 은혜와 사랑 속에 이루어지며
우리 부부 안에 있음을 알기를 원합니다.
주님이 주신 행복을 잘 가꾸고
잘 누리기를 원합니다.
어떤 상황 속에서도
흔들리거나 요동함이 없이
주님 안에서 평안하게 하소서.
우리의 마음대로 우리 뜻대로만 살아가면
힘들고 어렵고 고달프게 되오니
주님의 인도하심대로
주님의 뜻대로 살게 하소서.
우리 부부가 항상 친밀하게 하시고
주님과도 친밀하게 영적인 교제를 나누게 하소서.
주님께서 베푸시는 사랑과 은혜로
날마다 사랑하며 살기를 원합니다.
우리 부부가 주님께 헌신하는 삶을 살게 하시고
항상 행복으로 인도하실 줄 믿습니다.
우리 주 예수 그리스도 이름으로 기도합니다. 아멘!

건강이란 건전한 육체에 깃드는 건전한 정신을 말한다. 호메로스

305 ★

좌절로 인하여 쓰러지지 않게 하소서

하나님이여 사슴이 시냇물을 찾기에 갈급함같이
내 영혼이 주를 찾기에 갈급하니이다 시편 42:1

사망의 음침한 골짜기에서도 지켜 주시는 주님!
우리 부부가 좌절로 인하여 쓰러지지 않게 하소서.
삶 중에는 힘들고 어려워 좌절하고 싶을 때도 있으나
그때마다 주님이 주시는 힘과 용기를 충만히 받아
회복되기를 원합니다.
전혀 할 수 없고 불가능하다고만 생각되던 일도
주님이 주시는 능력으로 가능하게 만들어 가게 하소서.
우리의 마음속에 잠재되어 있는
패배주의 사고방식을 다 던져 버리기를 원합니다.
쓸데없는 근심과 걱정과 염려를 다 버리고
주님께서 주시는 확신과 자신감을 갖고
도전하여 승리하게 하소서.
우리 부부가 화를 복으로 만들게 하시고
실패를 성공으로 바꾸기를 원합니다.
모든 것이 주님의 인도하심을 따라 이루어지게 하소서.
우리 부부가 쉽게 성공해서 편하게 살겠다는
사고방식과 욕심을 다 버리고
땀 흘리며 얻은 소득을 기뻐하게 하시고
주님이 주시는 축복을 감사하며 살게 하소서.
우리 주 예수 그리스도 이름으로 기도합니다. 아멘!

행복한 가정은 모두 서로서로 많이 닮았다.
그렇지만 불행한 가정은 각각의 방법에서 불행하다. 톨스토이

10

OCTOBER

삶 속에 풍성한 열매를 맺게 하소서

네가 좋다 참말로 좋다

네가 좋다 참말로 좋다
이 넓디넓은 세상
널 만나지 않았다면
마른 나뭇가지에 앉아
홀로 울고 있는 새처럼
외로웠을 것이다

너를 사랑하는데
너를 좋아하는데
내 마음은 꽁꽁 얼어 버린 것만 같아
사랑하는 마음 다 표현할 수 없으니
속 타는 마음을 어찌하나

모든 계절은 지나가도
또다시 돌아와
그 시절 그대로 꽃 피어나는데
우리들의 삶은 흘러가면
다시는 되돌아올 수 없어
사랑을 하고픈 걸 어이하나

내 마음을 다 표현하면
지나칠까 두렵고
내 마음을 다 표현 못 하면
떠나 버릴까 두렵다

나는 네가 좋다 참말로 좋다
네가 좋아서 참말로 좋아서
사랑만 하고 싶다

나라와 지도자들을 위하여 기도하게 하소서

강하고 담대하라 너는 내가 그들의 조상에게 맹세하여
그들에게 주리라 한 땅을 이 백성에게 차지하게 하리라 여호수아 1:6

나라를 세우시고 지도자를 세우시는 하나님!
이 나라를 세워 주시고 인도하여 주심을 감사드립니다.
우리 부부가 이 나라의 국민임을 감사드립니다.
이 나라의 지도자들을 위하여 기도하오니
주님께서 들으시고 응답하옵소서.
대통령과 장관들과 국회의원들과 시장들과
모든 지도자들에게 하나님을 경외하는 믿음을 주시고
민족을 사랑하는 마음을 주셔서
부정과 부패가 사라지고
하나님의 뜻에 합한 일들을 이루어 가게 하소서.
하나님의 은혜로 세워진 바른 지도자를 통하여
나라가 발전하고 국민이 잘살게 되기를 원합니다.
당파주의와 파벌주의가 사라지게 하시고
권력과 물질에 욕심을 버리게 하시고
공명정대하게 사심 없이 나라를 이끌어 가게 하옵소서.
나라와 민족에게 헌신하게 하시고
정의가 살아 있고 질서가 있는 민족이 되게 하소서.
어떠한 불의의 세력에도 대처할 수 있는
튼튼한 안보가 이루어지를 원합니다.
복음이 온 땅에 가득한 민족이 되게 하소서.
우리 주 예수 그리스도 이름으로 기도합니다. 아멘!

좋은 얼굴이 추천장이라면 좋은 마음은 신용장이다. 리튼

힘든 부부 사이에 평안이 있게 하소서

여호와여 우리에게 은혜를 베푸소서 우리가 주를 앙망하오니
주는 아침마다 우리의 팔이 되시며 환난 때에 우리의 구원이 되소서
이사야 33:2

우리의 삶의 길을 평탄하게 해 주시는 주님!
주님께서 우리 부부에게 사랑을 주시고
믿음을 주시고 평안을 주시기를 원합니다.
우리 부부가 서로에게 힘들어질 때
잘 이겨 낼 수 있는 마음의 평안을 주옵소서.
서로 물고 뜯으면 남는 것은 상처뿐이오니
미움을 버리게 하시고
분노를 버리게 하시고
성냄을 버리게 하시고
논쟁과 비난을 버리기를 원합니다.
우리 부부 사이에 사악함과 원한과 원망이
모두 다 사라지게 하여 주옵소서.
서로에게 기쁨이 되고
서로에게 유익이 되고
서로에게 도움이 될 수 있는 일들을
사랑하는 마음으로 친절하고 부드럽게 이루어 가게 하소서.
주님 안에서 용서하고 이해하고 사랑하게 하소서.
우리 부부의 마음을 항상 새롭게 하셔서
악한 자의 올무에서 벗어나 주님의 평안을 누리게 하소서.
우리 주 예수 그리스도 이름으로 기도합니다. 아멘!

인간은 자기의 적을 택하는 일에 너무나도 부주의하다. 오스카 와일드

직장 생활에 만족하게 하소서

그러므로 내일 일을 위하여 염려하지 말라
내일 일은 내일이 염려할 것이요
한 날의 괴로움은 그날로 족하니라 마태복음 6:34

우리의 생업에 축복하시는 주님!
우리 부부가 직장 생활에서 만족할 수 있게 하시고
일하는 기쁨과 보람을 누리기를 원합니다.
삶에 꿈을 이루어 가는 기쁨이 있게 하시고
소망을 가지고 일함으로써
좋은 결과, 좋은 열매를 거두게 하여 주소서.
우리 부부가 하고 있는 일에 긍지를 가지고
일을 즐기면서 성취하게 하소서.
항상 긍정적인 시각과 적극적인 사고방식으로
온 힘과 열정을 다하기를 원합니다.
함께하는 동료들과 인간관계를 잘 맺게 하시고
일하는 즐거움과 보람을 늘 새롭게 하옵소서.
항상 연구하고 노력함으로써 직장 생활에도
부족함이 없도록 인도하시기를 원합니다.
자기 발전에 투자를 계속하게 하시고
나이가 들어 가면서 더 성숙하게 하소서.
변화와 정보를 잘 받아들이고 잘 알게 하시고
뚜렷한 목표를 향하여 나아가게 하소서.
함께 일하는 자부심을 갖게 하소서.
우리 주 예수 그리스도 이름으로 기도합니다. 아멘!

밝은 성격은 어떤 재산보다도 귀하다. 데일 카네기

성공하는 지혜를 주소서

나를 기가 막힐 웅덩이와 수렁에서 끌어올리시고
내 발을 반석 위에 두사 내 걸음을 견고하게 하셨도다 시편 40:2

우리의 삶을 선한 길로 인도하시는 주님!
우리 부부에게 성공하는 지혜를 주시기를 원합니다.
배가 떠날 때는 항구가 있듯이
우리의 삶에도 목표가 있어야 하오니
계획을 세우게 하시고 일을 사랑하게 하시고
일이 의무가 아니라 보람이 되어서
즐겁고 재미있게 일하기를 원합니다.
성공할 수 있는 결단력을 주소서.
성공할 수 있는 끈기를 주소서.
성공할 수 있도록 노력하게 하소서.
성공할 수 있도록 도전하게 하소서.
성공할 수 있도록 용기를 갖게 하소서.
성공할 수 있도록 의지를 갖게 하소서.
꿈을 향하여 목표를 실천하게 하시고
늘 검소히 살게 하옵소서.
주님께서 주시는 지혜와 은혜로
성공된 인생을 살기를 원합니다.
우리 주 예수 그리스도 이름으로 기도합니다. 아멘!

선량한 남편이 어진 아내를 만든다. 버튼

돈을 잘 관리하게 하여 주소서

그러나 더욱 큰 은혜를 주시나니 그러므로 일렀으되
하나님이 교만한 자를 물리치시고
겸손한 자에게 은혜를 주신다 하였느니라 야고보서 4:6

우리의 삶을 주관하시는 주님!

돈을 관리하는 모습이

그 사람의 삶이요 인격이오니

주님의 은혜로 돈을 잘 관리할 수 있는 지혜를 주소서.

저축으로 내일의 삶을 준비하게 하시고

근면과 검소와 절약으로 생활하게 하셔서

모든 역경에서 벗어나게 하소서.

허영과 겉치레라는 세속적인 성공의 눈으로

잘못 바라보아 낭패를 당하지 않게 하소서.

현실을 바로 봄으로써

낭비와 비극과 파탄에서 벗어나게 하소서.

돈을 관리할 때 우유부단하지 않게 하시고

쾌락과 육욕의 올무에 걸리지 않게 하소서.

물질을 귀하게 여겨 잘 관리하게 하소서.

돈이 있게 될수록 신앙과 인격을 갖추고

나눔과 섬김과 드림의 삶을 살게 하소서.

돈에 이끌려 살지 않고

돈을 잘 지배하기를 원합니다.

모든 물질을 통해서 주님께 먼저 영광을 돌리게 하소서.

우리 주 예수 그리스도 이름으로 기도합니다. 아멘!

인간에게는 견딜 수 없는 모욕이 둘 있다.
유머감각이 없다는 말과 고생을 모르는 사람이라는 말이다. 루이스

주님이 주시는 능력을 잘 활용하게 하소서

주 앞에서 낮추라 그리하면 주께서 너희를 높이시리라
야고보서 4:10

권세와 능력이 충만하신 주님!
주님만이 우리의 힘이요 강한 권세임을 믿사오니
날마다 우리를 보살펴 주시기를 원합니다.
우리 부부가 주님이 주시는 능력 속에
축복 속에 살아가게 하소서.
우리 부부가
주님이 주시는 지혜를 잘 활용하게 하소서.
우리 부부가
주님이 주시는 지식을 잘 활용하게 하소서.
우리 부부가
주님이 주시는 권세를 잘 활용하게 하소서.
우리 부부가
주님이 주시는 능력을 잘 활용하게 하소서.
주님께서 때를 따라 도우시고 인도하시니
주님을 온전히 의지하게 하소서.
주님의 자녀답게 주님이 주시는 능력을
잘 활용하여 나가기를 원합니다.
주님께서 사랑하시고 축복하여 주셔서
주님의 권세를 삶 속에서 나타내게 하소서.
우리 주 예수 그리스도 이름으로 기도합니다. 아멘!

창문에서는 절대로 전 세계를 바라보지 못한다. 스페인 속담

겸손하게 살게 하소서

너희 중에 누구든지 으뜸이 되고자 하는 자는
너희의 종이 되어야 하리라 마태복음 20:27

사랑이 충만하신 주님!
우리가 믿음의 삶 속에 낮아짐의 은혜를 받아
겸손하기를 원합니다.
우리 부부도 겸손의 본이 되신
예수 그리스도의 마음을 닮아 가게 하소서.
마음이 온유하고 겸손하신
주님의 삶을 본받게 하소서.
주님께서 허락하신 약속의 말씀 위에 굳게 서서
참된 그리스도인으로서 변화가 많은 세상을
강하고 담대하게 살아가게 하옵소서.
우리가 도움의 손을 내밀 때
주님께서 잡아 주심을 감사드립니다.
세밀하게 살피시고 인도하시는 주님을 닮게 하소서.
교만은 패망의 선봉이요
겸손은 존귀의 앞잡이라 하셨으니
겸손의 본이 되신 주님을 닮아 가게 하소서.
우리의 마음을 주님께 드리게 하시고
우리의 마음을 깨끗하게 비워 주사
주님의 은혜로 가득 채워 주시기를 원합니다.
우리 주 예수 그리스도 이름으로 기도합니다. 아멘!

은혜를 입은 사람은 그 은혜를 마음에 간직해 두지 않으면 안 된다.
그렇지만 은혜를 준 사람은 그것을 기억하고 있어서는 안 된다. 키케로

삶에 자발성을 기르게 하소서

우리의 삶을 풍요롭게 하시는 주님!
우리 부부가 가정을 위안의 샘으로 만들게 하시고
서로에게 점점 더 많은 것을 베풀며 살게 하시고
삶에 자발성을 기르게 하여 주소서.
서로가 사랑해 주기만을 바라기보다는
먼저 사랑하고 표현하며 살게 하소서.
우리 부부가 항상 노력하여
모든 것이 발전하길 원합니다.
미약하고 부족해도 노력을 통하여
행복한 부부 생활을 영위하기를 원합니다.
우리 부부의 신앙이 꿈을 이루며 자라게 하소서.
우리 부부의 신앙이 사랑 속에서 자라게 하소서.
우리 부부의 신앙이 말씀 안에서 자라게 하소서.
우리 부부의 신앙이 언제나 솔선수범하게 하여 주소서.
맡은 일에 최선을 다하여 최대의 효과를 얻게 하소서.
우리 부부에게 믿음의 담력을 주셔서
필요한 것이 있다면 주저하지 않게 하소서.
결혼생활을 통하여 새롭게 도전하게 하시고
날마다 변화를 이루며 살아가게 하소서.
우리 주 예수 그리스도 이름으로 기도합니다. 아멘!

말을 잘하는 첫 번째 요소는 진실, 두 번째는 방식,
세 번째는 기분, 네 번째는 기지다. 템플

마음을 털어놓고 대화를 나누게 하소서

환난 날에 나를 부르라 내가 너를 건지리니
네가 나를 영화롭게 하리로다 시편 50:15

우리에게 탁월한 언어의 능력을 주시는 주님!

우리 부부가 마음을 털어놓고 대화를 나누게 하소서.

언어에는 행복을 가져다주는 언어가 있고

불행을 가져다주는 언어가 있으니

진실한 언어를 말하며 살게 하여 주소서.

우리 부부가 상처 주는 말을 하지 않게 하소서.

분노를 일으키는 말을 하지 않게 하소서.

조롱하는 말을 하지 않게 하소서.

용기를 잃게 하는 말을 하지 않게 하소서.

실망과 좌절을 가져다주는 말을 하지 않게 하소서.

우리 부부가 용기를 북돋아 주는 말을 하고

위로의 말을 하게 하소서.

따뜻한 마음을 나누는 말을 하며

남을 잘 세워 주는 말을 하게 하소서.

우리 부부가 웃음과 기쁨을 주는 말을 하게 하소서.

칭찬하는 말을 하게 하소서.

우리 부부가 항상 진실함으로

서로 마음을 털어놓고 사랑을 나누게 하소서.

우리 주 예수 그리스도 이름으로 기도합니다. 아멘!

마음에도 없는 말보다 침묵 쪽이 차라리 그 관계를 해치지 않을지도 모른다.
몽테뉴

서로의 영혼을 깨우는 삶을 살게 하소서

사람의 마음에는 많은 계획이 있어도
오직 여호와의 뜻만이 완전히 서리라 잠언 19:21

기도를 통하여 우리에게 응답하시는 주님!
기도는 영적인 호흡이오니 기도를 통하여
우리 부부가 서로 한마음이 되어
영혼을 깨우는 삶을 살기를 원합니다.
기도는 생명줄이오니 늘 깨어
주님께 기도하게 하옵소서.
우리의 나약함과 부족함을 깨닫고
기도함으로 주님의 뜻을 이루기를 원합니다.
기도를 하며 소망을 이루며 살게 하시고
날마다 영적인 교제를 통하여
성장하는 삶을 살게 하옵소서.
주님의 말씀을 묵상하게 하시고
주님과 동행하는 삶을 살기를 원합니다.
작은 것이라도 나눌 수 있는 풍성한 마음이
우리에게 있기를 원합니다.
말씀과 기도를 통하여 믿음이 성장하게 하시고
견실한 믿음을 만들어 가게 하소서.
성령님을 의지하는 삶을 살아가게 하소서.
날마다 성령의 열매를 맺으며 살아가게 하소서.
우리 주 예수 그리스도 이름으로 기도합니다. 아멘!

차가운 차와 차가운 밥은 그래도 참을 수 있지만
차가운 말과 차가운 이야기는 견디지 못한다. 중국 속담

행복을 만드는 법을 배우게 하소서

우리가 무슨 일이든지 우리에게서 난 것같이 스스로 만족할 것이 아니니
우리의 만족은 오직 하나님으로부터 나느니라 **고린도후서 3:5**

사랑으로 가정을 축복하시는 주님!
우리 부부가 행복을 만드는 법을 배우게 하소서.
우리 가정이 하나님의 보호하심과 인도하심으로
사랑이 견고하고 믿음이 견고하기를 원합니다.
우리 가정을 주님이 축복하셔서
늘 평안과 기쁨이 가득하게 하소서.
우리 부부가 사랑을 만들며 살게 하시고
사랑을 표현하며 살게 하옵소서.
우리 부부가 사랑을 가꾸며 살게 하소서.
우리 부부에게 어떤 일이 있든지
주님을 위하여 최선을 다하기를 원합니다.
우리 가정에 평안을 주시고 은혜를 주소서.
가정을 위하여 기도하게 하시고
주님의 사랑 안에 거하게 하소서.
우리의 마음이 주님 앞에 바로 되어야
행복을 만들 수 있으니
우리 부부의 마음을 주님께서 만져 주시기를 원합니다.
우리 주 예수 그리스도 이름으로 기도합니다. 아멘!

남에게 좋은 말을 듣고 싶으면 자신의 좋은 점을 너무 늘어놓지 않아야 한다.
파스칼

우리의 마음을 깨끗하게 하소서

아침에 주의 인자하심이 우리를 만족하게 하사
우리를 일생 동안 즐겁고 기쁘게 하소서 시편 90:14

우리를 정결하게 하시는 주님!

우리 부부의 마음이 깨끗하기를 원합니다.

주님께 쓰임받는 깨끗한 그릇이 되게 하소서.

우리의 모든 죄악을 주님께서 씻어 주사

주님 앞에서 새롭게 변화되게 하옵소서.

우리 부부의 몸과 영혼에서 온갖 더러운 것들을

버리게 하사 거룩케 하옵소서.

주님 앞에는 귀히 쓰이는 그릇도 있고

천히 쓰이는 그릇도 있으니

귀히 쓰임받는 그릇이 되게 하소서.

주님께서 우리를 정결하게 하여 주심으로

우리 부부가 주님을 날마다 전하는

믿음의 도구가 되게 하옵소서.

우리 부부의 입술이 기도하는 입술이 되게 하시고

우리의 삶이 주님의 뜻을 기다리며

인내하는 삶이 되게 하소서.

우리 부부가 주님의 도우심으로

주님의 사랑을 전하며

우리 몸을 움직여 주님의 뜻을 전하게 하소서.

우리 주 예수 그리스도 이름으로 기도합니다. 아멘!

뱃속으로 웃은 적이 없는 인간은 구제할 수 없는 악인임에 틀림없다. 칼라일

10
13

ctober

삶의 보금자리를 편안하게 만들게 하소서

내 평생에 선하심과 인자하심이 반드시 나를 따르리니
내가 여호와의 집에 영원히 살리로다 시편 23:6

평안을 주시는 주님!

우리 부부가 삶의 보금자리를 편안하게 만들게 하소서.

주님께서 우리의 삶을 인도하심을 확신하며

모든 것을 주님께 맡기기를 원합니다.

항상 주님을 예배하는 삶을 살고

선한 열매를 맺게 하여 주소서.

주님을 온전히 신뢰하며 살게 하소서.

우리 부부가 화목하게 하시고

우리 가족이 화목하게 하시고

우리 이웃들과 화목하게 하시고

성도들과 화목하기를 원합니다.

우리의 삶의 걸음을 인도하시고 이끌어 주소서.

우리 가족과 부부의 삶 전체가

주님의 은혜와 사랑 속에 이루어 가기를 원합니다.

우리 부부가 예수 그리스도의 마음을 갖게 하시고

우리의 생각과 행동과 모든 일들을

주님께서 인도하시기를 원합니다.

우리 가정이 행복한 보금자리가 되게 하소서.

우리 주 예수 그리스도 이름으로 기도합니다. 아멘!

너무 지나치게 숙고하는 사람은 그 일을 성취하지 못한다. 실러

321 ★

당당하게 살아가게 하소서

하나님은 영원히 우리 하나님이시니
그가 우리를 죽을 때까지 인도하시리로다 시편 48:14

우리를 주님의 이름으로 구원하시는 하나님!
우리 부부의 삶을 당당하고 멋지게
예수 그리스도 안에서 살아가게 하소서.
우리 부부가 일상생활 속에서
변화와 경이로움을 만들어 가게 하여 주소서.
우리 부부가 가까운 사람들과 함께
더 많은 사람들과 교제의 폭을 넓혀 가게 하소서.
우리 부부가 증오심으로 인하여
삶에 온통 더러움과 괴로움을
뒤집어쓰는 일이 생기지 않게 하소서.
우리 부부가 무슨 일을 하든지
항상 먼저 준비하고 계획하고
실행하여 나가기를 원합니다.
무슨 일을 하든지 좋은 마음과
좋은 자세로 행동하게 하여 주소서.
우리 부부가 항상 자신감을 갖게 하시고
언제나 주님께서 함께하여 주심을 확신하며
강하고 담대한 믿음으로 나아가기를 원합니다.
우리 부부의 신앙이 언제나 주님이 중심이 되게 하시고
성령의 인도하심 속에 당당하게 살아가게 하여 주소서.
우리 주 예수 그리스도 이름으로 기도합니다. 아멘!

기쁘게 일하고 해 놓은 일을 기뻐하는 사람은 행복하다. 괴테

10
15

october

불의한 친구를 떠나게 하소서

그런즉 너희가 먹든지 마시든지 무엇을 하든지
다 하나님의 영광을 위하여 하라 고린도전서 10:31

우리들을 항상 생명의 길로 인도하시는 주님!
우리의 삶에는 언제나 친구가 필요하오니
이 세상의 모든 것들이 우리를 떠난다 하여도
항상 주님이 우리 곁에 함께하여 주셔서
우리의 친구가 되어 주시기를 원합니다.
우리 부부에게 악한 친구와 불의한 친구가 있다면
그들에게서 떠나기를 원합니다.
주님 안에서, 복음 안에서 만나고
영적인 교제를 통하여 서로 기도해 주고
서로 동행하여 주는 친구가 되기를 원합니다.
세속의 물결 속에서 살기를 좋아하고
세상의 물결 속에서 부도덕하고
타락하고 변질된 삶을 산다면
모든 죄에서 떠나게 하옵소서.
우리 부부가 믿음의 사람을 친구로 만나게 하시고
죄악을 일삼는 친구들을 바른 길로 인도하게 하소서.
그들을 위하여 기도하게 하시고
그들이 모든 죄악을 떠나 구원받게 하소서.
우리 주 예수 그리스도 이름으로 기도합니다. 아멘!

인간은 자신이 아니면 안 된다고 착각하는 일이 너무 많다. 드래커

10·16

악인의 형통을 부러워하지 않게 하소서

너는 악인의 형통함을 부러워하지 말며
그와 함께 있으려고 하지도 말지어다 잠언 24:1

악을 미워하시고 선을 기뻐하시는 주님!
우리 속에 선한 일을 시작하신 주님께서
주님의 날에 온전하게 하여 주심을 믿사오니
우리 부부가 악인의 형통을 부러워하지 않게 하소서.
주님의 말씀 가운데서 선한 양심으로 살게 하시고
주님의 뜻 한가운데서 살아감으로써
삶 속에서 형통함을 맛보기를 원합니다.
우리가 주님과 세상 앞에서 진실하게 살아감으로써
주님의 모습이 드러나게 하시고
주님의 나라가 날로 확장되게 하여 주옵소서.
우리 부부가 주님의 말씀을 묵상하며 기도함으로써
날마다 신앙이 성숙하게 하소서.
삶 속에서 악은 모양이라도 버리기를 원하시는
선하신 주님의 모습을 닮아 가게 하여 주소서.
우리 부부에게 긍휼히 여기는 마음을 주사
병들고 신음하고 외로워하는 이들에게
위로와 사랑을 나누는 삶을 살기를 원합니다.
악이 가득한 이 땅에서 주님의 말씀으로 굳건히 서서
당당하고 자신 있게 살아가기를 원합니다.
우리 주 예수 그리스도 이름으로 기도합니다. 아멘!

손수 일해서 얻은 빵만큼 맛있는 것은 없다. 스마일스

알찬 삶을 보내게 하여 주소서

가난한 자를 불쌍히 여기는 것은 여호와께 꾸어 드리는 것이니
그의 선행을 그에게 갚아 주시리라 잠언 19:17

말씀으로 천지를 창조하신 주님!
우리 부부가 주님의 말씀에 붙잡혀 살게 하시고
주님이 주시는 소망 속에 살아감으로써
알차고 보람 있는 삶을 살기를 원합니다.
주님의 말씀으로 우리를 인도하시고
우리가 무엇을 해야 하는지 알려 주옵소서.
주님께서 우리 부부의 사명을 가르쳐 주시고
우리가 받은 달란트에 남김이 있는 삶을 살게 하사
주님의 뜻을 이루게 하여 주옵소서.
우리가 겉만 화려한 쭉정이의 삶이 아니라
속이 가득 찬 알곡의 삶을 살기를 원합니다.
우리의 삶에는 수많은 유혹도 있고 고난도 있고
환난과 역경이 시시때때로 다가오지만
모든 것을 극복하여 나가게 하소서.
어려움이 다가올 때마다 자포자기하지 않게 하시고
피곤한 자에게 능력과 힘을 주시는
주님을 의지하며 살게 하옵소서.
주님을 앙망하며 새 힘을 얻게 하시고
날마다 용기 있게 살아감으로써 보람을 갖게 하소서.
우리 주 예수 그리스도 이름으로 기도합니다. 아멘!

노동이 없으면 안락도 휴식도 없다. 칼라일

집을 벗어나고 싶은 마음을 없애 주소서

그가 비록 근심하게 하시나 그의 풍부한 인자하심에 따라
긍휼히 여기실 것임이라 주께서 인생으로 고생하게 하시며
근심하게 하심은 본심이 아니시로다 예레미야애가 3:32-33

우리의 빛이요 진리이신 주님!
삶 속에서 실망과 좌절이 밀려오고 기대가 무너져 내리고
고독이 파도치고 모든 것들이 싫증이 날 때
내가 왜 이렇게 살아야 하나 하는 생각에
갇혀 사는 것만 같아 어디론가 무작정 떠나고만 싶어질 때
주님, 함께하소서.
집을 벗어나고만 싶어질 때 인도하여 주소서.
한순간의 잘못된 생각과 판단이
평생의 삶을 고통의 늪에 빠뜨릴 수 있으니
우리의 마음을 안정시켜 주셔서
어려움이 닥칠 때마다 진실한 기도와
사랑과 인내와 기다림으로 변화시켜 나갈 수 있는
믿음을 견고하게 하여 주시길 원합니다.
우리 부부에게 사랑을 더하시고
우리 부부에게 믿음을 더하시고
우리 부부에게 소망을 더하여 주셔서
언제나 흔들리지 않는 믿음으로 살아가게 하옵소서.
우리 부부가 서로 사랑하기 위하여
수고와 희생과 봉사를 아끼지 않기를 원합니다.
주님께서 우리의 마음에 위로와 기쁨과 평안을 주소서.
우리 주 예수 그리스도 이름으로 기도합니다. 아멘!

일하게 하라. 이것이야말로 인생을 감당하는 유일한 방법이다. 볼테르

집을 떠나 버렸을 때 돌아가게 하소서

탕자를 기다리시고 반겨 주시는 주님!
삶의 고통을 견디다 못해
때로는 죄악과 실수와 오해로 인하여
집을 떠나 버렸을 때
너무 오랜 시간 동안 밖에서 머물지 말게 하시고
집으로 돌아가게 하소서.
사랑하는 가족이 있는 곳보다 좋은 곳
사랑과 행복이 있는 곳은 없으니
우리 부부가 사랑을 무너뜨리지 않게 하소서.
우리 부부가 사랑을 흐트러트리지 않게 하소서.
우리 부부가 사랑을 포기하지 않게 하여 주소서.
우리 부부가 사랑에서 떠나지 않게 하여 주소서.
오직 사랑 속에 희생하며 봉사하며 섬기며 인내하며
사랑을 나누며 살게 하시기를 원합니다.
가정을 사랑의 공동체로 만들게 하여 주소서.
가정을 믿음의 공동체로 만들게 하여 주소서.
가정을 소망의 공동체로 만들게 하여 주소서.
주님이 주시는 은혜 속에서 살아가게 하여 주소서.
집으로 돌아가 사랑을 다시 시작하고
첫 사랑을 다시 회복하기를
우리 주 예수 그리스도 이름으로 기도합니다. 아멘!

행운은 교사다. 불운은 그 이상으로 위대한 교사이다. 해즐릿

물질의 피해를 입었을 때 인도하여 주소서

의인은 고난이 많으나 여호와께서 그의 모든 고난에서 건지시는도다
그의 모든 뼈를 보호하심이여 그중에서 하나도 꺾이지 아니하도다
시편 34:19-20

우리가 부요하기 원하시는 주님!
우리 부부가 육신이 약하여
주님의 뜻을 살피지 못함으로 말미암아
잘못된 길로 들어섰을 때
깨닫게 하사 돌이키게 하소서.
우리를 바른 믿음의 길로 안내하시기를 원합니다.
사업에 실패하거나
빌려 준 돈을 못 받거나
실수로 인하여 물질적으로 큰 손해를 보았을 때
낙망하거나 싸움이 일어나 다툼이 심해지지 않게 하소서.
잘못이 일어나게 된 원인을 잘 알게 하시고
어려울 때일수록 한마음이 되어 잘 극복해 나가는
믿음 있고 성실하고 지혜로운 부부가 되게 하소서.
물질은 다시 열심히 일하면 얻을 수 있으니
물질 때문에 부부 사랑에 금이 가는
화를 당하지 않게 하소서.
문제를 만들어 가는 부부가 아니라
해결하여 나가는 부부가 되게 하여 주소서.
우리 부부가 물질관이 바로 선 믿음의 부부가 되게 하소서.
우리 주 예수 그리스도 이름으로 기도합니다. 아멘!

리더십이란 모범을 보이는 것이다. 아이아코카

생각지 않았던 재난을 당했을 때 인도하소서

오히려 너희가 그리스도의 고난에 참여하는 것으로 즐거워하라
이는 그의 영광을 나타내실 때에 너희로 즐거워하고
기뻐하게 하려 함이라 베드로전서 4:13

시련과 고통 속에서도 인도하시는 주님!
우리에게 청결한 마음을 주셔서
믿음 안에서 주님을 바라보기를 원합니다.
우리 부부가 생각지 않았던 재난을 당했을 때
믿음과 기도로 이겨 내게 하여 주소서.
우리를 구원하신 주님은
우리의 반석이시며 산성이심을 믿게 하여 주소서.
우리의 피난처이시며 방패가 되심을 경험케 하소서.
우리의 힘이시며 구원이 되심을 알게 하소서.
우리의 소망이 되시며 영광이 되심을 찬양하게 하소서.
주님께서 전지전능하신 권세와 능력으로
우리를 도우시며 함께하심을 믿사오니
다가온 모든 재난을 잘 극복해 나가게 하소서.
믿음 안에서 살아 있는 기도를 드리게 하시고
고통스러운 일을 당했을 때
주님 앞에 겸손하게 하시고 잠잠하게 하셔서
주님을 음성을 듣고 따르게 하옵소서.
주님의 인도하심을 따라 모든 일을 순탄하게 이루게 하소서.
우리 주 예수 그리스도 이름으로 기도합니다. 아멘!

사람은 산꼭대기에 오를 수는 있지만 거기에서 오래도록 살 수는 없다.
버나드 쇼

10
22

October

삶이 지루해질 때 함께하여 주소서

그러므로 너희가 이제 여러 가지 시험으로 말미암아
잠깐 근심하게 되지 않을 수 없으나 오히려 크게 기뻐하는도다
베드로전서 1:6

우리가 기도함으로 깨어 있기를 원하시는 주님!
우리 부부가 삶이 지루해질 때
나태함에 빠지지 않기를 원합니다.
주님께서 말씀과 묵상을 통하여
우리 부부의 삶이 깨어 있게 하시고
선한 길로 인도하시기를 원합니다.
부지런하여 게으르지 않게 하시고
맡은 일에 열정을 다 쏟아 일하며 보람을 느끼게 하소서.
삶의 권태와 지루함을 다 몰아내게 하여 주소서.
날마다 주님의 사랑을 온 삶에 체험하며 살게 하소서.
날마다 주님의 사랑을 실천하며 살기를 원합니다.
우리 부부가 모든 일에 자족할 수 있게 하시고
성숙한 그리스도인의 삶을 살게 하옵소서.
겸손히 주님의 뜻을 구하며 살게 하시고
새록새록 돋아나는 풀과 같은 재미를 갖게 하소서.
우리의 나태한 마음을 다 버리게 하시고
상한 마음을 치유받기를 원합니다.
우리가 날마다 자신의 일에 최선을 다함으로써
주님 앞에 설 때 부끄럼당하지 않게 하소서.
우리 주 예수 그리스도 이름으로 기도합니다. 아멘!

남을 따르는 것을 알지 못하는 사람은 좋은 지도자가 될 수 없다.
아리스토텔레스

주님의 은혜에 만족하며 살게 하소서

예수께서 나아와 말씀하여 이르시되
하늘과 땅의 모든 권세를 내게 주셨으니 마태복음 28:18

보배로우신 피로 우리를 구원하신 주님!

주님의 보혈로 우리 부부가 구원받았음을 감사드리며

모든 영광과 찬양을 주님께 드립니다.

주님의 보혈이 우리를 구원하심은

놀라운 은혜이며 축복이오니

주님의 은혜에 만족하며 살기를 원합니다.

주님을 의지합니다.

주님을 예배합니다.

우리를 받아 주시고 주님 안에 거하게 하소서.

성령의 인도하심으로 우리에게 능력 주시기를 원합니다.

주님께서 우리의 형편과 처지를 아시오니

필요한 은혜를 허락하여 주소서.

우리에게 악한 것이 있으면 제거해 주시고

오직 선한 마음으로 주님의 뜻을 따르게 하셔서

날마다 주님의 은혜 위에 은혜를 받게 하옵소서.

주님께서 우리를 처음 찾아오셨을 때부터 지금까지

한순간도 우리를 포기하지 않으시고

함께하시고 은혜 내려 주심을 감사드립니다.

우리 부부가 주 안에서 항상 기뻐하게 하소서.

우리 주 예수 그리스도 이름으로 기도합니다. 아멘!

기회는 온갖 노력의 최상의 선장이다. 소포클레스

이혼 요구를 받았을 때 인도하여 주소서

사람이 성내는 것이 하나님의 의를 이루지 못함이라
야고보서 1:20

우리의 기도를 들어 주시는 주님!
우리 부부가 한 가정의 부부로 살면서
행복하지 못함은 잘못된 죄악이오니
용서하시고 죄의 올무에서 벗어나게 하여 주소서.
우리 부부가 화목하게 하시고
온갖 갈등에서 벗어나 서로 사랑하기를 원합니다.
이혼하자는 요구를 받았을 때
땅이 꺼지고 하늘이 다 무너져 내리는 것 같아도
화만 내거나 흥분만 하여 날뛰지 않게 하시고
마음을 차분히 하여 잘 해결하게 하소서.
가장 먼저 기도함으로써 지혜를 얻게 하소서.
누구나 살면서 크고 작은 갈등이 있게 마련이오니
갈등을 잘 극복하고 잘 풀어 나감으로써
사랑을 다시 회복하는 기쁨을 맛보게 하소서.
우리 가정에 쓰라린 아픔을 주는
이혼의 위기가 찾아오지 않기를 원합니다.
잘못이 있다면 철저히 용서를 주고받게 하시고
다시 재발하여 마음에 상처를 주지 않게 하소서.
우리 부부가 마음을 합하여 새롭게 살게 하소서.
우리 주 예수 그리스도 이름으로 기도합니다. 아멘!

기회는 어떤 장소에도 있다. 오비디우스

이혼하고 싶어질 때 인도하여 주소서

어리석은 자는 자기의 노를 다 드러내어도
지혜로운 자는 그것을 억제하느니라 잠언 29:11

우리의 마음을 감찰하시는 주님!

삶에 보람이 없고 싫증이 나고

미움이 중복되고 권태로워질 때

마음을 잘 다스리게 하소서.

모든 것에서 벗어나고 싶어

갑자기 이혼하고 싶을 때

좀 더 깊이 생각하고 한 발짝만 양보하게 하소서.

부부간의 갈등을 이겨 내게 하여 주소서.

미움은 아주 작은 것부터 시작되오니

갈등과 미움의 요소를 제거해 주시기를 원합니다.

이혼하고 싶은 마음은 주님께서 주시는 마음이 아니오니

자신에게 악의 요소가 없는지 잘 살펴보게 하여 주소서.

주님께서 우리의 모든 죄를 용서하시려고

십자가에 달려서 희생하여 주셨는데

감정 때문에, 자신의 이익 때문에, 주변 사람들의 말 때문에

이혼하는 불행이 일어나지 않게 하소서.

서로에게 불편과 손해가 있더라도

부부라는 것을 잊지 말고 사랑으로 모든 것을

고치고 변화시키고 잘 해결하여 나가게 하소서.

세상의 흐름에 노예가 되지 않게 하소서.

우리 주 예수 그리스도 이름으로 기도합니다. 아멘!

나는 재난이 일어날 때마다 이것을 좋은 기회로 바꾸려고 노력해 왔다.
록펠러

★

성격적인 결함이 있을 때 고쳐 주소서

다투는 시작은 둑에서 물이 새는 것 같은즉
싸움이 일어나기 전에 시비를 그칠 것이니라 잠언 17:14

우리의 부족함을 아시고 채워 주시는 주님!
우리 부부에게 성격적 결함이 있을 때
잘 고쳐 나가고 잘 극복하여 나가게 하여 주소서.
작은 일에도 흥분하고 화를 잘 내고
짜증을 부리고 혈기를 쏟아 내지 않게 하여 주소서.
상대방의 마음을 괴롭히고도 모른 척하거나
그냥 지나쳐 감으로써 상처를 주지 않게 하소서.
모든 사람에게는 결점이 있으니
상대방의 결점을 자주 지적하기보다는
나의 결점을 하나하나씩 고쳐 나가게 하소서.
우리 부부가 행복한 가정을 이루기 위하여
관심을 갖고 살아가게 하소서.
서로의 마음을 잘 표현하게 하시고
우울하고 외롭고 괴로울 때에도 마음을 합하여
잘 극복해 나감으로써 더 행복한 부부가 되게 하소서.
주님께서 우리 부부의 마음을 살펴 주심으로 말미암아
서로의 부족을 잘 알게 하셔서 고쳐 나가게 하시고
오직 사랑으로만 하나가 되길
우리 주 예수 그리스도 이름으로 기도합니다. 아멘!

한꺼번에 끝내려고 하기 때문에 안 된다. 나는 한 가지씩 끝낸다.
새미 데이비스 주니어

모든 것이 마음에 안 들 때 회복되게 하소서

만일 서로 물고 먹으면 피차 멸망할까 조심하라
갈라디아서 5:15

모든 것 중에서 모든 것이 되시는 주님!
우리 부부가
모든 것이 마음에 안 들 때
우리를 바라보시는 주님의 마음을 기억하게 하소서.
우리의 모습이 어떠한가를 깨닫게 하여 주소서.
우리 부부가 거짓말을 하지 않게 하소서.
우리 부부가 약속을 어기지 않게 하소서.
우리 부부가 서로 의심하지 않게 하소서.
우리 부부가 서로 무관심하지 않게 하소서.
우리 부부가 서로 지나친 기대를 하지 않게 하소서.
우리 부부가 서로 무질서하지 않게 하소서.
우리 부부가 서로 미워하지 않게 하소서.
우리 부부가 서로 원망하지 않게 하소서.
우리 부부가 서로 부도덕하지 않게 하소서.
우리 부부가 서로 성급하지 않게 하소서.
우리 부부가 서로 자만하지 않게 하소서.
우리 부부가 악한 마음을 갖지 않게 하소서.
우리 부부가 위선을 행하지 않게 하소서.
모든 것을 주님께 맡기며 순종하며 살게 하소서.
우리 주 예수 그리스도 이름으로 기도합니다. 아멘!

사람은 손에 넣는 것보다 기대하는 것을 기뻐한다. 루소

10
28
O
ctober

잘못했을 때 바르게 사과하게 하소서

어리석고 무식한 변론을 버리라
이에서 다툼이 나는 줄 앎이라 디모데후서 2:23

우리의 연약함을 아시는 주님!
우리 부부가 서로에게 잘못했을 때
시인을 하고 사과를 바르게 할 뿐 아니라
상대도 사과를 잘 받아들이고 용서하게 하소서.
우리 부부에게 허물이 있으면
그대로 받아들이게 하소서.
우리 부부에게 병이 있으면 치유하여 주소서.
우리 부부에게 일그러진 모습이 있으면 바로 세우게 하소서.
우리 부부에게 잘못이 있으면 고쳐 나가게 하소서.
우리 부부에게 연약한 부분이 있으면 강하게 하소서.
우리 부부에게 허약한 부분이 있으면 돕게 하소서.
우리 부부에게 부족한 부분이 있으면 채워 주소서.
우리 부부에게 죄와 허물이 있으면
주님께서 다 씻어 주시기를 원합니다.
우리가 서로 우리의 모습을 있는 그대로
순수하게 잘 받아들이기를 원합니다.
서로 아껴 주고 싶은 마음이 생기게 하여 주소서.
서로 보살펴 주고 싶은 마음이 생기게 하여 주소서.
서로 사랑하고 싶은 마음이 일어나게 하소서.
우리 주 예수 그리스도 이름으로 기도합니다. 아멘!

질서는 천국의 첫째 법률이다. 포프

부부 싸움에도 요령을 갖게 하소서

너는 서둘러 나가서 다투지 말라
마침내 네가 이웃에게서 욕을 보게 될 때에
네가 어찌할 줄을 알지 못할까 두려우니라 잠언 25:8

화목한 가정을 원하시는 주님!

우리 부부가 항상

상대방의 말을 잘 들어줄 수 있는 마음의 여유를 주시고

대화를 나눌 때 말을 먼저 끊지 않게 하소서.

성내기를 더디 하고 깊이 생각할 수 있게 하소서.

되도록 말에 실수가 없기를 원합니다.

우리 부부가 진실을 말하되 사랑 안에서 말하게 하소서.

거짓을 부풀려 말하지 않게 하소서.

말을 하지 않음으로써 상대방에게

좌절감을 안겨 주지 말게 하소서.

말다툼을 심하게 오랜 시간 계속하지 않게 하소서.

화를 내어도 아무 반응이 없어

화를 더 내게 만들지 않게 하여 주소서.

잘못한 일이 있으면 인정하고 용서를 빌게 하소서.

쓸데없는 잔소리를 하지 않게 하시고

화를 유발시키지 않게 하여 주소서.

상대방을 책망하거나 비판하지 않게 하소서.

부부 싸움도 요령을 갖고 하게 하여 주소서.

우리 주 예수 그리스도 이름으로 기도합니다. 아멘!

신뢰는 거울 유리 같은 것이다. 금이 가면 원상태로 돌아가지 않는다. 아미엘

서로에게 힘을 북돋아 주게 하소서

내가 또 그를 장자로 삼고
세상 왕들에게 지존자가 되게 하며 시편 89:27

사랑의 주님!
주님께서 우리의 힘이 되어 주시고
반석이 되어 주심을 믿습니다.
우리 부부가 살아가며
서로 힘을 북돋아 주며 살게 하소서.
우리 부부에게 열등의식이 없고
자신감 가운데 살게 하시기를 원합니다.
우리 부부가 꾸준히 성숙하기 위하여 노력하게 하소서.
우리 부부가 서로를 잘 이해해 주며
서로를 잘 격려해 주고 칭찬해 주며 살게 하소서.
우리 부부가 삶을 즐길 줄 알게 하여 주소서.
우리 부부가 서로 정직하게
진실하게 살기를 원합니다.
우리 부부가 서로에게 예의를 갖추게 하소서.
우리 부부가 삶의 의미를 느끼며 살아가게 하소서.
우리 부부가 목표가 있는 삶을 살게 하소서.
우리 부부가 목표를 이루기 위하여 서로 돕게 하소서.
우리 부부의 믿음이 일치하게 하여 주소서.
우리 부부가 주님의 인도하심을 받게 하소서.
우리 주 예수 그리스도 이름으로 기도합니다. 아멘!

변명은 장식된 거짓말에 지나지 않는다. 포프

화목한 부부가 되는 비결을 알게 하소서

나를 눈동자같이 지키시고 주의 날개 그늘 아래에 감추사
내 앞에서 나를 압제하는 악인들과 나의 목숨을 노리는 원수들에게서
벗어나게 하소서 시편 17:8-9

우리 마음에 사랑을 쏟아부어 주시는 주님!

우리 부부가 행복한 부부가 되는 비결을 알게 하소서.

우리 부부에게 성장과 변화가 있게 하소서.

성격과 취미와 습관이 상대방과 잘 조화를 이루어

불협화음이 일어나지 않게 하소서.

날마다 부부의 행복이 증진되게 하여 주소서.

우리 부부가 웃음 지을 수 있는 일들이

많이 일어나기를 원합니다.

말로나 행동으로나 일들을 통해서

우리 부부가 행복한 삶을 살아가게 하여 주소서.

웃음이 많아져서

웃을 때 스트레스가 사라지게 하소서.

우리 부부에게 부정적인 것과 우울함이 사라지게 하소서.

우리 부부가 대화의 시간을 자연스럽게 갖게 하여 주소서.

아침이나 저녁 시간에 커피와 차를 마시면서

잠시 동안이라도 소중한 대화를 나누게 하소서.

우리 부부가 서로를 신뢰하게 하소서.

사랑을 좇아 행하게 하시고 기도하게 하소서.

날마다 행복한 부부의 삶을 살게 하소서.

우리 주 예수 그리스도 이름으로 기도합니다. 아멘!

우리의 신용은 우리의 한 가지 재산이다. 주베르

11

NOVEMBER

하나님의 은혜에 감사하는
부부가 되게 하소서

오직 그대만을 사랑합니다

칡넝쿨 제 마음껏 얽히고설키듯
그대를 안고 꼭 안아
포근한 사랑의 둥지인
그대의 품 안에서

꿈꾸듯 사랑을 하고 싶습니다
타오르는 열정으로 가슴에 끓는 피
다 쏟아 내어 그대를 부르고 불러서
내 사랑을 있는 그대로
표현할 수 있다면
석류 터지듯 목청이 터진들 어떻습니까

그대는 지금
내 눈 안에서, 내 마음 속에서
아침 이슬을 머금은 듯
세상에서 가장 아름다운 꽃으로
막 피어나고 있습니다

삶에는 언제나 사랑이 필요하고
사람들은 소중하다 말하지만
무수한 사람들을 만나고
그들과 함께 있다 하여도
그대가 아니면 어찌 사랑할 수 있겠습니까
오직 그대만을 사랑합니다

이 지상에
그대를 사랑함보다
더한 행복이 어디에 있겠습니까

우리 부부에게 사랑이 충만하게 하소서

사랑은 오래 참고 사랑은 온유하며 시기하지 아니하며
사랑은 자랑하지 아니하며 교만하지 아니하며 고린도전서 13:4

가정을 이루어 주시는 주님!

우리 부부에게 사랑이 충만하기를 원합니다.

가정이 아무리 화려하게 장식되어 있어도

사랑이 없으면 삭막할 뿐이오니

언제나 사랑이 넘치게 하옵소서.

가정은 사랑을 먹고 자라야 하오니

우리 부부와 온 가족이 주님의 사랑을 받게 하시고

서로 사랑하고 서로 사랑을 나누며 살게 하소서.

우리 가정에 사랑이 꽃피고

우리 가정에 사랑이 열매 맺기를 간절히 원합니다.

우리 부부와 가족이 주님 안에 있는

그 친밀함 속에 다정다감하게 살아가게 하소서.

기쁨 속에 대화를 나누게 하시고

어려움이 있을 때는 서로 돕게 하시며

아픔이 있을 때는 위로하며 살게 하소서.

우리 가정이 날마다 즐거움 넘치게 하소서.

우리 가족이 만나는 것을 서로 기뻐하게 하시고

함께 있을 때마다 웃음꽃이 피어나며

소망을 이루어 가며 살게 하소서.

우리 주 예수 그리스도 이름으로 기도합니다. 아멘!

자신을 내세우지 말라. 아우구스티누스

11
N²

ovember

주님의 인도하심에 늘 감사하게 하소서

귀인들을 의지하지 말며 도울 힘이 없는 인생도 의지하지 말지니
시편 146:3

우리의 발걸음을 인도하시는 주님!
우리 부부가 날마다 주님의 인도하심에
감사하며 살기를 원합니다.
우리의 삶에 주님의 손길이 함께하여 주소서.
우리 부부가 대화를 나눌 때 따뜻한 마음으로
진실한 대화를 나누게 하옵소서.
우리 부부가 불안한 모습으로 살아가는 것이 아니라
주님의 인도하심에 감사드리며
안정된 모습으로 살아가게 하소서.
우리 부부가 유머를 잃지 않게 하셔서
주님 안에서 있는 기쁨 속에, 소망 속에
행복한 삶을 살아가기를 원합니다.
우리 부부가 분쟁을 쉽게 풀어 가게 하셔서
늘 화목하게 살게 하여 주옵소서.
우리 부부의 잘못된 것은 바로 고치게 하시고
삶이 바르게 잡혀 가기를 원합니다.
우리 부부가 하나라는 것을 깨닫게 하사
서로 사랑함으로 하나가 되게 하소서.
우리 부부가 기쁨을 함께 나누며 살게 하소서.
우리 부부가 함께 지낼 수 있는 시간을 주심을 감사드리며
우리 주 예수 그리스도 이름으로 기도합니다. 아멘!

우리는 학교에서 배우는 것이 아니고 인생에서 배운다. 세네카

★ 344

사랑하는 사람을 위하여 기도하게 하소서

여호와께서 이스라엘 족속에게 이와 같이 말씀하시기를
너희는 나를 찾으라 그리하면 살리라 아모스 5:4

마음의 문을 열고 기도하면 들어 주시는 주님!
우리 부부가 사랑하는 사람들을 위하여
날마다 기도하며 살기로 결정합니다.
우리가 기도함으로 성경적 사랑을 만들어 가고
진실한 구원의 사랑을 회복하며 나누며 살게 하소서.
기도함으로 우리의 마음의 방향이
새로운 방향으로 조정되게 하소서.
주님의 생명의 말씀을 배우게 하셔서
말씀에 순종하며 살게 하옵소서.
우리 부부가 주님의 이름으로
기도해 줄 수 있는 사람들이 늘어갈 때
행복함을 고백하게 하소서.
날마다 기도함으로 도고의 기도와 간구의 기도의
기쁨을 체험하며 살게 하옵소서.
기도를 하면 영혼을 사랑하는 마음이 충만해지오니
더욱 사랑하며 기도하며 살게 되기를 원합니다.
사랑하는 사람들을 축복하며 살게 하소서.
주님이 주신 은혜와 사랑을 나누며 살게 하소서.
날마다 기도하며 살기를 원합니다.
우리 주 예수 그리스도 이름으로 기도합니다. 아멘!

아름다운 얼굴이란 마음의 정직함이 그려져 있는 얼굴이다. 알레톤

영적 전쟁에서 날마다 승리하게 하소서

여호와께서 내게 도움이 되지 아니하셨더면
내 영혼이 벌써 침묵 속에 잠겼으리로다 시편 94:17

말씀 속에 권세와 능력이 함께하시는 주님!
전능하신 주님께서 모든 생명을 유지하시고
우리를 구원하심을 감사드립니다.
우리 부부가 날마다 영적인 전쟁에서 승리하게 하소서.
세상의 수많은 악한 영들이 우리를 미혹하고
우리를 넘어뜨리려 하오니
주님의 말씀에 굳건히 서서 흔들리지 않게 하소서.
우리의 모든 삶을 주님께서 인도하심을 믿게 하시고
온전히 신뢰하며 나아가기를 원합니다.
기도로 주님과 교제하게 하시고
우리를 강하고 담대하게 하셔서
오직 믿음 안에서 살게 하여 주옵소서.
우리에게는 늘 영적인 싸움이 있사오니
주님의 능력으로 보호하시고 인도하소서.
성령께서 저희를 인도하여 주셔서
주님의 말씀에 순종하는 삶을 살게 하소서.
날마다 주님 앞에 정직하게 살기로 다시금 결정하며
날마다 우리 신앙이 주님 닮아 가기를
우리 주 예수 그리스도 이름으로 기도합니다. 아멘!

아름다움은 얼굴에 있는 것이 아니라 사람과 그 행동의 조화 속에 있다. 밀레

서로의 짐을 나누어 지게 하소서

내가 내 몸을 쳐 복종하게 함은 내가 남에게 전파한 후에
자신이 도리어 버림을 당할까 두려워함이로다 고린도전서 9:27

수고하고 무거운 짐 진 자들아 다 내게로 오라 하신 주님!
우리를 절망하게 하고 우울하게 만드는 일들이 생겨나고
염려와 걱정이 두 어깨를 짓누르는 짐이 될 때
우리 부부가 짐을 서로 나누어 지게 하여 주소서.
우리의 삶이 날마다 평안한 삶만 지속되는 것이 아니오니
어려움을 이겨 내려고 고투하는 가운데서
주님의 능력을 체험하며 살게 하소서.
우리에게 죄의 짐이 있다면
정직하고 철저하게 죄를 고백하도록 인도하여 주소서.
감추거나 부인하거나 변명하지 않게 하시고
주님께서 용서하시는 기쁨을 누리게 하여 주소서.
우리 영육의 모든 짐을 주님께 맡기게 하시며
우리 부부가 힘들고 어려울 때마다
서로 함께함으로 믿음과 기도로 이겨 내게 하시고
날마다 삶 속에서 주님이 함께하심을 체험하게 하소서.
우리의 생각과 의지를 주님 앞에 내려놓게 하시고
주님께서 가르쳐 주시고
주님께서 인도하시는 길을 따르게 하소서.
우리 주 예수 그리스도 이름으로 기도합니다. 아멘!

아무것도 배우지 않은 사람들에게 있어야 할 것은 아무것도 없다. 앙드레 말로

부부 사이에 신앙적 갈등이 없게 하소서

나더러 주여 주여 하는 자마다 다 천국에 들어갈 것이 아니요
다만 하늘에 계신 내 아버지의 뜻대로 행하는 자라야 들어가리라
마태복음 7:21

우리가 믿어 믿음에 이르게 하시는 주님!
우리 부부를 주님께서 사용하여 주셔서
주님께 온전히 쓰임받게 하옵소서.
우리 부부 사이에 신앙적 갈등이 없게 하소서.
주님을 섬기며 예배하는 기쁨 속에 살게 하시고
삶 속에서도 주님이 주시는 행복을 누리게 하소서.
순수한 믿음 속에 주님과 동행하게 하여 주소서.
주님을 위해 전적으로 헌신된 삶을 살게 하시고
날마다 믿음의 전투에서 이길 수 있도록
강하고 담대한 믿음을 주시기를 원합니다.
우리 부부의 신앙이 나태하거나 연약해지지 않게 하시고
믿음의 경주를 통하여 신앙이 성장하게 하소서.
성령께서 믿음을 우리에게 주셔서
우리 부부가 확신을 갖고 믿게 하여 주소서.
날마다 우리의 사랑과 믿음을 조율하시고
우리에게 맡겨진 사명을 잘 감당하게 도우시는
은혜로 열심히 살게 하여 주옵소서.
말씀을 통하여 우리의 신앙이 성숙하게 하시고
믿음으로 하나가 되어 살아가게 하소서.
우리 주 예수 그리스도 이름으로 기도합니다. 아멘!

용서하는 것이 좋다. 그리고 잊는 것은 더욱 좋다. 브라우닝

영혼 구원을 위한 해산의 수고를 하게 하소서

주께서 나의 슬픔이 변하여 내게 춤이 되게 하시며
나의 베옷을 벗기고 기쁨으로 띠 띠우셨나이다 시편 30:11

말씀과 진리로 우리를 거룩하게 하시는 주님!
아직도 길 잃은 영혼과 방황하는 영혼들이 많사오니
우리 부부가 영혼 구원을 위하여 기도를 드리며
해산의 수고를 아끼지 않게 하여 주소서.
영혼 구원에 대한 갈망이 적어지고
그들을 위하여 기도하는 시간이 줄어질 때
주님께서 일깨워 주사 기도하며 갈망하게 하소서.
영혼 구원이 우리 삶의 목표가 되고
주님의 뜻을 이루는 것이 되게 하소서.
우리를 주님의 도구로 사용하여 주셔서
전도하는 일에 동참하고
주님께 온전히 쓰임받길 원합니다.
주님께서 말씀과 모든 움직임 속에 우리를 인도하시니
영혼 구원에 지속적인 관심을 갖게 하시고
우리의 삶 속에서 항상 주님의 복음을 전하게 하소서.
이 땅에 주님의 복음이 가득하여
구원받는 사람들이 날마다 늘어나
주님을 구주로 영접하는 일들이 곳곳에서 일어나게 하소서.
주님께서 모든 일들을 인도하시기를 원합니다.
우리 주 예수 그리스도 이름으로 기도합니다. 아멘!

어려운 것은 사랑하는 기술이 아니라 사랑을 받는 기술이다. 알퐁스 도데

기도함으로 영안을 열어 주소서

우리를 사랑하시는 주님!

주님은 우리를 구원하러 오신

하나님의 아들이면서도 항상 기도하시고

습관을 좇아 기도하심을 아오니

우리 부부도 늘 기도하는 삶을 살게 하소서.

우리 부부가 기도로 영적인 안목이 열리게 하소서.

주님의 사역에 동참하게 하시고

성령께서 인도하시기를 원합니다.

주님의 뜻을 이루게 하시고

다른 이들을 섬기며 복음을 전하게 하여 주소서.

삶의 어려움에서나 도전하는 일에서 떠나고 싶을 때

도리어 굳건히 설 수 있는 믿음의 담력을 주소서.

늘 기도함으로써 주님의 은혜 속에 살게 하시고

주님을 온전히 신뢰하게 하여 주소서.

날마다 주님께 나아가는 믿음 생활을 온전히 하게 하소서.

주님으로부터 우리를 떨어뜨리려는 세상에서

더욱더 주님께 가까이 다가갈 수 있도록

성령께서 인도하시기를 원합니다.

주님의 사랑을 삶 속에서 나타내게 하여 주소서.

우리 주 예수 그리스도 이름으로 기도합니다. 아멘!

모든 약속을 아무런 조건 없이 믿고 모든 계명에 망설이지 않고 복종하며,
하나님의 뜻 안에 철저하게 서는 것, 이것이야말로 영원한 영광에 이르는
길이다. 머레이

성의 노예가 되지 않게 하소서

주께서 심지가 견고한 자를 평강하고 평강하도록 지키시리니
이는 그가 주를 신뢰함이니이다 이사야 26:3

우리가 행한 대로 심판하시는 주님!
우리의 죄악을 사하시고
우리의 죄악을 씻어 주시고
우리의 죄악을 도말하여 주셔서
주님의 보혈로 깨끗이 씻기우고 용서받게 하소서.
우리 부부가 성의 노예가 되지 않게 하여 주소서.
우리 부부의 성이 호기심이 되지 않게 하소서.
우리 부부의 성이 아름다운 성이 되게 하소서.
우리 부부의 성이 부부의 사랑을 나누는 시간이 되게 하소서.
성생활이 쾌락의 도구로 전락되지 않게 하시고
성도착적으로 습관화되지 않게 하여 주소서.
타락이 심해지고 도덕이 무너지고
질서가 무너져 가는 세상에서 믿음을 지키고
부부의 사랑을 지켜 갈 수 있도록 깨어 기도하게 하소서.
세상에는 부적절한 이들과 유혹이 많사오니
이 악한 세상으로부터 구원하시기를 원합니다.
우리 부부의 성생활이 세상의 흐름에 따라
세상의 유행에 따라
변질되고 타락하지 않게 하여 주소서.
주님의 뜻 안에서 가장 순수한 사랑을 나누게 하소서.
우리 주 예수 그리스도 이름으로 기도합니다. 아멘!

재능은 오랫동안 노력에 의하여 얻어진 노력의 선물이다. 플로베르

가치 없는 일에 중독되지 않게 하소서

주께서 너희를 우리 주 예수 그리스도의 날에
책망할 것이 없는 자로 끝까지 견고하게 하시리라 고린도전서 1:8

우리의 삶을 가치 있는 삶으로 만드신 주님!
우리 부부의 영혼을 일깨워 주사
맑은 마음으로 주님을 바라보며
경외하게 하소서.
가치 없는 일에 허송세월을 보내지 않게 하소서.
우리의 마음을 살펴 주셔서
불순종과 반역과 변명을 몰아내게 하소서.
거짓을 일삼거나 핑계로 일관하지 않고
삶을 가치 있게 하는 일에 최선을 다하여
열심과 열정을 다하여 일하기를 원합니다.
우리 부부가 잘못된 부분이 있으면 변화시키사
주님의 은혜로 새롭게 하옵소서.
주님께서 인도하시는 의로운 길로 나아가게 하소서.
우리 부부는 나약하고 부족하오니
주님의 말씀 속에서 지혜를 얻게 하사
가치 있는 삶, 의미 있는 삶, 보람 있는 삶으로
주님께 충성된 삶을 살기를 원합니다.
우리 부부가 주님 앞에 설 때 칭찬받게 하소서.
우리 주 예수 그리스도 이름으로 기도합니다. 아멘!

용감하고 현명한 사람은 성공의 건축가다. 타소

우리가 좌절할 때 기도하게 하소서

돌밭에 뿌려졌다는 것은 말씀을 듣고 즉시 기쁨으로 받되
그 속에 뿌리가 없어 잠시 견디다가 말씀으로 말미암아
환난이나 박해가 일어날 때에는 곧 넘어지는 자요. 마태복음 13:20-21

우리를 죄악에서 일으켜 세워 주시는 주님!
우리를 죄악에 가두었던
모든 절망과 고통 속에서 우리를 구원하시니
감사와 찬양과 영광을 돌립니다.
우리 부부가 좌절로 인해 쓰러지지 않게 하소서.
주님의 사랑과 주님의 자비와 주님의 배려를 통하여
새롭게 인도하심을 받게 하소서.
우리가 좌절할 때 기도함으로써
주님께서 우리에게 허락하시는 모든 은혜를
마음 문을 열고 받게 하사 새로운 능력을 갖게 하소서.
우리 부부가 현실에만 민감하지 않고
내일을 소망하며 살아감으로써
시련과 고통을 잘 이겨 내게 하여 주소서.
말씀이 육신이 되어 우리를 구원하신 주님을 믿사오니
우리에게 확신을 주셔서 다시 일어서게 하소서.
삶을 우리의 시간표대로 살아가며 쫓길 것이 아니라
주님과 동행하며 주님의 인도하심을 따라
실패를 딛고 일어서는 기쁨을 갖게 하소서.
우리 주 예수 그리스도 이름으로 기도합니다. 아멘!

새가 날아가 버린 뒤에 꼬리를 잡으려는 것은 무리한 짓이다. 도스토예프스키

난관을 극복하여 나가게 하소서

보라 인내하는 자를 우리가 복되다 하나니
너희가 욥의 인내를 들었고 주께서 주신 결말을 보았거니와
주는 가장 자비하시고 긍휼히 여기시는 이시니라 야고보서 5:11

주님을 사랑하기를 원하시는 주님!
우리에게 어려움이 닥칠 때
주님께 부르짖어 도움을 구하여서
응답받기를 원합니다.
감당할 수 없는 어려움이 닥쳐올 때에도
우리 부부가 기도하게 하시고
모든 난관을 극복하여 나가기를 원합니다.
도움을 요청할 때마다
주님께서 함께하시고 사랑하여 주심을 믿습니다.
예수 그리스도 안에서 날마다 가르쳐 주시고
성령님을 의지하며 살게 하소서.
주님은 한 번도 우리를 실망시키신 적이 없으시고
우리의 모든 필요를 채워 주시며
모든 두려움을 거두어 가시는 분이십니다.
우리 안에 계시고 우리의 전부가 되신
주님을 신뢰하고 의뢰하오니
난관을 극복하고 재도전하여 승리함으로써
주님의 영광을 드러내게 하옵소서.
우리 주 예수 그리스도 이름으로 기도합니다. 아멘!

만사는 끈기 있게 기다리고 있는 자에게 온다. 롱펠로

타인을 배려하는 마음을 주소서

노하기를 더디 하는 자는 크게 명철하여도
마음이 조급한 자는 어리석음을 나타내느니라 잠언 14:29

우리에게 충만한 사랑을 주시는 주님!

우리의 주인 되시는 그 주님을 사랑합니다.

우리 부부에게 결혼을 통한 축복을 주시고

날마다 보호하시고 인도하시며

은혜 안에 살게 하시니 감사드립니다.

우리 부부가 주님의 사랑을 충만히 받았으니

살아가며 남을 배려하는 마음을 주소서.

주님께서 우리 부부의 매일의 삶에 필요를 채워 주시고

성령께서 우리의 삶을 지도하심을 믿습니다.

주님의 말씀을 따를 수 있는 믿음을 주셔서

그리스도인답게, 성도답게 살게 하옵소서.

우리가 가족과 이웃을 사랑하며

그들에게 도움을 주는 삶을 살게 하시고

그들을 위하여 봉사하는 삶을 살게 하옵소서.

그들을 섬기는 삶을 살기로 결정합니다.

우리가 주님을 알고 기뻐하는 삶을 살며

삶 속에서 주님의 사랑을 나눔으로써

기뻐해야 할 이유를 찾고 만들게 하소서.

우리 주 예수 그리스도 이름으로 기도합니다. 아멘!

성공이란 것은 그 결과로 헤아리는 것이 아니라 이에 쏟은 노력의 통계로
평가해야 한다. 에디슨

용서의 마음밭을 잘 경작하게 하소서

우리가 우리에게 죄 지은 자를 사하여 준 것같이
우리 죄를 사하여 주시옵고 마태복음 6:12

우리의 죄악을 용서하시는 주님!
우리가 주님께 용서를 받았으니
용서의 마음밭을 잘 개간하게 하여 주소서.
우리의 허물을 용서하여 주심을 감사드립니다.
우리의 죄악을 용서하여 주심을 감사드립니다.
우리의 잘못을 용서하여 주심을 감사드립니다.
우리의 거짓을 용서하여 주심을 감사드립니다.
우리의 욕망을 용서하여 주심을 감사드립니다.
우리의 탐심을 용서하여 주심을 감사드립니다.
우리의 실수를 용서하여 주심을 감사드립니다.
우리의 판단을 용서하여 주심을 감사드립니다.
우리의 비난을 용서하여 주심을 감사드립니다.
우리의 죄악이 남아 있다면
마음을 깨끗이 씻어 주셔서 정결하게 하옵소서.
우리도 용서를 받았으니 용서하는 삶을 살게 하소서.
우리의 마음밭이 옥토가 되어
많은 수확과 결실을 얻게 하소서.
모든 것을 통하여 주님께 영광을 돌리게 하소서.
우리 주 예수 그리스도 이름으로 기도합니다. 아멘!

자신감은 성공의 제일의 비결이다. 에머슨

부부가 서로 공감대를 형성하게 하소서

그러므로 내 사랑하는 형제들아 견실하며 흔들리지 말고
항상 주의 일에 더욱 힘쓰는 자들이 되라
이는 너희 수고가 주 안에서 헛되지 않은 줄 앎이라 고린도전서 15:58

우리를 사랑으로 하나가 되게 하시는 주님!
우리 부부가 서로 사랑과 믿음과 소망의
공감대를 잘 형성하게 하옵소서.
주님의 말씀으로 인해 매일의 삶을
잘 감당하기를 원합니다.
묵상을 통하여 우리가 해야 할 일을
온전히 깨닫게 하사 실행에 옮기게 하소서.
우리 부부가 신앙생활에 공감대를 형성하게 하소서.
우리 부부가 가정생활에 공감대를 형성하게 하소서.
우리 부부가 물질관에 공감대를 형성하게 하소서.
우리 부부의 기도 생활에 공감대가 형성되게 하소서.
우리 부부의 이웃 사랑에 공감대가 형성되게 하소서.
마음을 다하고 목숨을 다하고 뜻을 다하여
주님을 사랑하고 섬기기를 원합니다.
우리 부부에게 날카로운 관찰력을 주셔서
옳고 그름을 잘 분별하게 하시고
우리 부부가 서로에게 인격적이고 솔직하게 하여 주소서.
마음이 하나가 되게 하시고
사랑이 하나가 되게 하시고
뜻이 하나가 되게 하셔서 날마다 즐겁게 하소서.
우리 주 예수 그리스도 이름으로 기도합니다. 아멘!

주는 것은 받는 것보다 행복하며, 사랑하는 것은 사랑받는 것보다 아름답고
사람을 행복하게 한다. 헤르만 헤세

다른 사람의 가치를 인정하게 하소서

자기의 생명을 사랑하는 자는 잃어버릴 것이요
이 세상에서 자기의 생명을 미워하는 자는
영생하도록 보전하리라 요한복음 12:25

우리를 사랑으로 인도하시는 주님!
우리 부부가 다른 사람의 가치를 인정하게 하소서.
사람은 누구나 인정받기를 원하오니
남을 인정함으로써 우리 자신도 인정받게 하소서.
주님께서 한결같은 사랑으로 부어 주시니
그 사랑으로 서로 감싸 주며 살게 하소서.
주님께서 값없이 주시는 놀라운 은혜와 사랑을 배웠으니
그 사랑이 모든 삶에 나타나기를 원합니다.
오늘을 살아가는 사람들 모두가 다 소중하오니
사랑으로 하나 되어 가기를 원합니다.
우리의 삶 속에서 주님을 예배하게 하시고
우리의 삶 속에서 주님을 찬양하게 하여 주소서.
남을 사랑하는 마음이
주님 자녀로서의 삶의 시작이오니
주님의 모습을 생활 속에 나타내게 하옵소서.
다른 사람들을 인격적으로 솔직하게 사랑하게 하시고
겸손하고 진실한 모습으로 이웃 사랑을
삶에서 표현하기를 원합니다.
우리의 삶 속에서 주님의 구속의 사랑을 전하게 하소서.
우리 주 예수 그리스도 이름으로 기도합니다. 아멘!

기쁨의 추억은 이미 기쁨이 아니다.
그러나 슬픔의 추억은 여전히 슬픔인 것이다. 바이런

사람들에게 친절하게 하소서

나는 그들이 병들었을 때에 굵은 베옷을 입으며
금식하여 내 영혼을 괴롭게 하였더니
내 기도가 내 품으로 돌아왔도다 시편 35:13

성실하시고 진실하신 주님!
우리 부부가 사람들에게 친절히 대하게 하소서.
메마르고 정이 없고 싸늘한 세상에서
주님과의 친밀함은 참으로 놀라운 은혜이오니
주님 안에서 사랑을 나누며 살게 하소서.
우리가 어느 곳에서나 우리에게 친절함을 나타내는
사람들에게 고마움을 느끼게 되고
마음이 편안해지고 따뜻해짐을 알게 하소서.
우리가 친절함 속에 복음을 전함으로써
사람들의 마음밭에 복음이 잘 전달되게 하옵소서.
우리 부부가 서로에게 친절하게 하소서.
우리 부부가 가족에게 친절하게 하소서.
우리 부부가 일가친척에게 친절하게 하소서.
우리 부부가 교우들에게 친절하게 하소서.
우리 부부가 성도들에게 친절하게 하소서.
우리 부부가 친구들에게, 이웃들에게 친절하게 하소서.
우리 부부가 삶 속에서 주님의 마음을 닮게 하시고
주님이 원하시는 복된 삶을 살아가게 하소서.
우리 주님의 친절하심을 본받아 우리도 친절하게 하소서.
우리 주 예수 그리스도 이름으로 기도합니다. 아멘!

재물도 지위도, 사랑에 비하면 쓰레기 같은 것이다. 글래드스턴

따뜻한 마음을 잃지 않게 하소서

내가 평생토록 여호와께 노래하며
내가 살아 있는 동안 내 하나님을 찬양하리로다 시편 104:33

평강 속에 평강으로 찾아오시는 주님!
우리 부부가 따뜻한 마음을 잃지 않게 하소서.
이 각박한 세상, 이 찬바람 부는 세상에서
사랑하는 사람을 만나던 날의 그 축복과 그 기쁨을
마음에 소중하게 간직하며 살기를 원합니다.
부부에게 가장 필요한 것은 사랑인 줄 아오니
가까울수록 격려와 칭찬과 배려를 잊지 않고
기도와 감사를 잊지 않게 하소서.
우리 부부가 평생토록 주님의 인도하심을 따라
좋은 점을 닮아 가게 하시고
나쁜 점을 고쳐 나가게 되기를 원합니다.
우리가 서로 마음의 따뜻함을 알 때 힘과 용기가 생기오니
주님께서 항상 인도하여 주옵소서.
말씀 속에서 가르침을 받게 하시고
성령의 인도하심 따라서 언제나 같은 마음이 되게 하소서.
나이가 들어 갈수록 정이 깊게 하시고
친구같이 언제나 곁에 있어 주게 하옵소서.
힘들고 외로울 때 더욱더 격려해 주며
따뜻함으로 곁에 있기를 원합니다.
우리 주 예수 그리스도 이름으로 기도합니다. 아멘!

다른 사람으로부터 사랑받지 못하는 사람은 다른 사람을 사랑하지 못한다.
라파예트

다른 사람과의 관계 가운데 함께하소서

마음의 즐거움은 얼굴을 빛나게 하여도
마음의 근심은 심령을 상하게 하느니라 잠언 15:13

고통 중에도 함께하시는 주님!
우리 부부가 항상 사랑을 베풀게 하시며
이웃의 마음에 상처를 주지 않게 하소서.
이웃의 마음에 고통을 주지 않게 하소서.
이웃의 마음에 절망을 주지 않게 하소서.
서로 의견 차이가 있을 때에도 잘 들어 주고
서로에게 상처와 아픔을 주지 않길 원합니다.
물질적인 문제가 있을 때에도 갈등하기보다는
나눔과 사랑으로 서로에게 기쁨이 되게 하소서.
신앙적인 문제가 있을 때에도
고집과 주장만 하기보다 말씀과 기도 속에서
주님의 인도하심을 받게 하소서.
우리 부부가 삶 속에서 마음의 즐거움을 얻게 하소서.
서로의 섬김과 희생이 없이는 아무것도 할 수 없사오니
주님께서 우리들의 마음을 붙잡아 주사
평안하게 인도하여 주소서.
우리 모두가 주님의 마음을 닮아 평강하길 원하며
우리 주 예수 그리스도 이름으로 기도합니다. 아멘!

진실은 하나님이 오로지 사람들에게만 준 선물이다. 스코트

사랑과 선행을 실천하며 살게 하여 주소서

그들이 주의 집에 있는 살진 것으로 풍족할 것이라
주께서 주의 복락의 강물을 마시게 하시리이다 시편 36:8

우리와 항상 함께하시는 주님!
이웃들 중에는 고통을 당하는 사람들이 있으니
사랑과 선행을 실천하며 살아가게 하소서.
핍박과 고난은 그리스도인의 삶이오니
우리에게 다가오는 시련을 믿음으로 이겨 내게 하시고
우리의 이웃이 힘들고 어려울 때마다
주님의 이름으로 주님의 마음으로 찾아가
아픔과 고통을 함께 나누게 하소서.
우리가 사랑을 나눌 때 우리의 삶이 풍성해지오니
주님께서 사랑으로 함께하시기를 원합니다.
우리에게 날마다 닥치는 시련과 고통과 절망과 아픔을
이겨 낼 수 있는 힘과 용기를 주소서.
어려움과 아픔을 통하여
우리의 심령이 주님을 향하여 가난하게 하시고
우리 이웃들의 마음을 공감할 수 있게 하소서.
우리 부부가 주님의 사랑으로 어려운 이웃들과
나눔으로써 삶이 부요하게 됨을 알게 하시고
주님의 보혈의 은혜로
주님의 사랑을 나타내는 삶을 살게 하소서.
우리 주 예수 그리스도 이름으로 기도합니다. 아멘!

사랑한다는 것은 서로 들여다보는 것이 아니고
함께 같은 방향을 쳐다보는 것임을 우리는 경험으로 안다. 생텍쥐페리

날마다 묵상하는 시간을 갖게 하소서

호흡이 있는 자마다 여호와를 찬양할지어다 할렐루야
시편 150:6

우리의 기도를 들어 주시는 주님!

우리 부부가 날마다

주님의 사랑을 묵상하는 시간을 갖게 하소서.

우리 부부가 날마다

주님의 고난을 묵상하는 시간을 갖게 하소서.

우리 부부가 날마다

주님의 기도하심을 묵상하는 시간을 갖게 하소서.

우리 부부가 날마다

주님의 인도하심을 묵상하는 시간을 갖게 하소서.

우리 부부가 날마다

주님의 용서하심을 묵상하는 시간을 갖게 하소서.

우리 부부가 날마다

주님의 인자하심을 묵상하는 시간을 갖게 하소서.

우리 부부가 날마다

주님의 말씀을 묵상하는 시간을 갖게 하소서.

우리 부부가 날마다

주님의 뜻을 묵상하는 시간을 갖게 하소서.

우리 부부가 날마다

주님이 함께하심을 묵상하는 시간을 갖게 하소서.

우리 주 예수 그리스도 이름으로 기도합니다. 아멘!

사랑이란 자기희생이다.
이것은 우연에 의존하지 않는 유일한 행복이다. 톨스토이

우리 부부의 삶이 예배가 되게 하소서

오라 우리가 굽혀 경배하며
우리를 지으신 여호와 앞에 무릎을 꿇자 시편 95:6

우리를 인도하시는 주님!
우리 부부의 믿음이 날로 성숙하게 하여 주셔서
믿음 속에 예배드리게 하옵소서.
우리 부부의 삶이 예배가 되게 하셔서
주님을 닮아 가기를 원합니다.
우리가 어디서나 주님의 생명의 복음을
증거하고 나타내는 삶을 살기를 원합니다.
예배드림으로 더욱더 성령을 충만히 받게 하시고
주님의 사랑 안에서 살게 하옵소서.
우리 부부에게 소망을 주시고
날마다 그 소망을 이루며 살아가는
기쁨이 있게 하소서.
우리 부부의 삶을 통하여
주님의 영광을 나타내게 하시고
주님의 뜻을 이루게 하소서.
우리의 믿음이 날로 성장하게 하시고
주님의 지혜와 능력을 받게 되기를 원합니다.
예배를 드림으로써 하나님께 영광을 돌리고
믿음이 더욱 아름답게 성장하게 하소서.
우리 주 예수 그리스도 이름으로 기도합니다. 아멘!

상대의 이야기에 귀를 기울여라. 이것이 사랑의 첫째 의무다. 폴 틸리히

성도의 의무를 감당하게 하소서

믿음의 결국 곧 영혼의 구원을 받음이라
베드로전서 1:9

믿음을 통하여 주님을 바라보게 하시는 주님!
우리 부부가 성도의 의무를 감당하게 하소서.
세상이 우리를 넘어뜨리려 할 때도
요동하지 않고 오직 주님만 의지하게 하소서.
우리 부부가 주님께서 맡겨 주신 일들을
잘 감당하기를 원합니다.
우리의 삶이 주님으로 인해 값진 삶이 되게 하시고
날마다 풍성하기를 원합니다.
우리가 심은 믿음의 씨앗들이 열매를 맺어
주님께 영광을 돌릴 수 있기를 원합니다.
우리의 마음속에 증거 된 구원의 복음을
가족에서부터 우리 이웃들에게 바르게 전하게 하옵소서.
주님께서 우리의 삶 전체를 인도하시어
우리가 가야 할 길을 온전히 가게 하옵소서.
우리에게 펼쳐 보여 주실 주님의 능력을 기대하며
날마다 소망 속에서 살기를 원합니다.
우리 부부가 주님의 나라에서 받을 은혜와 감격을 바라보며
날마다 복음의 수고를 행하게 하소서.
주님의 말씀이 우리의 마음에 새겨지기를 원합니다.
우리 주 예수 그리스도 이름으로 기도합니다. 아멘!

사람은 함께 웃을 때 서로 가까워지는 것을 느낀다. 레오 버스카글리아

주님의 인도하심을 마음에 새기게 하소서

내가 전심으로 여호와께 감사하오며
주의 모든 기이한 일들을 전하리이다 시편 9:1

우리의 생명 길이 되시는 주님!

주님께서 가족을 허락하여 주심을 감사드립니다.

우리의 삶 속에 스며 있는

주님의 손길을 깨닫게 하시고

주님의 인도하심을 마음에 새기게 하소서.

우리 주변에 가정이 파괴되고

무너져 내리고 갈라지는 것을

많이 보게 되는데

주님께서 이 땅의 부부와 가정들을

인도하여 주소서.

이 땅의 가정들을

악한 세력으로부터 보호하소서.

유혹의 세력으로부터 보호하소서.

미혹의 세력으로부터 보호하소서.

주님의 사랑으로 하나가 되게 하시고

오직 주님의 인도하심만 받게 하소서.

우리가 전심으로 주님을 사랑하고

전 삶 속에 주님의 인도하심 받기를 원합니다.

우리 주 예수 그리스도 이름으로 기도합니다. 아멘!

사랑은 그 자체가 에너지다. 그것이 가치인 것이다. 손튼 와일더

지나간 일에 집착하지 않게 하소서

그들이 주리거나 목마르지 아니할 것이며 더위와 볕이 그들을
상하지 아니하리니 이는 그들을 긍휼히 여기는 이가 그들을 이끌되
샘물 근원으로 인도할 것임이라 이사야 49:10

소망 중에 우리를 부르시고 인도하시는 주님!

우리 부부가 지나간 일에 집착하지 않게 하소서.

실패한 일에 대하여 집착하지 않게 하소서.

죄를 지었던 일에 집착하지 않게 하소서.

유혹을 받았던 일에 집착하지 않게 하소서.

오직 이전 것은 지나갔으니 주님 안에서 새롭게 되어

주님만을 바라보며 소망 중에 즐거워하게 하소서.

기쁨 속에 날마다 새롭게 되게 하여 주소서.

사탄은 우리의 과거와 지난 일들을 올무로 삼으려 하나

우리를 용서하여 주소서.

우리가 용서받음을 믿고 감사를 드립니다.

오직 주님의 보혈과 사랑으로 새롭게 되어

주 안에서 풍성한 은혜와 축복을 받게 하소서.

봄이 오면 새싹이 나고 새롭게 꽃이 피고

가을에 열매를 맺듯이

우리의 과거는 과거로 보내고 내일에 소망을 두며

시절을 좇아 열매를 맺어 가게 하여 주소서.

주님께서 우리를 사랑하사 인도하시기를 원합니다.

우리 주 예수 그리스도 이름으로 기도합니다. 아멘!

내 업적 중 가장 빛나는 일은 아내를 설득해 나와의 결혼에 동의시킨 일이다.
처칠

하루를 기쁨 속에 시작하게 하소서

주께 합당하게 행하여 범사에 기쁘시게 하고
모든 선한 일에 열매를 맺게 하시며
하나님을 아는 것에 자라게 하시고 골로새서 1:10

날마다 우리의 삶을 인도하시는 주님!

우리 부부가 하루를 기도로 열게 하소서.

하루를 기쁨 속에 시작하게 하여 주소서.

하루의 시작부터 주님과 동행하기를 원합니다.

우리 부부가 주님을 사랑함으로써

주님께서 기뻐하시는 일을 행하게 하소서.

하루하루가 소중한 날이오니

오늘 하루도 의미 있고 뜻깊게 보내고

열심과 최선을 다하여 보람 있는 하루가 되게 하소서.

하루하루의 삶이 일생을 만들어 가오니

헛되고 무의미하게 흘려보내는 날이 줄어들게 하소서.

해 뜰 때부터 해 질 때까지

모든 섭리가 주님의 손길에서 이루어지오니

우리 부부가 온전히 주님을 신뢰하며 살게 하소서.

언제나 주님이 함께하심을 믿게 하소서.

우리 주님의 주권 아래 있음을 고백하게 하시고

소망의 눈으로 주님의 인도하심을 기대하게 하소서.

우리의 살아가는 모든 날 동안 믿음 안에 살게 하소서.

우리 부부에게 믿음을 주소서.

우리 주 예수 그리스도 이름으로 기도합니다. 아멘!

인간 실존의 문제에 건전하고도 만족스러운 해답을 줄 수 있는 것은
사랑뿐이다. 에리히 프롬

하루를 감사하며 잠자리에 들게 하소서

무릇 하나님의 영으로 인도함을 받는 사람은
곧 하나님의 아들이라 **로마서 8:14**

시작과 끝이 되시는 주님!

우리 부부가 하루의 일과를 끝내고

주님께 감사의 기도를 드리며 평안히 잠들게 하소서.

오늘 하루도 열어 주셔서 감사드립니다.

오늘 하루도 열심히 일하게 하시니 감사드립니다.

오늘 하루도 주님께서 인도하시니 감사드립니다.

오늘 하루도 소득이 있게 하시니 감사드립니다.

오늘 하루도 사랑으로 충만하게 하시니 감사드립니다.

오늘 하루도 은혜 속에 살게 하시니 감사드립니다.

오늘 하루도 사람들과 교제하게 하시니 감사드립니다.

오늘 하루도 꿈과 비전을 이루게 하시니 감사드립니다.

오늘 하루도 주님과 동행하게 하시니 감사드립니다.

오늘 하루도 가족을 사랑하게 하시니 감사드립니다.

오늘 하루도 평안을 주시니 감사드립니다.

오늘 하루도 주님의 뜻을 이루게 하시니 감사드립니다.

오늘 하루도 주님께 감사드리게 하시니 감사드립니다.

오늘 하루도 은혜 중에 잠들게 하시니 감사드립니다.

우리의 모든 삶을 인도하시니 감사드립니다.

우리 주 예수 그리스도 이름으로 기도합니다. 아멘!

남자는 눈으로 연애를 하고 여자는 귀로 사랑에 빠진다. 우드로 와이어트

싫어하는 사람도 사랑하게 하소서

너희가 악한 자라도 좋은 것으로 자식에게 줄 줄 알거든
하물며 하늘에 계신 너희 아버지께서 구하는 자에게
좋은 것으로 주시지 않겠느냐 마태복음 7:11

우리의 모든 죄악을 사하시는 주님!
우리 부부가 싫어하는 사람도
사랑하는 법을 배우게 하시고
주님의 사랑을 실천하며 살아가게 하소서.
주님께서 항상 기뻐하라 하셨으니
삶 속에서 기쁨과 웃음을 발견하고 찾아내고 만들며
마음껏 기뻐하며 행복 속에 사람들을 사랑하게 하소서.
마음이 교만하면 사람들을 진실하게 사랑할 수 없으니
우리의 마음이 높아지지 않고 낮아지게 하소서.
우리 부부도 마음속 깊은 것까지 서로 숨김 없이
진실하게 나누며 살기를 원합니다.
싫어하는 사람도 진심으로 사랑을 주며
회복함으로 살아가게 하소서.
우리 부부 안에 있는 잘못된 것들을 다 버리게 하시고
주님 안에서 새롭게 되어 사랑하며 살게 하여 주소서.
믿음이 성장하게 하시고
기도로 영혼을 사랑할 수 있는 마음을 주셔서
우리를 미워하고 싫어하는 사람도
예수님의 사랑으로 사랑하게 하소서.
우리 주 예수 그리스도 이름으로 기도합니다. 아멘!

인간의 사랑은 인간의 위대한 영혼을 더욱 위대한 것으로 만든다. 실러

우리의 상처를 치료하여 주소서

너희는 아직도 육신에 속한 자로다
너희 가운데 시기와 분쟁이 있으니
어찌 육신에 속하여 사람을 따라 행함이 아니리요 고린도전서 3:3

우리의 믿음을 보시고 치료하시는 주님!

우리 부부의 상처를 치료하여 주소서.

마음의 상처를 치료하여 주소서.

영혼의 상처를 치료하여 주소서.

물질의 상처를 치료하여 주소서.

대인 관계의 상처를 치료하여 주소서.

가족 관계의 상처를 치료하여 주소서.

친구 관계의 상처를 치료하여 주소서.

우리의 모든 허물과 죄악을 다 쏟아 내어

주님께 용서받기를 원합니다.

우리가 용서를 받아야 남의 상처를 감싸 줄 수 있고

상처를 받지 않게 되오니 오직 사랑하게 하소서.

모든 이기심을 버리고 사람들과 가족들을

사랑으로 대하기를 원합니다.

우리가 상처받을 때의 아픔을 아오니

다른 사람에게 상처를 주지 않게 하소서.

우리의 모든 상처를 치유하시는 주님을 사랑합니다.

우리 주 예수 그리스도 이름으로 기도합니다. 아멘!

사랑에는 경험이란 것이 없다.
왜냐하면 그때는 이미 사랑하고 있지 않기 때문이다. 레니에

위험에 대처할 수 있는 용기를 갖게 하소서

예수께서 이르시되 손에 쟁기를 잡고 뒤를 돌아보는 자는
하나님의 나라에 합당하지 아니하니라 하시니라 누가복음 9:62

강하고 담대한 믿음을 주시는 주님!
살아감 속에는 갖가지 어려움과 위기가 돌출하오니
우리 부부가 위험에 대처할 수 있는 용기를 갖게 하소서.
우리의 모든 일을 주님께 기도함으로써
주님의 인도하심을 따라 해결해 나가게 하소서.
우리 부부로 하여금 주님을 온전히 신뢰하게 하시고
주님을 온전히 바라보며 살기를 원합니다.
오직 믿음과 진리 안에서 흔들리지 않도록
반석 가운데 믿음을 세우게 하여 주소서.
우리 부부의 신앙이 선한 열매를 맺어 가게 하시고
맡은 일에 충성을 다하기를 원합니다.
욕심으로 인해 쓰러지지 않게 하시고
순결한 믿음으로 어떤 상황도 이겨 내게 하소서.
주님이 주시는 지혜로 살아가기를 원합니다.
우리 부부가 주님을 닮아 갈 수 있도록
날마다 은혜와 능력과 사랑을 충만하게
베풀어 주시기를 원합니다.
주님께서 우리 부부를 사랑함을 더욱 알게 하소서.
우리 주 예수 그리스도 이름으로 기도합니다. 아멘!

참다운 사랑은 결코 맹목이 아니다. 오히려 보통 사람의
눈에는 보이지 않는 동공 속의 새로운 빛이다. 케어리

12

DECEMBER

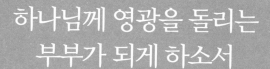

하나님께 영광을 돌리는
부부가 되게 하소서

내가 좋아하는 이

내가 좋아하는 이
이 지상에 살고 있음은
행복한 일입니다

우리가 태어남은
서로의 만남을 위함입니다

삶이
외로울 때
허전할 때
지쳐 있을 때

오랫동안 함께 있어도
편안하고 힘이 솟기에
이야기를 나누며 마음껏 웃을 수 있는
내가 좋아하는 이 있음은
신나는 일입니다

온종일 떠올려도 기분이 좋고
늘 사랑의 줄로 동여매 놓고 싶어
내 마음에 가득 차오르는 이

내가 좋아하는 이 있음은
두 팔로 가슴을 안고
환호하고 싶을 정도로
감동스러운 일입니다

12
D
ecember
1

두려워하지 않는 법을 배우게 하소서

우리가 잠시 받는 환난의 경한 것이
지극히 크고 영원한 영광의 중한 것을 우리에게 이루게 함이니
고린도후서 4:17

두려워하지 말라 함께하신다고 하신 주님!
우리에게 두려움은 실패하거나 좌절하거나
배신당하거나 나태해질 때 찾아오게 되오니
우리 부부가 어떤 상황 속에서도 말씀과 기도로
두려워하지 않는 법을 배우게 하여 주소서.
오직 주님 안에서 믿음으로 살게 하셔서
강하고 담대한 믿음으로 신앙이 흔들리지 않고
소망 중에 주님의 인도하심을 기대하며
기쁘게 살아가기를 원합니다.
우리가 주 안에 있으면 어떤 시련도 고통도
우리를 어찌할 수 없으니 오직 믿음으로 살게 하소서.
주님께서 세상을 이길 믿음을 주시니
주님 섭리의 참뜻을 깨닫기를 원합니다.
우리 부부가 주님의 품에 안겨 위로받게 하시고
힘과 용기로 모든 두려움을 떨쳐 버리게 하옵소서.
믿음의 용사가 되게 하시고
두려워하기보다 두려워하는 사람들에게
신앙으로 격려하며 그들의 믿음을 위하여 기도하게 하소서.
우리의 믿음을 강하고 담대하게 하소서.
우리 주 예수 그리스도 이름으로 기도합니다. 아멘!

사랑이란 상실이며 희생이며 단념이다.
모든 것을 남에게 주어 버렸을 때 사랑은 더욱 풍부해진다. 구코

어려움을 감당할 수 없을 때 도와주소서

생각하건대 현재의 고난은 장차 우리에게 나타날
영광과 비교할 수 없도다 로마서 8:18

우리의 피난처가 되시는 주님!
우리 부부가 어려움을 감당할 수 없을 때
주님께 도움을 청하기를 원합니다.
저희의 마음속에 말씀을 심어 주셔서
언제나 바른 길을 가게 하옵소서.
주님께서 우리의 목자가 되어 주시니
어떤 시련과 고통도
주님을 의지함으로써 평안 속에서
잘 이겨 내기를 원합니다.
삶 속에는 언제나 어려움이 도사리고 있으니
잘 받아들이고 잘 대처하게 하옵소서.
우리 부부가 노력하여 배우고
배움을 실천하여 앞으로 나아가게 하여 주소서.
어려움과 고통을 이겨 낼 때 더 보람이 있으니
항상 최선을 다하기를 원합니다.
우리 부부가 모든 장벽을 무너뜨리게 하시고
주님의 도우심으로 이겨 내게 하소서.
어려움을 이겨 내며
주님이 함께하시는 섭리를 알게 하옵소서.
우리 주 예수 그리스도 이름으로 기도합니다. 아멘!

큰 나무는 많은 바람을 맞는다. 영국 속담

현실을 바로 보며 살게 하여 주소서

우리가 하나님과 함께 일하는 자로서 너희를 권하노니
하나님의 은혜를 헛되이 받지 말라 고린도후서 6:1

소망 속에 살아가게 하시는 주님!

주님을 우리 생각 속에 가두지 아니하고

주님의 인도하심을 우리의 삶 속에서 알게 하소서.

주님께서 우리를 부르실 때

주님의 부르심으로 듣고 순종하며 살게 하시고

주님의 뜻에 귀를 기울일 수 있는 믿음을 주소서.

주님께서 우리의 삶을 인도하시고

우리 부부가 모든 것을 주님께 맡기게 하소서.

우리의 삶을 현실 속에서 바르게 인도하소서.

우리의 모든 교만을 버리고

주님의 뜻에 따라 살기를 원합니다.

눈에 보이는 대로 살지 말게 하시고

영적인 눈을 뜨게 하셔서

하나님의 깊은 섭리를 알게 하옵소서.

우리가 주님의 인도하심을 바라게 하시고

어린아이같지 아니하고 장성한 믿음을 갖게 하소서.

날마다 용기 있고 힘차게 살게 하소서.

주님의 인도하심 속에 현실을 바르게 보게 하소서.

우리 주 예수 그리스도 이름으로 기도합니다. 아멘!

사랑 없는 인생은 죽음과 같다. 마르틴 루터

날마다 평화로운 삶을 살게 하소서

온 땅은 여호와를 두려워하며
세상의 모든 거민들은 그를 경외할지어다 시편 33:8

모든 것을 다스리는 주님!

우리 부부가 날마다 평화로운 삶을 살게 하소서.

주님의 뜻과 섭리를 믿게 하시고

주님이 이끄시는 대로 따르기를 원합니다.

주님께서 우리의 주인이심을 믿습니다.

우리 부부로 하여금 주님의 보호하심 속에서

참기쁨과 참평안을 누리게 하시고

주님과 동행하는 삶을 살게 하여 주옵소서.

우리 부부가 서로의 잘못을 바라보면서

자신의 어리석음을 바라보지 못해

불협화음을 내지 않기를 원합니다.

신령과 진정으로 예배하며

주님을 사랑하는 삶을 살기를 원합니다.

모든 것을 주셨으니

우리의 모든 것을 다시금 주님께 드립니다.

주님이 주시는 평안 속에서

가족과 이웃을 사랑하기를 원합니다.

사랑하는 사람들 속에서 평안을 알게 하소서.

참된 신앙으로 주님 안의 평안을 누리게 하옵소서.

우리 주 예수 그리스도 이름으로 기도합니다. 아멘!

사랑이란 두 개의 고독한 영혼이 서로 지키고
접촉하고 기쁨을 나누는 데 있다. 릴케

목표에 도전하는 것을 환영하게 하소서

우리가 마음에 뿌림을 받아 악한 양심으로부터 벗어나고
몸은 맑은 물로 씻음을 받았으니 참마음과 온전한 믿음으로
하나님께 나아가자 히브리서 10:22

우리의 삶을 기쁨으로 열어 주시는 주님!
우리 부부가 목표에 도전하는 것을 환영하게 하소서.
역경 속에서도 도전하게 하시고
강력한 부르심으로 응답을 받게 하여 주소서.
삶에 부딪치는 어려움과 고통을 이겨 내고
온전한 믿음으로 살아가게 하소서.
우리 부부의 삶 속에서
슬픔이 변하여 기쁨이 되게 하시고
어려움과 고통 속에서 건져 주시기를 원합니다.
두려움이 사방에서 몰려올 때에도 이겨 내게 하소서.
우리의 삶이 주님을 닮게 하시고
우리의 성품이 주님의 성품을 닮아 가며
우리가 맡은 일에 뚜렷한 목표를 세우고
목표를 향하여 돌진하기를 원합니다.
우리 부부에게 주시는 능력을 최대한 발휘하게 하시고
주님의 인도하심에 자부심을 갖게 하소서.
모든 일에 성실하고
모든 일에 전력투구하길 원합니다.
우리 주 예수 그리스도 이름으로 기도합니다. 아멘!

작은 일도 목표를 세워라. 그러면 반드시 성공할 것이다. 로버트 슐러

작은 일부터 남을 도와주게 하소서

그러므로 너희가 회개하고 돌이켜 너희 죄 없이 함을 받으라
이같이 하면 새롭게 되는 날이 주 앞으로부터 이를 것이요 사도행전 3:19

풀밭에 작은 꽃도 피워 주시는 주님!

우리 부부가 작은 일부터 남을 도와주게 하소서.

서로에게 순수한 관심을 기울이게 하소서.

늘 기쁨 속에 미소를 잃지 않고 살게 하여 주소서.

만나는 사람들의 이름을 잘 기억하게 하소서.

대화를 나눌 때 진지하게 잘 들어 주게 하소서.

우리 부부가 서로의 관심에 관심을 갖고

서로 잘했을 때 진심으로 축하하길 원합니다.

모든 일을 상대방의 입장에서 먼저 생각해 보고

서로 원하는 바를 알고 도와주게 하소서.

서로의 일에 도와주고 협력하게 하시기를 원합니다.

우리 부부가 불평불만이 있을 때 대화로 풀게 하소서.

서로의 체면을 잘 세워 주게 하소서.

우리 부부가 서로 사랑하며 힘이 되게 하여 주소서.

상대방의 감정을 잘 살피며

서로에게 기대와 관심을 갖게 하소서.

서로가 잘 협력하게 하시고

작은 일이라도 잘했을 때는 칭찬해 주고

우리 부부가 서로 기도하게 하옵소서.

우리 주 예수 그리스도 이름으로 기도합니다. 아멘!

최고의 동기부여는 사랑이다. 스티븐 스코트

감사하는 마음을 잊지 않게 하소서

예수께서 이르시되 네 마음을 다하고 목숨을 다하고 뜻을 다하여
주 너의 하나님을 사랑하라 하셨으니 마태복음 22:37

우리를 죄 가운데서 건져 주시는 주님!

우리 부부가 주님께

감사하는 마음을 잊지 않게 하소서.

우리 부부가 서로에게

감사하는 마음을 잊지 않게 하소서.

우리 부부가 가족에게

감사하는 마음을 잊지 않게 하소서.

우리 부부가 형제자매들에게

감사하는 마음을 잊지 않게 하소서.

우리 부부가 동료들에게

감사하는 마음을 잊지 않게 하소서.

우리 부부가 친구들에게

감사하는 마음을 잊지 않게 하소서.

우리 부부가 주님의 사랑하심에

감사하는 마음을 잊지 않게 하소서.

우리 부부가 주님의 인도하심에

감사하는 마음을 잊지 않게 하소서.

우리 주 예수 그리스도 이름으로 기도합니다. 아멘!

각자가 자기 문 앞을 쓸어라. 그러면 거리의 온 구석이 청결해진다. 괴테

12

D ecember

8

계산하지 않고 선한 일을 하게 하소서

항상 경외하는 자는 복되거니와
마음을 완악하게 하는 자는 재앙에 빠지리라 잠언 28:14

우리에게 한없는 사랑을 부어 주시는 주님!
우리 부부가 욕심을 채우기 위하여
주님을 다시 십자가에 못 박지 않게 하소서.
선행과 정직과 지식을 통하여 구원받는 것으로 착각하는
어리석음에 빠지지 않게 하소서.
모든 구원이 주님으로부터 온 것임을 믿고
어리석지 않게 순종하며 살기를 원합니다.
우리 부부가 계산하지 않고 선한 일을 하게 하소서.
우리의 생각과 판단으로 주님을 이해하지 않고
순수한 믿음으로 주님을 바라보게 하옵소서.
우리에게 허락하신 물질을 나누게 하소서.
우리에게 허락하신 건강을 나누게 하소서.
우리에게 허락하신 시간을 나누게 하소서.
우리에게 허락하신 사랑을 나누게 하소서.
주님의 선하심을 본받아
우리 부부도 선한 일에 동참하게 하소서.
욕심 속에서 살지 않고
대가를 바라지 않는 선행을 하게 하소서.
주님께서 주시는 기쁨을 아오니
주님의 위대하신 능력을 체험하며 살게 하소서.
우리 주 예수 그리스도 이름으로 기도합니다. 아멘!

20세의 얼굴은 자연의 선물이고 50세의 얼굴은 당신의 공적이다.
가브리엘 샤넬

12
D
ecember

여행의 즐거움을 갖게 하소서

나의 걸음이 주의 길을 굳게 지키고 실족하지 아니하였나이다
시편 17:5

우주와 모든 나라를 창조하신 주님!
우리 부부가 여행의 즐거움을 갖게 하소서.
삶에 휴식이 필요할 때
모든 일과 분주함에서 벗어나
평소에 가고 싶었던 곳으로
모든 것을 훌훌 벗어던지고
마음 편하게 여행을 떠나게 하옵소서.
그동안 밀렸던 부부간의 대화도 나누게 하시고
그동안 소홀했던 부부간의 사랑도 나누게 하소서.
아름다운 풍경을 보고 느끼며 마음에 새겨 두고
우리의 삶도 아름답게 살아가기를 소망하게 하소서.
모든 일정을 주님께서 인도하시고
부부 사랑 속에 푹 빠져 살게 하옵소서.
마음속에 평안을 느끼기를 원합니다.
여행 속에서 쉼을 얻고 새로운 것들을 만나며
활기와 힘이 넘치게 하여 주소서.
여행하는 동안 주님이 동행하심을 믿고
여행의 즐거움을 마음껏 누리게 하소서.
우리의 삶도 아름다운 여행이 되게 하소서.
우리 주 예수 그리스도 이름으로 기도합니다. 아멘!

결혼의 행복은 부부간의 마음의 화합으로부터 생기는 것이다. 발자크

어려운 사람들을 구제하게 하소서

여호와 우리 주여 주의 이름이 온 땅에
어찌 그리 아름다운지요 주의 영광이 하늘을 덮었나이다 시편 8:1

사랑이 풍성하신 나의 주님!

우리가 순전한 마음으로 주님을 사모하게 하시고

항상 주님을 닮아 가는 삶을 살게 하소서.

우리 부부가 어려움에 처해 있는 사람들을 도우며

고통 중에 있는 사람들을 구제하는 삶을 살게 하소서.

사랑은 베푸는 것이오니

우리가 주님의 무한한 사랑을 받았으니

주님께 받은 사랑과 축복을 나누며 살게 하소서.

우리 이웃들의 어려움에 동참하며

필요를 조금이라도 채워 주는 삶을 살게 하여 주소서.

주님께서 우리에게 주신 은혜와 사랑과

모든 달란트를 이웃들과 나누기를 원합니다.

고난은 우리에게 새로운 삶의 의미를 주오니

이웃의 고난에 동참함으로써

주님의 사랑을 더욱더 크게 체험하게 하소서.

우리가 주님의 일을 하다가 어렵고 힘들다고

포기하는 일 없이 끝까지 동참하게 하소서.

시간을 낭비하지 않게 하시고

주님의 영광을 나타내게 하소서.

주님의 인도하심이 함께하기를 원합니다.

우리 주 예수 그리스도 이름으로 기도합니다. 아멘!

결혼의 성공은 적당한 짝을 찾기보다는 적당한 짝이 되는 데 있다. 텐드우드

타인의 유익도 구하게 하소서

누구든지 자기의 유익을 구하지 말고
남의 유익을 구하라 고린도전서 10:24

거룩하신 손길로 우리를 구원하신 주님!
주님의 십자가의 고귀한 사랑을 아오니
우리도 남의 유익을 구하며 살게 하소서.
권능이 많으신 주님의 일에 동참하게 하심을 감사하며
온 마음과 온 정성을 다하여
헌신하며 살기를 원합니다.
우리 부부가 가족들과 이웃들에게
친절과 사랑을 베풀게 하시고
그들에게도 주님의 사랑 속에 도움이 되는
삶을 살아가기를 원합니다.
우리가 예수 그리스도의 이름으로 죄 씻음을 받고
새롭게 되고 구원받음이 최고의 유익이오니
이웃들에게도 생명의 복음을 전하게 하여 주소서.
우리 부부의 마음 가운데 주님의 마음을 허락하셔서
어려움 가운데 있는 이들을 돕게 하옵소서.
우리 부부가 사랑하는 이들과 함께
주님의 은혜 가운데 살아가는 동안에
서로에게 위로와 용기를 나누기 원합니다.
우리 부부가 주님께 쓰임받게 하소서.
우리 주 예수 그리스도 이름으로 기도합니다. 아멘!

다만 돈만을 위하여 결혼하는 것보다 더 서글픈 일은 없으며
단지 사랑만을 위하여 결혼하는 것보다 더 어리석은 일은 없다. 존슨

12
12
December

자녀들과 복된 가정생활을 하게 하소서

내가 네 말대로 하여 네게 지혜롭고 총명한 마음을 주노니
네 앞에도 너와 같은 자가 없었거니와 네 뒤에도
너와 같은 자가 일어남이 없으리라 열왕기상 3:12

십자가의 사랑을 우리에게 부어 주시는 주님!
우리 부부가 자녀들과 함께 주 안에서
복된 생활을 하기를 원합니다.
우리 부부와 가족의 삶에
십자가의 사랑이 흘러넘침을
날마다 체험하며 살게 하옵소서.
주님의 은혜로 인하여
생명의 길을 택하였으니 주님의 축복을 받으며
날마다 나아가게 하옵소서.
우리의 마음과 정성을 다하여 주님을 섬기며
예배하는 기쁨 속에 살아가게 하시고
주님의 말씀을 깊이 묵상하며
주님의 말씀을 따라 살아가기를 원합니다.
오직 성령의 충만함 속에 주님의 인도하심을 받게 하소서.
가족 모두가 오직 주님을 경외하며
바른 믿음의 길을 감으로써
모든 행사가 주 안에서 이루어지게 하여 주소서.
주님께서 권능의 손길로 우리 가족을 붙잡아 주소서.
우리 주 예수 그리스도 이름으로 기도합니다. 아멘!

사랑은 결혼의 새벽이고 결혼은 사랑의 황혼이다. 프랑스 속담

12
13
D
ecember

자신을 맹신하지 않게 하소서

너는 범사에 그를 인정하라
그리하면 네 길을 지도하시리라 잠언 3:6

우리의 연약함을 아시는 주님!
우리 부부가 오직 주님을 신뢰하며 살게 하시고
자기 자신의 힘과 능력을 맹신하다가
좌절하거나 쓰러지는 일이 없게 하소서.
우리를 도우시는 분은 주님뿐임을 알게 하시고
잘난 척하거나 뽐내거나 우쭐거리다가
낭패를 당하거나 실패하지 않도록
주님께서 우리의 마음과 생각을 주장하소서.
주님의 생각은 우리의 생각과 다르다고 하셨으니
겸손히 엎드려 인도하심을 받게 하여 주소서.
우리가 자아 속에 갇혀 어리석게도
잘못된 삶을 살아가는 일이 일어나지 않게 하시고
온전히 주님을 믿고 따르게 하여 주소서.
우리 부부가 욕심 때문에 죄와 타협하지 않고
죄 속에 다시 빠지는 악순환에서 벗어나게 하소서.
항상 주님을 먼저 생각하게 하시고
범사에 주님을 인정하며
길 되시는 주님의 인도하심을 받게 하소서.
우리의 삶 전체를 주님께 드립니다.
우리 주 예수 그리스도 이름으로 기도합니다. 아멘!

40세의 나이가 된 사람은 자기 얼굴에 책임을 져야 한다. 에이브러햄 링컨

12

14

December

부부 사이에 말다툼을 하지 않게 하소서

스스로 속이지 말라 하나님은 업신여김을 받지 아니하시나니
사람이 무엇으로 심든지 그대로 거두리라 갈라디아서 6:7

우리의 대화 중에 함께하시는 주님!
우리 부부가 공허한 논쟁이나
말다툼을 피하기를 원합니다.
친절하고 부드러운 말로
서로가 평안하게 대화를 나누게 하소서.
다정다감하고 따뜻한 말로
서로의 긴장을 풀고 마음이 통하게 하여 주소서.
사랑과 희망의 말을 나눔으로써
두려움과 역경에서 벗어나게 하소서.
우리 부부가 서로 성의 있고 부드럽게
대화를 나누기 원합니다.
말 한마디 한마디가 중요하오니
칭찬과 격려의 말을 나누게 하시고
주님의 성품을 닮아 가게 하옵소서.
우리 부부가 대화 속에 사랑을 나누게 하소서.
우리 삶의 주관자이신 주님을 믿고 따르게 하소서.
주님께서 우리 부부를 사랑하심을 믿고
모든 일을 사랑으로 이루어 가게 하여 주소서.
우리 주 예수 그리스도 이름으로 기도합니다. 아멘!

가정이야말로 고달픈 인생의 안식처요,
모든 싸움이 자취를 감추고 사랑이 싹트는 곳이다. 웰스

불의한 소득을 바라지 않게 하소서

여호와를 경외하는 것이 지혜의 근본이요
거룩하신 자를 아는 것이 명철이니라 잠언 9:10

모든 물질의 주인이 되시는 주님!
우리 부부가 땀 흘려 얻은 정당한 소득을
기뻐하게 하시고 불의한 소득을 바라지 않게 하소서.
만약에 적당히 다른 사람의 눈을 가려 이익을 만들려는
마음이 있었다면 남김없이 다 버리게 하여 주소서.
오직 주님 안에서 일함으로 소득을 주심에
감사하며 기뻐하기를 원합니다.
우리 부부가 물질관에 있어서도
욕심과 부끄럼 없이 살아 주님을 닮게 하소서.
날마다 주님의 모습을 바라보고
주님의 말씀을 묵상하며 살아가게 하소서.
주님의 뜻을 알지 못해 고민하는
어리석음에 빠지지 않게 하시기를 원합니다.
물질이 주어질 때마다 항상 주님을 기억하며
주님이 원하시는 삶을 살기를 원합니다.
우리 부부의 삶에 주님이 함께하지 않으시면
아무 소용 없으니 주님께서 인도하시고
주님께서 힘이 되어 주시기를 원합니다.
우리 주 예수 그리스도 이름으로 기도합니다. 아멘!

무슨 이익이 있으므로 사랑하는 것이 아니라
그 자체 속에서 행복을 느끼므로 사랑하는 것이다. 파스칼

부부 생활에도 원칙이 있게 하소서

이를 위하여 나도 내 속에서 능력으로 역사하시는 이의
역사를 따라 힘을 다하여 수고하노라 골로새서 1:29

생명의 말씀으로 우리를 인도하시는 주님!
우리 부부가 항상 주님께서 말씀하실 것을 믿고
진실하게 살아가기를 원합니다.
주님의 사랑하심을 믿게 하시고
주님의 뜻 안에서 사랑으로 살게 하옵소서.
우리 부부의 생활에도 원칙이 있게 하여 주소서.
질서가 있고 책임이 분명하게 하소서.
우리 부부가 사치와 허영으로
살아가지 않기를 원합니다.
말씀과 기도 속에 살아가게 하옵소서.
우리 부부에게 부족함과 나약함이 있다면
서로 채워 가는 노력을 하기를 원합니다.
우리 부부가 항상 믿음 위에 바로 서게 하시고
부부간의 약속을 지키며
삶을 진실하고 아름답게 살아가게 하소서.
노년이 되어 젊은 날을 추억해도 아름답게 하시고
노년에도 남은 삶을 주님의 인도하심을 받으며
언제나 주 안에서 살아가는 삶의 원칙을 지키게 하소서.
우리 주 예수 그리스도 이름으로 기도합니다. 아멘!

사랑은 바위처럼 가만히 있는 것이 아니다. 사랑은 빵처럼 늘 새로 다시 만들
어야 한다. 어슐러 르 귄

훈련을 통해 좋은 습관을 만들어 가게 하소서

우리 주 예수 그리스도로 말미암아
우리에게 승리를 주시는 하나님께 감사하노니 고린도전서 15:57

범사에 기한이 있게 하시는 주님!
우리 부부가 생활 훈련을 통하여
가정을 행복하게 만들어 가기를 원합니다.
우리 부부가 믿음 훈련을 통하여
신앙생활을 견고하게 만들어 가게 하소서.
우리 부부가 많은 훈련을 통하여
좋은 습관들을 만들어 가게 하옵소서.
우리 부부가 실패를 통하여
멋진 성공을 만들어 가며
실패하여 힘을 잃고 나약해질 때
믿음 위에 바로 서서 더욱 주님을 소망하며 살게 하소서.
기도하는 생활이 습관이 되게 하시고
말씀을 묵상하는 생활이 습관이 되게 하시며
사랑 속에 함께하는 생활이 습관이 되게 하여 주소서.
주님을 소망하며 사는 삶이 습관이 되길 원합니다.
세상만을 바라보며 살지 말게 하시고
주님을 온전하게 바라봄으로써
삶의 진정한 가치를 알게 하여 주소서.
우리 부부가 서로 사랑하는 습관이 평생 지속되게 하소서.
우리 주 예수 그리스도 이름으로 기도합니다. 아멘!

사람마다 자기의 천성과 직업이 서로 맞을 때 거기서 행복을 느낀다. 베이컨

12

18

불의한 함정에 빠지지 않게 하소서

사람이 미련하므로 자기 길을 굽게 하고
마음으로 여호와를 원망하느니라 잠언 19:3

우리의 모든 행위를 심판하시는 주님!

우리의 삶을 미혹의 영들이 혼미하게 할 때

믿음이 나약해지지 않게 하시고

주님께서 우리의 연약함을 돌보아 주시기를 원합니다.

우리 부부가 불의한 함정에 빠지지 않게 하소서.

물질의 함정에 빠지지 않게 하소서.

명예의 함정에 빠지지 않게 하소서.

권세의 함정에 빠지지 않게 하소서.

유혹의 함정에 빠지지 않게 하소서.

타락의 함정에 빠지지 않게 하소서.

욕망의 함정에 빠지지 않게 하소서.

이단의 함정에 빠지지 않게 하소서.

오직 진실한 믿음으로 순수하고

순탄한 삶을 살아가기를 원합니다.

우리 부부의 삶을 주님께서 인도하여 주소서.

우리 부부가 주님의 진리를 삶 속에서 맛보게 하시고

주님 안에서 기뻐하며 행복하게 하여 주소서.

주님의 말씀을 마음 깊이 새기게 하시고

언제나 주님께 겸손히 무릎을 꿇는 신앙이 되게 하소서.

우리 주 예수 그리스도 이름으로 기도합니다. 아멘!

가정 속에 자기 세계를 가진 자야말로 행복하다.
저녁 무렵이 되면 비로소 집의 고마움을 깨닫게 된다. 괴테

결단력을 갖게 하소서

선을 행하고 전혀 죄를 범하지 아니하는 의인은
세상에 없기 때문이로다 전도서 7:20

사랑의 힘을 주시는 주님!
우리 부부가 주님의 구원의 은혜를 깨닫게 하시고
주님의 은혜를 받은 그리스도인다운 삶을 살게 하소서.
우유부단함에서 벗어나게 하시고
믿음 안에서 결단력 있게 살아가게 하소서.
우리 부부가 믿음 속에 늘 깨어 있는 신앙이 되게 하시고
확신 있는 신앙 속에 확고한 믿음으로 살게 하여 주소서.
우리 부부가 항상 자신의 위치를 살피게 하시고
우리가 무엇을 어떻게 해야 할 것인가에 대해
주님의 인도하심을 받게 하소서.
우리에게 맡겨진 일들에 최선을 다하게 하시고
그리스도인으로 주님의 이름을 드러내게 하소서.
무엇보다 주님을 열심히 섬기며
무엇보다 서로 열심히 사랑하며 살게 하소서.
작은 것에도 충성되게 하시고
불의한 자가 되지 않기를 원합니다.
성실하고 근면한 그리스도인이 되게 하시고
주님의 말씀 속에서 결단력 있게 하여 주셔서
모든 일에 부끄럽지 않기를 원합니다.
우리 주 예수 그리스도 이름으로 기도합니다. 아멘!

사람에게도 거처하는 방이 무엇보다도 소중하다.
아늑한 방에서 지내면 마음도 한결 즐겁고 꿈도 화려해진다. 도스토예프스키

고집불통으로 살지 않게 하소서

내 속 곧 내 육신에 선한 것이 거하지 아니하는 줄을 아노니
원함은 내게 있으나 선을 행하는 것은 없노라 로마서 7:18

우리의 기도에 귀를 기울여 주시는 주님!
우리 부부의 마음을 넓고 깊고 높게 하사
고집불통으로 살아가지 않게 되기를 원합니다.
오직 주님의 이름으로 참되게 살게 하소서.
성령께서 인도하시기를 원합니다.
우리의 마음밭이 잘못되었으면
새롭게 개간하여 주소서.
모든 일을 마지못해 억지로 매달리듯 하지 않고
기쁨으로 감사하며 사랑하며 행하길 원합니다.
고집은 부부 사이를 괴롭게 만들고
가족들을 피곤하게 만드오니 마음을 넓게 갖게 하소서.
우리 부부가 주님의 발자취를 따르게 하사
모든 일에 주님의 마음을 기억하며 살게 하소서.
우리의 마음을 확장하게 하시고
마음에 풍성함을 주셔서 항상 다른 사람들을
생각하며 살아가기를 원합니다.
우리 마음이 조급해지거나 두려움이 있을 때
고집이 생기오니 사랑으로 풀어 가게 하여 주소서.
우리 주 예수 그리스도 이름으로 기도합니다. 아멘!

불이 빛의 모체가 되듯이, 사랑은 언제나 평화의 모체가 된다. 칼라일

12 21

December

말다툼이 자주 일어나지 않게 하소서

너희 중에 누가 염려함으로 그 키를 한 자라도 더할 수 있겠느냐
마태복음 6:27

우리의 정직함을 들으시는 주님!
우리 부부의 대화에 진실을 주시기를 원합니다.
말다툼이 자주 일어나지 않게 하시고
말꼬리를 붙잡고 늘어지지 않게 하소서.
마음속에서 붙잡고 있는 고민 때문에
상대방을 괴롭히지 않기를 원합니다.
화를 자주 내지 말게 하시고
홀가분한 마음으로 사랑을 나누게 하옵소서.
우리 부부에게 조잡하고
옹졸한 성격이 있다면 고쳐 가기를 원합니다.
우리 부부가 서로 칭찬해 줄 수 있는
마음의 여유를 주시고
실수가 있다면 서로 용서하게 하소서.
항상 마음을 잘 관리하여 함부로 화를 내거나
분노하지 않기를 원합니다.
서로의 단점보다 장점을 찾아내게 하소서.
부부 사이가 더욱더 친밀하게 하시고
오직 주 안에서 사랑으로 대화를 나누게 하소서.
우리 주 예수 그리스도 이름으로 기도합니다. 아멘!

침묵과 겸손과 가정에 조용히 머물러 있는 것,
이것이 여자에게는 가장 좋은 일이다. 에우리피데스

12

22

상대방의 말을 잘 들어 주게 하소서

일의 끝이 시작보다 낫고
참는 마음이 교만한 마음보다 나으니 전도서 7:8

우리의 대화 중에도 함께하시는 주님!
우리 부부가 대화를 나눌 때
상대방의 말을 잘 들어 주게 하시기를 원합니다.
상대방과 시선을 마주치게 하시고
마음의 문을 활짝 열게 하여 주옵소서.
상대방에게 따뜻하게 말하게 하소서.
대화를 들을 때 잘 듣고 있다는 반응을 보이게 하소서.
밝은 표정으로 부드럽게 대화를 나누게 하소서.
대화를 나누는 시간이 즐거운 시간이 되게 하소서.
서로 잘난 척하지 않고 진실하게 하소서.
부정적인 말보다 긍정적으로 말하게 하소서.
작은 일일지라도 칭찬하게 하소서.
언제나 논쟁을 피하게 하소서.
우리 부부가 대화를 나누는 시간을 만들게 하시고
우리 부부가 대화를 나누는 시간을 즐기게 하소서.
우리 부부가 행복하기를 원합니다.
항상 기도와 사랑으로 서로를 품게 하여 주소서.
우리 부부의 대화가 지혜롭게 이루어지게 하소서.
우리 주 예수 그리스도 이름으로 기도합니다. 아멘!

온갖 실패나 불행을 겪어도 인생에 대한 신뢰를 끝까지 간직하고 있는 낙천가는
훌륭한 어머니의 품에서 자란 사람들이다. 앙드레 모루아

성공하기 위하여 자신을 변화시키게 하소서

너희가 이같이 어리석으냐 성령으로 시작하였다가
이제는 육체로 마치겠느냐 갈라디아서 3:3

우리를 새롭게 하시는 주님!
우리 부부가 성공적인 삶을 살기 위하여
자신부터 새롭게 변화시켜 나가게 하여 주소서.
우리 부부가 잘못된 성격을 갖고 있다면
긍정적으로 변화시켜 나가기를 원합니다.
우리 부부가 결점이나 단점이 있다면
장점으로 새롭게 변화되게 하소서.
우리 부부가 모든 일을 하면서 어려움이 오더라도
쉽게 낙심하지 않고 적극적으로 뛰어들게 하소서.
우리 부부가 현재의 모든 고난을
성공을 하기 위한 발판으로 생각하고 극복하게 하소서.
우리 부부가 미래를 향하여 성공을 향하여
한 걸음씩 한 걸음씩 도전하게 하소서.
우리 부부가 기도 속에서
성공한 자신의 모습을 보며
주님을 전적으로 신뢰하기를 원합니다.
우리 부부가 참된 믿음의 원칙에 서서
성공을 만들어 가기를 원합니다.
우리 주 예수 그리스도 이름으로 기도합니다. 아멘!

인생의 참된 기쁨은 가족 등 손아랫사람들과 함께 사는 것이다.
윌리엄 새커리

12 24 D
ecember

좋은 부모가 되는 지혜를 갖게 하소서

맡은 자들에게 주장하는 자세를 하지 말고
양 무리의 본이 되라 베드로전서 5:3

우리 아버지가 되시는 하나님!
우리 부부가 좋은 부모가 되는 믿음을 갖고
자녀들을 사랑으로 대하게 하소서.
우리 부부가 좋은 부모가 되는 지혜를 갖고
마음으로 함께하게 하소서.
우리 부부가 자녀들에게 올바르게 살아가는
모습을 보여 주기를 원합니다.
늘 책을 읽으며 살아가게 하시고
가족 간에 늘 대화를 나누며 살게 하소서.
우리 부부가 자녀들과의 약속을 잘 지켜 나가게 하소서.
화가 나더라도 욕설을 함부로 내지 말게 하시고
오래도록 괴롭히는 일이 없게 하여 주소서.
자녀들에게 폭력을 사용하지 않게 하소서.
똑같은 일에 대해 계속해서 화를 내거나
꾸중하며 몰아치지 않기를 원합니다.
우리들이 하지 못한 일을
자녀들에게 강요하지 않게 하시고
자녀들을 위하여 기도하기를 원합니다.
자녀들에게 믿음으로 유산을 남겨 주게 하소서.
우리 주 예수 그리스도 이름으로 기도합니다. 아멘!

인간은 자기가 갖고 싶은 것을 찾아 세상을 돌아다니지만
집에 돌아왔을 때 비로소 그것을 찾아낸다. 조지 뮬러

12 25 D
ecember

행복을 만들어 가게 하소서

헐벗었을 때에 옷을 입혔고 병들었을 때에 돌보았고
옥에 갇혔을 때에 와서 보았느니라 마태복음 25:36

우리가 행복하기를 원하시는 주님!

우리 부부가 행복을 만들어 가게 하소서.

우리 부부가 있는 모습 그대로 받아들이게 하여 주소서.

우리 부부가 서로 동시에 화를 내지 않게 하소서.

우리 부부가 항상 밝은 모습으로 생활하게 하소서.

우리 부부가 사랑을 적극적으로 표현하게 하소서.

우리 부부가 함께할 수 있는 시간을 많이 갖게 하소서.

우리 부부가 거짓말을 하지 않게 하소서.

우리 부부가 합리적으로 생활하게 하소서.

우리 부부가 부부 생활에 성공하게 하소서.

우리 부부가 신앙생활에 성공하게 하소서.

우리 부부가 단순하게 살아가게 하소서.

우리 부부가 모든 것을 감사하며 살아가게 하소서.

우리 부부가 남에게 사랑을 베풀게 하소서.

우리 부부가 열심히 땀 흘려 일하게 하소서.

우리 부부가 믿음 생활에 충실하게 하소서.

우리 부부가 가족을 사랑하게 하소서.

우리 부부가 모든 것을 주님께 맡기며 살아가게 하소서.

우리 주 예수 그리스도 이름으로 기도합니다. 아멘!

가정이여! 그대는 도덕성의 학교다. 페스탈로치

12

26

D
ecember

황혼을 아름답게 만들게 하소서

너희 염려를 다 주께 맡기라
이는 그가 너희를 돌보심이라 베드로전서 5:7

우리의 삶의 모든 것을 주장하시는 주님!
우리 부부가 황혼을 아름답게 만들어 가게 하소서.
과거를 돌아보지 말고
남은 삶을 행복하고 의미 있게 살아가게 하소서.
할 수 없다는 생각으로 살지 않고
무엇이든지 할 수 있다는 생각으로 살며
행동으로 옮기는 기쁨으로 만족하게 하여 주소서.
쓸데없이 나이 탓에 고독하지 않게 하시고
도움이 필요한 사람들을
돕는 일에 동참하게 하소서.
몸과 감정이 너무 빨리 쇠퇴하지 않게 하시고
삶이 날마다 즐겁기를 원합니다.
늙어간다고 불평하지 말고 연륜과 경험으로
세상을 관조하며 넓은 마음으로 살아가게 하소서.
삶의 간판을 서둘러 내리지 말게 하시고
새롭게 도전하는 힘과 용기를 주시기를 원합니다.
하루하루를 의미 있게 살아가게 하시고
하루하루를 사랑하며 살아가게 하시며
하루하루를 소중하게 살아가게 하여 주소서.
우리 주 예수 그리스도 이름으로 기도합니다. 아멘!

교육의 최대 목표는 지식이 아니고 행동이다. 스펜서

고난의 파도를 사랑의 파도로 바꾸게 하소서

나는 마음이 온유하고 겸손하니 나의 멍에를 메고 내게 배우라
그리하면 너희 마음이 쉼을 얻으리니 마태복음 11:29

우리의 갈 길을 인도하시는 주님!

우리 부부가 언제나 주님을 의지하게 하소서.

우리에게 고난의 파도가 밀려오더라도

그 파도를 사랑의 파도로 바꾸게 하소서.

우리에게 고통의 파도가 밀려와도

그 파도를 기쁨의 파도로 바꾸게 하소서.

우리에게 절망의 파도가 밀려와도

그 파도를 소망의 파도로 바꾸게 하소서.

우리에게 낙심의 파도가 밀려와도

그 파도를 희망의 파도로 바꾸게 하소서.

우리 부부의 삶이 온통 벽으로 막혀 있을 때

뻥 뚫려 있는 하늘을 바라보며

소망 중에 주님께 기도하기를 원합니다.

주님께서 어떤 상황에서도 우리에게 힘을 주시고

주님을 믿게 하시니 감사드립니다.

주님께서 하시고자 하는 일은

아무도 방해할 수 없으니 주여 함께하소서.

우리가 처음 주님을 영접하던 날의 기쁨으로

우리에게 다가오는 어떤 시련도 이겨 내게 하소서.

우리 주 예수 그리스도 이름으로 기도합니다. 아멘!

습관은 인간 생활의 최대의 길을 안내하는 안내자이다. 흄

한 번뿐인 삶을 행복하게 살게 하소서

우리에게 참소망을 주시는 주님!
우리 부부가
단 한 번뿐인 삶에 사랑하여 부부가 되었으니
항상 행복하게 살게 하소서.
우리가 아름답고 행복한 가정을 만들어 갈 수 있음에
자신감을 갖고 날마다 이루어 가게 하소서.
우리 부부의 삶을 남과 비교하지 말게 하시고
독특하고 개성 있고 여유 있는 삶을 살게 하소서.
우리 부부가 항상 행복과 기쁨의 가정을 소망하며
행복한 가정을 이루어 가게 하소서.
우리 부부가 허무감이나 허탈감에 빠지는 일이 없이
우리에게 찾아오는 축복이 이루어지기를
기대하며 살아가겠습니다.
우리 부부가 긍정적인 마음으로
내일을 기대하며 살아가겠습니다.
우리 부부가 서로에게 죄의식이 없게 하소서.
완벽주의자가 되지 말게 하시고
소박한 마음으로 웃음을 웃으며 기쁘게 살게 하소서.
주님이 이루어 주실 일에 대하여 기대감을 가지며
우리 주 예수 그리스도 이름으로 기도합니다. 아멘!

잘못과 실패는 우리들이 전진하기 위한 훈련이다. 차닝

우리 삶의 중심이 예수가 되게 하소서

누가 정죄하리요 죽으실 뿐 아니라 다시 살아나신 이는
그리스도 예수시니 그는 하나님 우편에 계신 자요
우리를 위하여 간구하시는 자시니라 로마서 8:34

우리의 생명이 되시는 주님!

우리 부부의 삶의 중심이 예수 그리스도가 되게 하소서.

우리에게 믿음을 주셔서

주 안에서 믿음이 자라게 하여 주심을 감사드립니다.

우리의 삶 속에서 우선순위가

주님을 알고 배우고 시인하고 전하는

그리스도인의 삶이 되게 하소서.

우리의 삶 속에서 항상

주님을 닮아 가게 하시기를 원합니다.

우리 부부가 무슨 일을 하든지

먼저 주님께 인도받게 하소서.

우리 부부가 언제나 주님과 동행하게 하사

주님의 인도하심을 따라

주님이 주시는 은혜와 축복 속에 살게 하여 주소서.

우리 부부가 주님의 거룩함과 정직함을 사모하게 하소서.

우리 부부가 주님을 섬기며 살게 하소서.

주님의 말씀을 마음 판에 새기며 살게 하소서.

우리 부부가 주님께 감사하며 살게 하소서.

우리 주 예수 그리스도 이름으로 기도합니다. 아멘!

실패에 달인은 없다. 사람은 범인이다. 푸시킨

12
30
D ecember

부부 생활에 멋지게 성공하게 하소서

이스라엘의 하나님 여호와를 영원부터 영원까지
송축할지로다 아멘 아멘 시편 41:23

사랑의 주님!
이 세상에서 우리에게 허락하신 사랑은
단 하나
부부간의 아름다운 사랑이오니
평생토록 사랑하며 아끼며 살아가게 하소서.
기쁠 때는 서로 기뻐하게 하시고
어려움이 있을 때는 서로 극복하게 하소서.
부부의 사랑이 항상 하나가 되게 하시고
젊은 날부터 황혼에 이르기까지
아름답고 보기 좋은 사랑의 열매로
날마다 익어 가기를 원합니다.
주님의 사랑을 받는 부부가 되게 하소서.
사람들에게 사랑을 주고 사랑을 받게 하소서.
이 땅에 사는 날 동안 땀 흘려 일함으로써
부끄럽지 않은 삶을 살아가게 하시고
건강함으로 남을 도울 수 있게 하소서.
믿음 생활에 열심을 내게 하시고
기도와 말씀으로 영적인 무장을 하게 하소서.
이 땅에 사는 날까지 주님이 원하시는 곳에서
주님이 원하시는 부부의 삶을 살게 하소서.
우리 주 예수 그리스도 이름으로 기도합니다. 아멘!

가장 큰 행복은 한 해를 마무리하면서 지난해의 처음보다 훨씬 나아진
자신을 발견하는 것이다. 톨스토이

부부를 축복하여 주심에 늘 감사하게 하소서

하나님의 약속은 얼마든지 그리스도 안에서 예가 되니 그런즉
그로 말미암아 우리가 아멘 하여 하나님께 영광을 돌리게 되느니라
고린도후서 1:20

참그리스도인으로 살기를 원하시는 주님!

우리 부부의 삶을 인도하시고 축복하시는

주님께 감사를 드립니다.

우리 부부가 만나

서로를 사랑하고

결혼하게 하심을 감사드립니다.

믿음 안에서 건강하게 하시고

행복하게 살아가게 하심에 감사드립니다.

모든 것이 주님의 사랑이요 축복이오니

주님께서 우리 부부를 인도하여 주소서.

우리 부부의 모든 삶 하나하나가

주님의 은혜요 축복이오니

우리 부부가 주님의 사랑과

은혜와 축복을 받게 하소서.

우리 부부가 바른 믿음 속에서 살게 하시고

이웃을 사랑하기를 원합니다.

주님의 은혜 안에서, 주님의 축복 안에서

주님께 예배드리며 영광과 찬송을 드리게 하소서.

우리 주 예수 그리스도 이름으로 기도합니다. 아멘!

할 수 있다고 생각하면 할 수 있다. 메리 케이 애시

이런 부부가 되게 하여 주소서

사랑을 줄 줄 알고
사랑을 받을 줄 아는 부부가 되게 하소서
작은 것을 얻어도 소중하게 여기며
큰 것을 가지고도 아끼지 아니하고
좋은 것이 있을 때 서로가 양보하고
허물이 보일 때는 덮어 주게 하소서
어려울 때 곁에서 힘이 되게 하시고
벅찰 때는 서로가 나눠 지게 하시며
용기를 잃었을 땐 두 손 잡게 하소서

부부 십계명들

*
1. '바람처럼' 서로의 땀과 수고를 식혀 주어요
2. 여름 '햇살처럼' 정열적으로 서로를 사랑해요
3. 밤하늘의 '별처럼' 서로에게 소망이 되어요
4. 아름드리 '나무처럼' 서로에게 그늘이 되어 주어요
5. 가뭄의 '비처럼' 서로의 마음을 적셔 주어요
6. '꽃처럼' 밝은 미소를 주고받아요
7. '바다처럼' 서로를 깊이 이해해요
8. '하늘처럼' 넓은 가슴으로 서로를 안아 주어요
9. 높은 '산처럼' 서로를 존중해 주어요
10. '강물처럼' 잔잔히 서로를 믿고 지켜보세요

* *
1. 넓게 - 상대에 대한 아량은 넓게
2. 좁게 - 다른 이성에 대한 관심은 좁게
3. 길게 - 칭찬은 길게
4. 짧게 - 불평불만은 짧게
5. 깊게 - 상대방에 대한 믿음은 깊게
6. 얕게 - 부부 싸움 후 심리전은 얕게
7. 굵게 - 양가 부모에 대한 마음 씀씀이는 굵게
8. 가늘게 - 충동구매, 과소비, 지출은 가늘게
9. 즐겁게 - 상대방을 항상 즐겁게
10. 진하게 - 사랑의 확인은 진하게

가정을 행복으로 이끄는

부부 기도문 365일

초판 1쇄 발행 2012년 10월 24일
초판 3쇄 발행 2020년 11월 11일

지은이 | 용혜원
펴낸이 | 한순 이희섭
펴낸곳 | 나무생각
편집 | 양미애 백모란
디자인 | 박민선
마케팅 | 이재석
출판등록 | 1999년 8월 19일 제1999-000112호
주소 | 서울특별시 마포구 월드컵로 70-4(서교동) 1F
전화 | (02) 334-3339, 3308, 3361
팩스 | (02) 334-3318
이메일 | tree3339@hanmail.net
홈페이지 | www.namubook.co.kr

ISBN 978-89-5937-279-9 (04230)
        978-89-5937-223-2 (세트)